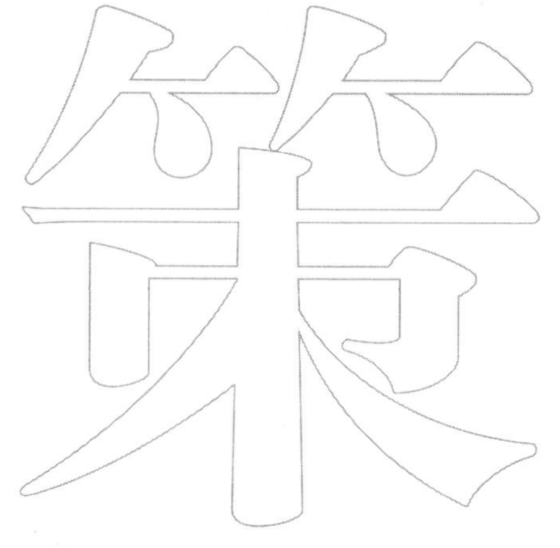
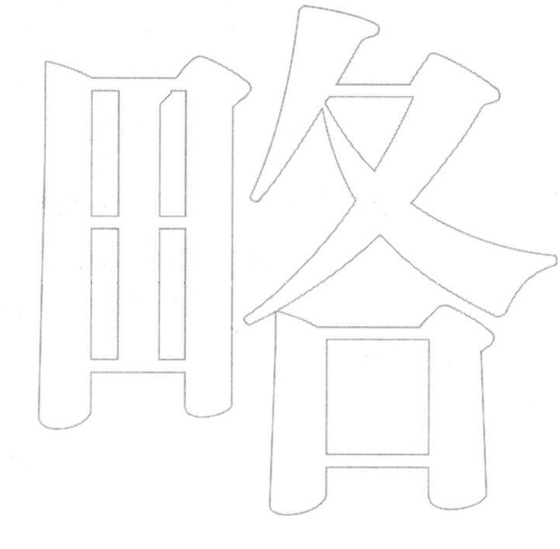
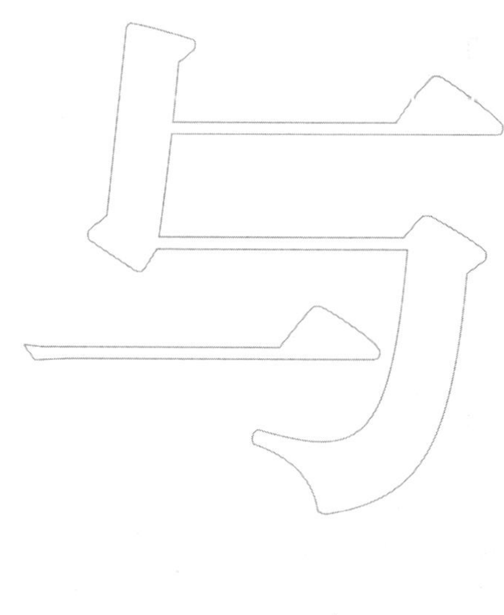

社会组织驱动社区营造：策略与实务

SHEHUI ZUZHI QUDONG SHEQU YINGZAO：CELÜE YU SHIWU

彭灵灵　朱祥磊——著

蘭州大學出版社
LANZHOU UNIVERSITY PRESS

图书在版编目（CIP）数据

社会组织驱动社区营造 ： 策略与实务 / 彭灵灵，朱祥磊著. -- 兰州 ： 兰州大学出版社，2025. 8. -- ISBN 978-7-311-06969-8

Ⅰ. D669.3

中国国家版本馆 CIP 数据核字第 2025K4U550 号

责任编辑　黄　卉
封面设计　汪如祥

书　　名　社会组织驱动社区营造：策略与实务
作　　者　彭灵灵　朱祥磊　著
出版发行　兰州大学出版社　（地址：兰州市天水南路222号　730000）
电　　话　0931-8912613（总编办公室）　0931-8915384（营销中心）
网　　址　http://press.lzu.edu.cn
电子信箱　press@lzu.edu.cn
印　　刷　甘肃海通印务有限责任公司
开　　本　710 mm×1020 mm　1/16
成品尺寸　170 mm×240 mm
印　　张　14.25
字　　数　231千
版　　次　2025年8月第1版
印　　次　2025年8月第1次印刷
书　　号　ISBN 978-7-311-06969-8
定　　价　56.00元

自　序

——社会治理的基层叙事

21世纪即将走过四分之一的历程，我国改革开放已迈入第47个年头。回顾人类社会，尤其是中国社会的发展历程，社区作为社会的基本单元，在社会结构的演变中始终发挥着基础性作用，并承担着支撑社会运转的重要功能。社区不仅是居民日常生活的重要场所，也是情感交流与文化传承的核心载体。在全球化深入发展、科技迅猛进步和社会结构持续演化的背景下，社区所面临的问题与挑战日益复杂多元。这些变化不仅对传统社区管理方式提出了新要求，也为探索治理创新与多元共治机制提供了契机。

《社会组织驱动社区营造：策略与实务》正是在这一时代背景下应运而生，旨在系统探讨社会组织在社区营造中的功能定位、实践路径与制度支持，以回应现实问题，促进理论创新。全书紧紧围绕社会组织与社区营造之间的互动关系展开深入论述，探讨其在基层治理现代化进程中的战略角色与实施机制。在研究方法上，本书坚持多学科整合，立足社会学的理论基础，融合管理学、法学、传播学等视角，构建具有理论逻辑性和学科交叉性的分析框架，全面分析社会组织与社区营造之间的内在关联与互动机制。在内容架构上，本书兼顾理论阐述与实务探讨，全面梳理国内外研究成果与政策法规，深入剖析社会组织在社区营造中的作用与挑战，并提出具有可操作性的对策与建议。

全书共分为十章，按照逻辑顺序逐层推进：第一章界定社区、社会组织与社区营造的基本概念，厘清三者的内涵、特征与功能，为全书奠定理论基础；第二章系统梳理我国社会组织和社区营造的相关政策法规，包括法律制度框架与现实问题，揭示制度环境对实践的深刻影响；第三章重点论述社会组织的培育与发展，明确其在社区营造中的意义与政策导向，提出具体发展策略；第四章围绕资金问题展开，系统分析社区营造的资金来源、筹资方式及实际困境，并提出具有针对性的筹资措施；第五章聚焦项目管理，介绍社区营造项目管理的必要性、主要内容、管理模式以及存在的缺陷与改进路径；第六章系统阐述社区营造绩效评估的内涵、评估程序、指标体系、评估模式以及难点分析，通过绩效评估提升组织的运作效果；第七章从志愿服务角度出发，分析社会组织与志愿者之间的关系，提出志愿者管理与培育策略；第八章探讨社会组织在社区营造中的形象传播实践，分析传播现状及其困境，并提出改进措施；第九章讨论社区文化营造，梳理社会组织参与文化建设的方式、现实挑战与发展方向；第十章总结社会组织在社区营造中的创新实践与品牌建设路径，展望未来发展趋势。

本书特别强调社会组织在提供公共服务、激发居民参与、建设宜居环境中的关键作用，并指出其在现实运行中面临的资源瓶颈、制度障碍与能力短板等多重挑战。为破解上述问题，书中提出具有较强可操作性的对策与建议，如加强组织内部治理、完善支持政策体系、构建多方协作机制，以推动社会组织与社区营造的协同发展。

本书的受众群体广泛，既适用于政府管理者、社会组织负责人和社区工作者，也可为高校教师、学生及相关研究人员提供丰富的理论资源与案例素材。对政府工作人员而言，本书有助于优化社区治理政策与制度安排；对社会组织负责人而言，本书可作为提升组织运营能力与战略规划水平的重要参考；对社区工作实践者而言，本书可提供可操作的工作路径与治理模式；对学术研究而言，本书则为社会组织与社区营造相关议题的研究提供了新的视角与方向。

展望未来，社会组织将在推动社区治理体系和治理能力现代化的进程中持续发挥关键作用。本书力求在以下方面拓展其学术与实践价值：一是深化社会组织与国家治理关系的理论探索；二是丰富社区营造在多元共治与治理创新中的制度设计与实施路径；三是推动社会治理研究的跨学科融合与方法创新。我们相信，随着社会组织的发展与社区治理实践的不断深化，未来的基层社会组织将更加有序、和谐、富有生命力与凝聚力。

彭灵灵　朱祥磊

2025年2月10日

目 录

第一章 社区、社会组织、社区营造概念界定

当前，无论是在个人生活、基层治理，还是国家政策制定与执行层面，社区这一概念都被频繁提及。那么，社区究竟指的是什么？本书所讨论的“社区营造”（指以居民参与为基础，推进社区功能完善与公共生活优化的过程）具体包含哪些内容？它与社区治理之间有何联系与区别？社会组织在其中又扮演怎样的角色？厘清上述关键问题，是深入理解本书核心主题的起点。

第一节 社区、社会组织与社区社会组织的概念与功能

一、社区的概念与功能

社会学界对“社区”的定义众说纷纭，已有超过一百种不同表述。通常认为，社区是若干社会群体、社区团体或社会组织集中于某一特定区域，通过互动而形成的联系密切、文化相通的社会单元。社区的形成一般需具备以下基本要素：一定数量的人口、明确的地理范围、必要的活动空间和公共设施、相对稳定的经济与文化特征，以及相应的组织结构。

社区源于“共同体”这一社会学概念，意指人们基于血缘、地缘、业缘或文化认同等共同因素而形成的社会群体。“社区”一词在社会研究中通常以英文“Community”表示，其内涵包括两个层面：一是一般意义上的共同体概念，二是以地缘关系为基础的特殊复合型共同体，即本书所指的“社区”。社区既是社

会系统的基本单元，又是社会治理的核心载体，承担着提供公共服务、促进居民参与、传承社区文化等多重功能。在我国社会治理体系中，社区被视为治理重心下移的重要平台，其服务和管理能力强弱直接关系到社会治理基础的稳固程度。

二、社会组织的概念与功能

社区是一种基于地缘关系的初级共同体，而社会组织则是一种不依赖特定地域的功能性共同体，更强调成员间基于共同目标、利益或价值观所形成的社会关系。

（一）社会组织的含义

社会组织在其他国家通常被称为“非政府组织”（NGO）、“非营利机构”（NPO）或“第三部门”（Third Sector），其共同特点是独立于政府和企业之外、以服务社会为主要目标。社会组织是一个内涵广泛、边界相对弹性的概念。在广义层面，任何由人群集体行动形成的社会机构都可称为社会组织；但在本书语境中，社会组织特指独立于政府和企业之外、以服务社会为目标的非营利性组织。

社会组织在社会学研究中通常分为宏观、中观和微观三个层次，分别对应不同规模、结构与功能的群体类型。宏观层面的社会组织是指人们从事共同活动的所有群体形式，包括宗族、家庭、秘密团体、政府、军队和学校等[①]。但需注意，这些并不属于本书所关注的狭义社会组织范畴。中观社会组织是指人们为实现特定目标而建立的稳定协作型组织，如企业、政府机构、学校和医院，是现代社会结构的重要组成部分[②]。这类组织是社会学所重点研究的社会群体类型之一，但在本书语境中仍属于广义概念，不是本书研究重点。微观的社会组织是在各级民政部门登记注册的社会团体、基金会和民办非企业单位[③]。其中，

① 尚梦：《协同治理视角下城市社区文化建设问题研究》，博士学位论文，曲阜师范大学，2021，第26页。

② 高妮妮、代曦：《社区社会组织培育中的问题分析——以成都市锦城社区为例》，《青年与社会》2019年第23期，第174-175页。

③ “民办非企业单位”简称“民非”，在《中华人民共和国慈善法》（2016年）中被统称为“社会服务机构”。

社会团体是一种以人及其社会关系为基础而形成的会员制组织；基金会是一种以财产及公益关系为基础而形成的财团性组织；民办非企业单位指由个人出资成立的各种社会服务机构，其与社会团体和基金会的主要区别在于它是一种可直接为人们提供各类社会服务的实体性组织。这三种形式的社会组织均需经过合法登记注册[①]。

在我国当前语境下，社会组织主要指改革开放以来，由来自我国不同社会层次的公众自发成立的、既独立于政府也独立于企业的、具有公益性或互益性的多样化组织及其网络结构的总和。

2006年10月，党的十六届六中全会通过了《中共中央关于构建社会主义和谐社会若干重大问题的决定》，在党的工作会议中首次系统提出“社会组织”概念，明确了构建完善的社会组织体系是推进社会治理现代化的重要任务。该决议详尽阐释了社会组织的理念，明确提出应完善社会组织体系，提升其服务社会的能力；同时强调既要重视社会组织的培育与发展，也要加强管理与监督，健全支持与依法管理的政策体系。“社会组织”这一术语随后在党的重要会议报告中被反复确认和全面肯定。当前，“社会组织”已广泛取代“民间组织”等相关术语，成为我国政策制定和学术研究中的通用表述。该概念指那些既非政府、亦非企业，专注于社会服务的组织实体，具有公益性、非营利性、自治性和志愿性等基本特征。

（二）社会组织的功能

社会组织作为介于政府与市场之间的“第三部门”，凭借其独特的制度定位，在社会治理中发挥着资源动员、社会服务、社会治理和政策倡导等多重功能。

1.资源动员功能

这主要体现在两个层面：一是通过各类慈善与公益筹资活动（包括资金与物资募集），吸引社会各界的资助与捐赠，进而调动社会资源；二是推动并激励社会志愿者积极参与各类慈善与互助活动，从而汇聚志愿服务力量。社会组织能够对各类社会资源进行动员、整合、配置和利用，并通过对外传播其公益理

① 王名、刘求实：《中国非政府组织发展的制度分析》，《中国非营利评论》2007年第1期，第92–145页。

念与价值观，赢得公众响应与信赖。

2.社会服务功能

社会组织在多个领域和方面为社会提供公益服务和开展公益活动，包括慈善、扶贫、救灾、环保、文化教育、公共卫生、科研、技术推广、城乡发展、社区建设等，这些领域与社会息息相关，与公共生活紧密相连。首先，社会组织基于其公益目标、理念与价值观，履行对社会的承诺，利用动员而来的社会资源，向公众提供多样化的公益服务与志愿活动。其次，社会组织通常具备自愿性、自发性、基层性和自治性等特征，这使其在面对多样化社会问题时，能够发挥灵活、及时的应对优势，弥补政府与市场的功能缺位。它们通过公益慈善的实践，拓展公共服务领域，构建以社会福利为基础的服务体系，并持续提升自身的专业能力与服务素质，以维护社会公共利益、促进公益事业的发展。最后，社会组织通过承接政府授权、委托任务或参与政府购买服务，逐步融入公共服务体系，不仅扩大了其在公共服务领域的参与空间，也提升了服务的效率与质量。在此过程中，它们与政府之间形成互补、合作与协同发展的伙伴关系，既获得相应的资源支持，也接受来自政府的监管、督导与评估，从而更好地发挥其独特优势和功能。

3.社会治理功能

在面对“政府失灵”和“市场失灵”的情况下，政府可能会面临资源和能力等方面的限制，难以充分提供公共服务，而市场也可能不愿涉足某些领域。在这种背景下，社会组织就显得尤为重要，它们能够发挥补充和完善的作用，进而承担起社会治理和服务的职责，推动公众参与，实现其社会价值。同时，社会组织通过广泛动员社会力量，有助于增进社会交往、化解矛盾冲突，推动社会服务发展，促进社会治理的协商化与民主化。

在承担社会治理职能的过程中，社会组织具有如下特征：首先，它是一种能够直接且有效地体现公众意愿、传达民情、实现民众权益和保障人民福祉的制度安排，其核心特征是自发性。在现代社会中，公众可以利用社会参与机会，将共同利益诉求和权利意识转化为集体意志，并通过集体行动参与公共事务，形成具有社会影响力的集体声音，推动社会发展。其次，社会组织基于自愿参与、利他主义和慈善公益等价值理念，通过实践活动构建起促进人际沟通、理解、创新与共享的平台，推动各方积极互动。这不仅有助于缓解社会矛盾与冲突，也充分体现了志愿精神与参与主体间的互动性。最后，通过持续的社会动员，社会组织扩大了社会力量的参与范围，帮助成员实现个人与集体的社会价值，其所推动的公益事业具有普遍的社会意义。

4.政策倡导功能

社会组织在立法及公共政策的宣传倡导方面也发挥着积极的作用。一是作为社会公益事业的重要参与者，社会组织积极参与法律与政策的制定过程，推动社会公共服务体系的建设与完善。二是社会组织作为边缘群体等特殊群体的利益代表，在法律制定与公共政策形成过程中，积极表达其诉求并提出政策建议，旨在推动更加公平与正义的社会制度建设。三是借助媒体渠道和公众舆论，监督法律与政策的执行效果，并通过倡导与干预，引导政策更加体现公益性与普惠性。此外，一些社会组织还通过公众参与，直接介入政策实施过程，既是监督者，又是协作执行力量，进一步提升政策的实施效果。

在上述社会组织的类型中，社区社会组织作为扎根于特定社区、服务居民生活的基层组织形态，是本书重点关注的对象，具有鲜明的在地性和实践性。

（三）社会组织的基本特征

社会组织作为介于政府与市场之间的“第三部门”，具有以下基本特征：①公益性：以服务社会公共利益为目标，而非以营利为导向；②非营利性：组织的收入和盈余不用于成员分配，而用于持续开展公益性服务；③志愿性：组织的成员参与具有自愿性质，强调公众自发参与社会事务；④自治性：组织内部具有一定的自主决策权和治理机制，不完全依附于行政体系；⑤独立性：在组织运行、目标设定与资源调配方面相对独立于政府和企业。这些特征决定了社会组织在现代社会治理体系中的制度地位与功能空间，使其能够在公共服务、社会动员、政策参与等方面发挥独特作用。

三、社区社会组织

（一）基本概念与主要特征

社区社会组织是一类群众自治组织，也被称为“自组织”——即在地化的支持性社会组织。它通常由社区内的机构或个人独立或联合发起，在村镇或街道社区范围内依法开展活动，旨在回应和满足居民多样化的生活需求，属于典型的民间自发型组织。与其他社会组织相比，社区社会组织的规模通常较小，成员数量不固定，且不具有行政权力或法律赋权，仅依托居民自愿参与进行服务与协作。社区社会组织虽然不是政府机关或事业单位，但在宣传、文化教育、居民服务等方面承担了大量基层工作。

（二）组织形态与职能定位

城乡社区服务类社会组织是以社区为核心、面向社区开展服务的一类组织，主要通过提供公共服务、志愿服务和便民利民服务，回应和满足城乡居民日益多样化和复杂化的生活需求，进而促进社区和谐发展。此类组织需在属地民政事务主管部门进行登记注册，或在相关机构备案。其服务领域涵盖劳动就业、医疗保健、文化教育等多个方面，涉及居民日常生活的诸多环节。

在现实中，社区社会组织还可能以多种形式存在，包括志愿服务队、邻里互助团体、兴趣小组、青年社团、居民议事平台等。这些组织通常较为灵活、规模小巧，更贴近居民生活实际，能够迅速响应社区事务，在某些领域与政府、居委会等组织形成互补协作关系。

（三）发展现状与政策支持

近年来，随着社会治理体系的逐步完善，社区社会组织数量迅速增长，成为提供基层服务、推动社区参与、承接政府购买服务的重要载体。它们不仅在服务层面发挥积极作用，也在推动基层协商民主、培育社区认同、形成社区共同体意识等方面日益显现其独特价值。同时，政策层面也为社区社会组织的发展提供了强有力的支持。多地政府通过设立专项资金、开展能力建设培训、设立孵化平台、推进社区治理与社会组织融合等方式，推动社区社会组织的专业化、规范化发展，为其参与基层社会治理提供了制度环境和资源基础。

第二节　社区建设、社区治理与社区营造辨析

一、社区建设内涵与功能

（一）社区建设的内涵

21世纪初，“社区建设”是一个被广泛使用的核心概念。《中共中央办公厅国务院办公厅关于转发〈民政部关于在全国推进城市社区建设的意见〉的通知》（中办发〔2000〕23号）（以下简称《关于在全国推进城市社区建设的意见》）中，明确界定了“社区”“社区建设”的概念及其内涵[①]。该文件将“社区”定义为由居住在特定地理区域内的人群所构成的社会生活共同体；而“社区建设”则是指在党和政府的领导下，通过整合和利用社区资源，系统提升社区的整体功能和问题应对能力。这一过程不仅促进了政治、经济、文化和环境等方面的协调发展，也显著提升了居民的生活水平与生活质量。因此，它不仅是一种基础性的治理实践，也为后续的社区治理与社区营造提供了制度和实践基础。

由此可见，“社区建设”的内涵，是以社区为基础和依托，以建设新型社区生活共同体为目标，通过开展社区服务，将居民团结、凝聚在一起；借此强化社区整体的自治能力，增强居民的自觉参与、自主治理与自我发展能力，从而实现社区的良性、健康、协调与和谐发展，最终全面提升居民的生活品质。

（二）社区建设的功能

社区建设作为国家推动基层治理的重要手段，其功能主要体现在以下几个方面：第一，社区建设通过组织和提供社区服务，将社区居民团结、凝聚为一个有机整体；第二，它有助于增强社区整体的自治能力，提升居民的自觉参与意识、自主治理能力与自我发展水平；第三，通过强化社区功能，推动社区在治理结构、服务体系与人文环境等方面的协同发展，从而不断提升居民的整体生活质量。

---

① 王时浩：《论社区参与》，《中国民政》2007年第1期，第33-34页。

二、社区治理的内涵与功能

（一）社区治理的内涵

“社区治理”在我国亦被称为“基层治理”，是指在社区范围内的多个政府和非政府组织机构，根据正式的法律法规，以及非正式的社区规范、公约、约定等，利用磋商交涉、沟通交流、协调互动和协同行动等方式，对与社区共同利益相关的公共事务进行有效的管理，以此来提高社区的凝聚力，提高社区成员的社会福利，促进社区发展和进步的一个过程①。习近平总书记曾指出：“社区是党和政府联系、服务居民群众的‘最后一公里’，要健全社区管理和服务体制，整合各种资源，增强社区公共服务能力②。”

加强和创新社区治理，需要重点关注社区治理体制机制的完善和社区共同体的建设。一要坚持重心下移，在建立健全社区服务管理制度的同时，通过推进网格化服务管理体系建设，完善社区基层治理模式，积极调动公众参与，充分发挥企业和社会组织等社会力量的作用。二要加强社会组织建设，不断增强社区居民的共同体意识和社区内部凝聚力。

（二）社区治理的功能

社区治理的功能主要体现在优化空间结构、提升服务质量、健全组织体系与激发社区活力等方面，具体包括以下几点：

首先，应科学规划社区物理空间，使服务管理边界与社区人口规模合理匹配，避免社区规模过大或过小造成自治困境。空间设计应以提升共享性、增强公共性为导向，助力新型社区生活共同体的构建。

其次，应营造生态宜居的社区环境。一方面，引导各类资源下沉社区，充分运用信息化手段，打造智慧社区；另一方面，完善基础生活设施与公共服务，提升居民生活品质，增强社区便利性与归属感，进一步促进共同体意识的形成。

再次，应在强化社区组织体系与制度建设的基础上，理顺各类组织之间的关系，包括社区党组织、村（居）委会、业主委员会、物业公司、社工机构、兴趣团体与公益团体等。同时，推动居民广泛参与，提升社区的组织化程度。

① 史柏年：《社区治理》，中央广播电视大学出版社，2004，第19页。

② 龚维斌：《加强和创新基层社会治理》，《民心》2020年第9期，第4-6页。

通过增强组织的自治能力，形成自治合力，避免行政化倾向导致的职能僵化或负担过重。

最后，应依托多种平台，加强对居民社区意识的培养，激发社区的内生动力、活力与参与积极性。在此基础上，积极开展各类社区活动，增进居民之间的交流互动，进一步夯实社区共同体的认同基础。

三、社区营造的内涵与功能

（一）社区营造的内涵

“社区营造”一词源自国外，对应的英文表述主要包括三种：Community Building、Community Construction 和 Community Revitalization[①]。第一种强调社区的物理空间建设；第二种将社区营造等同于社区建设；而第三种的界定较为全面，认为在社区营造之前，社区空间与居民已然存在，但尚缺乏良好的互动关系与社区认同。因此，社区营造是在既有居住地的基础上，通过培育社区精神、构建社区共同体，使社区呈现出更积极、更活跃、更具生命力的状态，最终实现社区的自我治理与可持续发展。

自20世纪90年代起，社区营造逐渐演变为一场社区改造运动与城市再生计划，在亚洲多个国家引发广泛关注。其中，以日本的持续推进最为典型，我国台湾地区也积累了丰富的实践经验。我国台湾地区的“文化建设委员会”（Council for Cultural Affairs）于1994年正式提出“社区营造”这一概念，并将其纳入文化政策体系。近年来，“社区营造”一词逐步受到许多学者与一线社区工作者的重视，在借鉴国内外经验的基础上，开展了探索性的实践尝试。

社区营造，亦可理解为对社区的经营与塑造，是指居住于特定地域的居民，通过集体行动持续应对所共同面临的社会问题与社区议题。在此过程中，居民不仅解决问题，也共同享有改善生活所带来的福祉，并在彼此之间及与社区环境之间，逐步建立起紧密的社会联系。社区营造是以社区活动为切入点，整合社区资源与力量，通过社区内部组织的动员与合作，推动社区实现自组织、自管理与自我发展。

① 蔡静诚、熊琳：《“营造”社会治理共同体——空间视角下的社区营造研究》，《社会主义研究》2020年第4期，第103-110页。

本书所界定的“社区营造”，以建设新型社区生活共同体为目标，以社区为中心，汇聚多方社会资源与力量，通过社区成员的广泛参与和主动行动，实现社区的自我组织、自我治理与自我发展。它是一种以社区为核心的治理理念与实践模式。

（二）社区营造的功能

社区营造的核心功能在于整合“人、文、地、景、产、治、教”等多维度社区资源，并与社区发展方向相结合，推动共同生活福祉的实现与新型社区生活共同体的构建。这一整合过程形成了社区营造的七大基本维度。其中，“人”是指通过满足社会需求、协调人际关系、营造幸福宜居的生活环境，增强社区凝聚力。“文”是指社区文化的建设与传承，涵盖历史文化的延续、文化活动的组织管理，以及学习型社区的培育与发展。“地”是指保护和优化社区的地理特征与空间布局，突出在地性特色，提升其空间功能和承载能力。“产”是指社区内经济活动的发展，包括在地产业的运营、资源整合与聚集式经济结构的构建。“景”是指对社区公共空间进行人居化改造与宜居化营造，并对生活空间及特色景观进行长期、持续的管理与保护。“治”是指治理，强调将自上而下的制度力量与自下而上的社区自组织机制有效结合，推进在地化的整治与管理实践。“教”则指通过理念引导与观念传播开展的教育工作，尤其注重对社区青少年群体的价值塑造与实践引导。

我国台湾地区学者陈其南先生（Chen Chi-Nan，被誉为“社区营造之父”）将社区营造定义为对整个社区经营活动所进行的一种全面性、整体性的规划与参与过程。他强调，社区营造是一种从政府主导转向地方主导、从外部推动转向居民自律的思维模式，其出发点从资源供给者转为社区生活者，并以“社区共同体”的存在与意识作为核心前提。通过居民对公共事务的主动参与，凝聚社区意识，形成社会认同；通过发展社区的自主能力与社会组织的文化特质，推动社区文化、经济与景观的再生，使生活空间得以美化、品质得以提升，社区活力得以复兴。

综上所述，社区营造以共同体为依托，激发居民主动参与，重塑社区空间、文化与经济活力，以提升生活质量。

四、三者比较：社区建设、社区治理与社区营造

在我国的官方话语体系中，“社区建设”与“社区治理”是更为常用的政策术语，而“社区营造”相对较新，多源自我国台湾地区和香港特别行政区的实践经验。三者在核心内涵上各有侧重，但也存在内在联系。

“社区建设”强调基础设施与服务体系的完善，是一种自上而下推动的制度安排；“社区治理”则注重制度规范与多元主体的协同参与，强调居民自治，是一种体现“共建、共治、共享”理念的治理机制；而“社区营造”更强调居民的主体性，通过自下而上的集体行动，激发社区活力，构建具有情感联结与文化认同的生活共同体。

三者之间并非相互排斥，而是可以互为支撑、协同发展。在实践中，“社区治理”为“社区营造”提供制度基础与政策保障，“社区营造”则通过增强居民认同与参与感，提升“社区治理”的活力与实效；而“社区建设”为两者提供物质空间与平台基础，是三者融合互动的重要支撑。

本书将“社区营造”视为融合“社区建设”与“社区治理”的关键理念与实践路径，强调以社区为中心、以居民为主体、以共建共享为原则，探索新时代背景下基层社会治理的创新模式与发展方向。

综合来看，社区营造以社区共同体为依托，突出居民的自主参与和资源整合能力，通过社区的自我治理与持续发展，不断提升生活品质和社会活力。结合我国语境下的本土实践，社区营造可被界定为：在党的领导下，由居民共同参与，通过再造与重塑社区空间与生活共同体，推动社区复兴的一种社会治理过程与实践活动。

第二章　社会组织和社区营造的相关政策法规

在现代国家治理中，运用制度化手段规范社会组织及其成员的行为，明确政府与社会组织之间的权责关系，并推动社区营造与社区治理的有序开展，不仅有助于保障社会组织的合法权益，也有利于推动国家治理体系向规范化、制度化和法治化方向迈进。因此，必须建立健全社会组织与社区营造的法律制度体系，为其健康发展提供坚实的制度支撑。

第一节　我国社会组织和社区营造的法律制度框架

一、我国社会组织法律制度框架

我国社会组织法律制度体系由宪法、法律、行政法规、地方性法规和部门规章等多个层级构成。我国尚未制定专门针对社会组织的统一法律，相关事务一般由行政法规、地方性法规和部门规章加以规范，但《中华人民共和国宪法》（1982年实施）已对结社权、财产权等基本权利作出规定。社会组织相关法律事务一般由行政法规、地方性法规和部门规章加以规范，主要包括：《中华人民共和国公益事业捐赠法》（1999年施行）、《中华人民共和国慈善法》（2016年施行）、《社会团体登记管理条例》（1998年颁布，2016年修订）等。

（一）框架构成与发展背景

改革开放以来，我国社会组织的发展很大程度上受到管理体制和法律法规演进的影响。在制度不完善的时期，一些社团组织甚至拥有对其他社团的审批权，导致了多头管理的混乱局面。我国关于社会组织的立法构架主要依据《中华人民共和国宪法》《中华人民共和国民法典》（2020年）和行政法等法律法规。它们从多个维度对社会组织加以规范，涵盖保障公众结社权利、确立社会组织的法治运行机制、规范税收及相关经济事务等内容。由此，也进一步明晰了社会组织与政府之间的合作与治理关系。

目前，我国构建了一套较为完整的社会组织法治体系，该体系包括以下两个主要方面：①分级管理，即根据组织活动范围实行分层分类的管理制度，对不同类型社会组织实施差异化、针对性的治理措施；②登记与管理双重负责制，即由登记管理机关与业务主管单位共同承担监管职责，注重对社会组织的培育、发展和监督，并在税收减免、政府购买服务等方面给予政策支持。

中华人民共和国成立以来，我国共制定了四部《中华人民共和国宪法》。现行宪法颁布以来历经了五次重大修订，但其中关于公民结社自由的规定始终保留未变。《中华人民共和国宪法》第三十五条规定："中华人民共和国公民有言论、出版、集会、结社、游行、示威的自由。"这一条款的持续保留，体现了我国宪法对公民结社自由权利的长期保障，也彰显出国家对社会组织合法地位的承认与尊重。

尽管我国尚未制定专门针对社会组织的统一法律，但已颁布多部适用于特定类型社会组织的法律，例如，《中华人民共和国民法典》、《中华人民共和国村民委员会组织法》（2023年修订）、《中华人民共和国城市居民委员会组织法》（1989年）、《中华人民共和国工会法》（2021年修订）、《中华人民共和国红十字会法》（1993年制定）等，这些法律对相关社会组织的职能定位、法律地位和组织性质作出了明确规定。此外，部分综合性法律的相关条款也对社会组织的性质、特征及政策支持机制作出了一定规定。例如，已废止的《中华人民共和国民法通则》（1986年施行）第五十条规定了社团的民事责任，为其运作提供了基本的法律依据。《中华人民共和国民办教育促进法》（2003年施行）通过政策扶持，进一步促进了我国社会教育的发展。《中华人民共和国公益事业捐赠法》（1999年施行）为规范和促进公益捐赠行为提供了法律依据，推动我国公益事业健康发展。《中华人民共和国企业所得税法》（2018年修订）规定，符合条件的公益性捐赠支出可在税前据实扣除，为公益类社会组织提供了明确的税收优惠政策。《中华人民共和国民法典》明确了非营利法人的定义，这是我国第一次以法典形式将社会团体、基金会、社会服务机构等社会组织完整纳入非营利法人类型，并将社会服务机构（现行行政法规中称为“民办非企业单位”）与基金会并列成为捐助法人，在此基础上对其组织机构、剩余财产处置等做出规范。

在行政法规层面，我国对社会组织的规范与管理已逐步形成较为健全、系统的框架。1950年，中央人民政府制定的《社会团体登记暂行办法》成为最早规范社会团体注册与管理的重要依据。此后，国务院相继颁布了《社会团体登记管理条例》、《民办非企业单位登记管理暂行条例》（1998年）和《外国商会管理暂行规定》（2003年），逐步完善了对不同类型社会组织的管理制度，使行政法规更加契合实际。《基金会管理条例》（2004年颁布）则进一步规范了基金会的设立、运行与监督机制。2016年，中共中央办公厅、国务院办公厅印发《关于改革社会组织管理制度促进社会组织健康有序发展的意见》（中办发〔2016〕46号），作为指导性文件，进一步明确了社会组织管理制度的改革方向和发展目标。

此外，国务院所属各部委根据职责权限，先后制定了多项规章和规范性文件，对社会组织的登记、运作、监督等方面进行了更为具体的制度规定。主要包括：一是民政部发布的《关于社会团体清理整顿工作有关问题的通知》（1999年）和《民办非企业单位年度检查办法》（2005年）；二是民政部牵头并会同财政、文化等相关部门制定的《文化类民办非企业单位登记审查管理办法》（2002年），该文件主要对文化类社会组织的登记审查、活动范围、资质条件等方面作出了具体规定；三是国务院有关行业主管部门制定的行业性规范文件，例如，教育部发布的《教育部主管的社会团体管理暂行办法》（2001年），对教育系统内社会团体的设立与管理进行了规范。

在上述规章和制度文件的制定过程中，民政部门均参与其中，并在政策协调、制度设计和监督机制建设等方面发挥了关键作用。

（二）社会组织法律制度的基本原则

社会组织的法律制度逐步建立和完善，形成了归口管理、双重管理、分级管理、分类管理，以及培育、发展与监督管理并重等基本原则。

1.归口管理

社会组织的登记管理统一由县级以上人民政府的各级民政部门归口负责。改革开放初期十年间，我国在社会组织的法律法规和管理体制方面相对缺失。党政工作部门对社团具有审批权，加之社团自身也有审批其他社团的权限，再叠加各部门职责界限不清，实际操作中常出现同类社团被多个单位重复审批的情况，导致“多重审批、多重管理”的混乱局面。更有甚者，出现了“协会批社团”“协会批协会”甚至“第五代审批”等现象，形成了多头管理、层层审批的格局，严重影响了管理效率。

为促进社会组织的规范化管理，国务院在民政部先后设立了民间组织管理司（1988年）、社团与民办非企业单位管理司（1997年），此后又相继更名为民间组织管理局（1998年）和社会组织管理局（2016年），统一负责各类社会组织的登记与监督。1988年以来，国务院陆续颁布了《社会团体登记管理条例》、《民办非企业单位登记管理暂行条例》和《基金会管理条例》等行政法规，逐步构建起社会组织分类管理的法律框架，明确了“统一登记、分级管理”的基本原则。

2.双重管理

社会组织的登记注册与日常管理由专门的登记管理部门和相应的业务主管单位共同负责。这一体制既确保了对社会组织的有效监管与规范运行，也有助于其健康发展。该制度源于20世纪80年代后期对社会团体进行归口管理的实践经验，并随着相关法律法规的陆续颁布和执行，在社会团体、民办非企业单位和基金会的登记管理中逐步贯彻实施，最终发展成为我国社会组织登记管理领域的一项基本制度安排。

根据现行规定，国务院民政部门和县级以上地方各级人民政府的民政部门被确立为社会组织的登记管理机关，主要职责包括对其管辖范围内社会组织的设立、变更与注销进行登记或备案。此外，这些部门还负责社会组织的年度检查（年检），后改革为年度报告（年报）制度，以确保组织运营合规。同时，登记管理机关还承担监督社会组织执行相关法规的职责，对违法行为依法予以处罚。

2004年颁布的《基金会管理条例》沿用了双重管理制度的基本框架。根据该制度，国务院相关部门和县级以上地方各级人民政府的有关部门以及其授权机构，负责对其主管行业、学科或业务领域内的社会组织进行审查，涵盖筹备申请、成立登记、变更登记和注销登记等环节；承担年检或年报的初审职责；监督和指导社会组织依法依章开展活动，确保其遵守《中华人民共和国宪法》、其他相关法律法规和国家政策；协助登记管理机关和其他部门查处违法行为，并参与组织清算工作。

双重管理体制强化了政府对社会组织在登记与管理方面的监督与引导，不仅提升了监管效率，也通过职责分担，避免了登记管理机关与社会组织之间可能产生的直接矛盾，从而保障社会组织依法、有序地发展。

3.分级管理

根据社会组织活动的范围和层级，我国实行分级登记与管理制度。1998年国务院发布的《民办非企业单位登记管理暂行条例》和2016年修订的《社会团体登记管理条例》明确了分级管理和双重管理的基本原则，为社会组织依法登记与分类监管提供了制度依据。依此规定，在两个以上省、自治区、直辖市运作的国家级社会组织，其注册管理权属于民政部，但其业务主管机关必须是中央政府或中央政府的授权机关。对于地方性社会组织，其登记与管理工作由所在地县级以上人民政府民政部门负责。若其活动范围跨越多个行政区域，则由其共同的上一级人民政府的登记管理机关负责登记；其业务主管单位一般为所跨区域的共同上一级党政机关，或由同级人民政府委托的相关主管部门。这一体系的建立，确保了社会组织在各级政府的有效监管下，能够依法有序地开展工作。

4.分类管理

分类管理是指根据社会组织的性质、功能与服务领域，分别采取相应的管理方式。对于同一类别的社会组织适用统一的管理原则，不同类别则实行差异化管理制度。这种管理方式的形成，是基于社会组织日益多元化和多样化的客观发展背景，以及对管理部门间相互协调、社会结构变化等多重因素的考量。

在行政规章层面，国务院分别针对社会团体、民办非企业单位和基金会等不同类型的社会组织，制定了配套的登记管理制度，保障各类组织在规范框架下有序运行。在政策层面，民政部门持续探索适应社会组织多元化发展的分类管理方式，以回应社会新需求和发展趋势。分类管理的核心思想在于健全组织管理体制，强化分类指导。针对不同类型、不同特点和不同功能的社会组织，应围绕社会现实需求，明确重点方向，实行有针对性的分类培育策略。在分类推进过程中，应重点推动行业协会和商会按照市场化原则深化改革，积极支持农村专业经济组织、公益慈善类组织及城乡社区社会组织的发展；对科技、教育、文化、卫生、体育等领域的社会组织进行规范管理；对新兴社会组织则应加强制度引导与风险防控。

5.培育、发展与监督管理并重

应健全涵盖支持激励与法律监督的政策体系。一方面，应大力培育行业协会、商会等社会组织的功能定位，充分发挥其在行业治理与公共服务中的积极作用，使其成为推动社会发展的重要力量；另一方面，应鼓励社会力量在科技、教育、文化、卫生和社会福利等领域创新社会组织形式，回应社会服务供给的多样化需求。在此过程中，应严格规范各类基金会的运营管理，确保其依法、公开、高效运作，为公益事业提供可持续支持与保障；应加强对社会团体的监督管理，保障其依法依章开展活动，维护组织公信力与正常运行秩序；应积极引导各类社会组织提升自律意识与规范管理能力，建立健全信用体系，增强社会信任度。这些举措旨在营造一个公平、透明、有序的社会组织环境，使社会组织能够更好地服务于社会，赢得公众的广泛认可与信任。

（三）三类组织的登记与管理制度

在我国，登记管理制度是实现社会组织规范化管理的关键机制。《社会团体登记管理条例》《基金会管理条例》和《民办非企业单位登记管理暂行条例》共同构成了我国社会组织管理制度的基本法律框架。

1.社会团体相关管理体制

（1）概念界定与立法宗旨

社会团体是我国社会组织体系的重要组成部分，指由中国公民在自愿基础上发起设立，不以营利为目的的非营利性组织。根据《社会团体登记管理条例》，我国实行严格的登记制度，旨在保障公民结社自由，规范社会团体的组织运作，服务公共利益，维护国家统一和安全。该条例的立法宗旨可归纳为以下四点：一是保障公民依法结社的基本权利；二是规范社会团体的设立程序、章程内容、组织结构及财务管理；三是引导社会团体服务国家发展大局和公共利益；四是明确法律边界，防范危害国家统一、安全和社会秩序的行为。

（2）登记管理体制

我国实行分级管理与属地化相结合的社会团体登记管理制度。具体规定如下：①全国性社会团体：活动范围跨省（自治区、直辖市），其登记机关为中华人民共和国民政部；②地方性社会团体：活动范围限于本行政区域，应当向所在地县级以上地方各级人民政府民政部门申请登记；③跨行政区域社会团体：由其共同的上一级人民政府所属的民政部门负责登记管理。

部分组织类型依法可以免予登记，主要包括：①协商类组织，如中国人民政治协商会议系统内的民主党派和无党派人士组织；②经国务院机构编制管理机关批准，并经有关主管部门同意设立的事业单位；③单位内部组织（如内部协会），经批准后可在本单位范围内依法开展相关活动。

（3）监督与运行规范

社会团体实行登记管理机关与业务主管单位“双重管理、分工负责”的监管体制。登记管理机关负责社会团体的设立、变更、注销、年检等行政管理事项；业务主管单位负责其业务活动的日常指导与监督。社会团体若存在违法行为，将依法受到行政处罚，情节严重的将被吊销登记证书。社会团体必须依法依章使用资金，专款专用，严禁挪用、私分或违规转移，不得在会员之间进行分配。

（4）公信力保障机制

为提升透明度与增强社会信任，我国建立了多项社会团体公信力保障机制，主要包括：一是年度工作报告和年度检查制度，用以规范社会团体运作并接受监督；二是财务审计制度及专项资金使用监管机制，确保资金使用合法、透明；三是信息公开制度，推动社会团体主动披露章程、财务状况、人员构成等基本信息；四是利益冲突防控机制，通过建立内控制度，防范内部人员滥用职权或谋取私利。

（5）涉外组织管理

《外国商会管理暂行规定》对在华外国商会的设立与活动作出明确规定：外国商会属于非营利性组织，原则上每个国家在中国境内只能设立一个商会，该类组织不得从事营利性商业活动，并应依法履行登记、年度报告、财务审计和解散等相关程序。

以上构成了我国社会团体登记与管理制度的基本框架，体现出依法监管、公正有序和服务社会的治理导向。

2.基金会相关管理体制

《基金会管理条例》系统规范了基金会的登记、组织机构、财产管理、监管等内容。基金会采用双重管理体制，其登记需要先获得业务主管单位的书面同意。在实践中，有些地方对此制度进行了改革探索，尝试直接登记制或考虑登记权限的下沉，即不仅仅局限于国家级和省一级，也允许市级民政部门亦可登记成立基金会。

（1）概念界定与立法宗旨

基金会是指以非营利为目的，依法由自然人、法人或其他组织捐赠财产设立，用于开展公益活动的非营利性法人组织。根据募资方式不同，基金会分为公募基金会和非公募基金会：公募基金会可以面向社会公众募捐，而非公募基金会不得向社会公众募捐，其资金来源限于发起人及特定捐赠人。

《基金会管理条例》明确规定了基金会的设立程序、内部治理结构、财产管理制度及监督机制。其立法宗旨主要包括以下四个方面：一是保护捐赠人和受益人的合法权益；二是规范基金会的组织设置和活动开展；三是推动基金会在公益事业中的积极作用；四是维护国家统一、安全与社会秩序。

（2）登记与监督管理体制

基金会实行“双重管理体制”，即登记设立需事先取得业务主管单位的书面同意。近年来，部分地区在实践中探索改革路径，尝试推行直接登记制度，并推进登记权限下沉，赋予市级民政部门一定的登记权限。

登记管理机关负责基金会的登记设立、年度报告备案、日常检查及违法违规行为的行政处罚；业务主管单位则承担对基金会公益活动的业务指导、年检初审，以及协助调查处理违法行为等职责。

（3）财产与经费管理

基金会的资产必须依法运作，确保其来源合法、使用安全、管理高效。基金会的资金来源受法律保护，任何单位和个人不得擅自截留、私分或挪用。捐赠资金应严格按照捐赠协议和基金会章程规定使用，不得改变用途。

公募基金会每年用于公益活动的支出不得低于上一年度总收入的70%；非公募基金会每年公益支出不得低于上一年度年末资产总额的8%。公募基金会的年度管理费用不得超过当年总支出的10%；非公募基金会的管理费用应当参照公益效率原则予以合理控制，确保经费使用效益最大化。

（4）公信力保障机制

为增强社会公众对基金会的信任，相关法规要求基金会不断强化制度建设，主要包括以下四个方面：一是建立健全信息公开制度和年度报告机制，主动披露组织运作、财务状况和公益活动信息；二是完善财务审计制度，强化对捐赠资金和专项资金合法使用的监督；三是建立防范利益冲突的内部机制，确保决策过程公正、透明；四是健全内部治理结构，提升制度执行力与组织规范化水平。

（5）涉外组织管理

根据《基金会管理条例》第四十五条的规定，外国组织或者个人不得在中国境内设立基金会，但可以依法设立代表机构，开展非募捐性质的公益活动。设立基金会的法定代表人必须具有中华人民共和国国籍。

境外基金会在中国设立代表机构，必须符合法定的设立条件与活动范围限制。代表机构不得开展慈善募捐活动，仅可协助开展公益项目，并应接受中国法律的监督和依法履行税务义务。

3.民办非企业单位相关管理体制

（1）概念界定与立法宗旨

民办非企业单位是指由自然人、法人或者其他组织，利用非国有资产举办，从事非营利性社会服务活动的社会组织。《民办非企业单位登记管理暂行条例》通过设立登记和监督管理制度，旨在保障举办者和服务对象的合法权益，规范服务活动，促进社会事业发展。

（2）登记与监督管理体制

民政部门作为登记管理机关，负责民办非企业单位的设立登记、年度检查、日常监督和行政处罚等事项；业务主管单位则负责设立前的资格审核、运营过程中的业务指导、年检初审，以及违法行为的协助查处。

（3）财产管理

民办非企业单位的资产必须来源合法，任何单位或个人不得侵占、挪用或者非法分配。接受的捐赠和资助应当符合章程规定及捐赠协议的约定，并向业务主管单位如实报告，适度向社会公开，确保资金使用的合法性与透明度。

（4）公信力保障机制与法律责任

民办非企业单位应当建立年度检查、财务审计和信息公开制度，以增强组织运行的透明度和社会信任。对于通过虚假材料、欺诈手段取得登记，或者存在违法运营行为的单位，登记管理机关将依法撤销其登记，并追究相关法律责任。

（5）涉外管理

截至目前，现行《民办非企业单位登记管理暂行条例》尚未对涉外民办非企业单位的设立与活动作出专门规定，涉外事项主要依照其他相关法律法规执行。

民办非企业单位作为我国社会组织体系中的重要组成部分，其管理制度强调依法设立、资金规范、监督有力和风险防控，旨在确保其在公共服务体系中发挥稳定、有序和可持续的功能。

（四）法律责任

在《社会团体登记管理条例》《基金会管理条例》和《民办非企业单位登记管理暂行条例》所构建的管理体系中，法律责任制度是保障社会组织规范运行的重要支柱。上述三类社会组织如存在以下违法行为，将依法追究法律责任：未按规定办理变更登记，超出核准业务范围开展活动，从事营利性经营，非法处置或转移资产，违规筹集资金，拒不接受监管，滥用登记证书或印章，擅自设立分支机构等。

对于违法行为情节轻微的组织，登记管理机关可以依法给予警告、责令限期改正、暂停活动等处理；情节严重或者造成恶劣影响的，可以依法吊销登记证书、依法取缔组织并没收非法所得。对于触犯刑律的，依法追究刑事责任。同时，若登记管理机关或业务主管单位的工作人员存在滥用职权、徇私舞弊、玩忽职守等行为，也应依法追究行政责任直至刑事责任。

综上所述，我国社会组织法律体系通过“设立—运行—监督—问责”四位一体的制度机制，构建起依法管理、鼓励发展、保障公益与防范风险并重的治理格局。

二、我国社区营造法律制度框架

日本和我国台湾地区是社区营造理念与实践的先行探索地区。我国内地的社区营造是在中国共产党领导下、为推动社会治理体系和治理能力现代化而逐步探索形成的重要制度实践，其发展历程深度嵌入国家治理体系的演进进程之中。相较于日本及我国台湾地区以居民与社会组织为主导、采取“由下而上”方式的社区营造模式，我国内地的社区营造在政策引导和制度保障下，逐步形成了“政府主导、社会参与”相结合的中国特色路径。因此，我国的社区营造必须立足本土实际，紧密结合我国社区治理政策的发展脉络与制度基础。

“法治中国”是我国推进国家治理现代化的重要理念，对社区营造同样具有重要意义。在社区营造过程中，法治不仅是基本前提和制度基础，更是保障其规范运行的核心支撑。因此，全力推进法治社区建设，不仅是社区营造的应有之义，而且是当前加强基层治理、提升社区治理能力亟须关注的重要方向。我国社区营造在法律制度层面的发展，与“社区治理”“社区建设”等概念的提出与演进密切相关。

目前，我国尚未制定专门的“社区营造法”，社区营造相关内容主要见于《中华人民共和国城市居民委员会组织法》《中华人民共和国村民委员会组织法》等与社区治理相关的现行法律之中。例如，2018年修订的《中华人民共和国城市居民委员会组织法》和《中华人民共和国村民委员会组织法》中，对村（居）民委员会的职责、组织形式和民主程序作出了明确规定，这些内容均与社区治理紧密相关。目前，在我国现行法律体系中，名称中直接包含“社区”字样的法律，仅有《中华人民共和国社区矫正法》（2019年）一部。

回顾我国社区治理相关政策与法律的发展进程，大致可划分为三个阶段：即社区管理阶段（1949—1990年）、社区建设阶段（1991—2011年）和社区治理阶段（2012年至今）。

（一）社区管理时期（1949—1990年）

在“乡土中国”的社会背景下，新中国成立初期的农业社会以政府一元主导为特征，但居民自治也在此过程中逐步萌芽并发展起来。1949年，杭州市率先取消保甲制度，设立了居民委员会和居民小组，标志着城市居民基层自治形式的初步建立。1954年，我国逐步建立起以单位制为主、街道—居委会制为辅的基层管理体制，并发展成为以政府主导的行政型社区管理模式。此后，陆续颁布了《中华人民共和国城市居民委员会组织条例》和《城市街道办事处组织条例》，为社区管理提供制度依据。1987年颁布的《中华人民共和国村民委员会组织法（试行）》明确规定，村民委员会是基层群众性自治组织，实行村民自我管理、自我服务、自我教育和自我监督。1989年颁布的《中华人民共和国城市居民委员会组织法》进一步明确，居民委员会是居民自我管理、自我服务、自我教育的基层群众性自治组织，标志着城市社区自治框架的初步法治化。由此，政府主导与社区自治相结合的基层社区管理模式在我国逐步形成，并为后续的社区建设和治理提供了实践基础。

（二）社区建设时期（1991—2011年）

1991年，“社区建设”这一概念首次由中华人民共和国民政部提出，标志着社区工作从行政管理向制度化建设迈出重要一步。2000年，民政部发布《关于在全国推进城市社区建设的意见》，进一步推动社区建设朝着制度化、规范化方向发展。2004年，党的十六届四中全会明确提出要“加强社区建设与管理”，将社区建设提升至国家治理的重要组成部分。2006年，中华人民共和国国务院发布《关于加强和改进社区服务工作的意见》（国发〔2006〕14号），提出要加强社区服务体系建设，完善服务内容和保障机制。此后，社区建设相关政策体系不断丰富和发展，逐步覆盖社区照顾与社会救助、社区教育、社区经济发展、社区文化建设及精神文明建设等多个领域。2010年，中共中央和国务院联合发布政策文件，进一步明确了社区居民委员会的建设目标与重点任务，强化其在社区事务中的自治功能。

（三）社区治理时期（2012年至今）

自2012年起，我国社区治理领域进入了变革与加速发展的新阶段。中国共产党第十八次全国代表大会首次将“社区治理”纳入党的纲领性文件，明确了社区治理的方向、原则与基本任务，标志着社区工作正式步入制度化、体系化治理的新阶段。随后，党的十八届三中全会进一步将社区治理纳入国家治理体系和治理能力现代化的改革蓝图，彰显出党中央对社区治理重要性的高度重视及治理理念的升级。

在此基础上，我国政府陆续出台了一系列政策文件，着力加强社区自治功能，推进基层社会治理体系和治理能力现代化建设。这些政策文件不仅覆盖范围广、内容体系化，而且类型多样、层次分明，逐步构建起结构合理、系统完备的社区治理政策体系。特别是2017年发布的《中共中央 国务院关于加强和完善城乡社区治理的意见》（中发〔2017〕13号），明确提出要统筹推进城乡社区的规划、建设与治理，为新时代城乡社区治理工作提供了系统指导与政策方向。2021年印发的《中共中央 国务院关于加强基层治理体系和治理能力现代化建设的意见》再次强调，要统筹推进乡镇（街道）与城乡社区治理，进一步提升了社区治理在国家治理体系中的战略地位。

进入2022年，中华人民共和国国务院办公厅印发的《“十四五”城乡社区服务体系建设规划》（国发办〔2021〕56号），首次将城乡社区服务体系建设纳入“十四五”时期的重点专项规划，标志着城乡社区治理工作正式进入国家发展战略体系。这一举措也是“以人民为中心”发展思想在基层社会治理领域的集中体现。值得注意的是，为进一步推动社区治理的均衡发展，我国政府还出台多项政策，完善社会力量参与基层治理的激励机制，创新社区与社会组织、社会工作者、社区志愿者及社会慈善资源的协同联动机制，鼓励并支持社会组织积极参与社区治理实践。

上述政策体系的陆续完善（见表2-1），不仅为社区治理注入了持续发展的新动能，也为实现社区治理的现代化、均衡化与可持续发展奠定了坚实的制度基础。

表2-1 不同时期推进城市社区治理的代表性文件①

历史时期	代表性文件
社区管理（1949—1990年）	《城市街道办事处组织条例》《中华人民共和国城市居民委员会组织法》
社区建设（1991—2011年）	《关于在全国推进城市社区建设的意见》《关于加强和改进社区服务工作的意见》《关于加强和改进城市社区居民委员会建设工作的意见》
社区治理（2012年至今）	《中共中央 国务院关于加强和完善城乡社区治理的意见》《城乡社区服务体系建设规划（2016—2020）》《关于深入推进农村社区建设试点工作的指导意见》《"十四五"城乡社区服务体系建设规划》《中共中央 国务院关于加强基层治理体系和治理能力现代化建设的意见》《关于加强和改进乡村治理的指导意见》《关于加快推进乡村人才振兴的意见》《中共中央办公厅 国务院办公厅关于加强社区工作者队伍建设的意见》

社区治理既是社区营造的基础，也是国家社会治理体系的重要基石。随着政府和社会各界对社区治理的日益重视，社区营造理念也逐步在我国落地实践。

2008年汶川地震后，清华大学罗家德教授团队参与四川省阿坝藏族羌族自治州茂县杨柳村的灾后重建工作，是较早在中国将社区营造理念引入社区建设实践的典型案例之一。2013年，广东省顺德区在改革开放背景下设立的"社会创新中心"启动了城乡社区营造试点工作，并于2014年首次将"社区营造"一词写入顺德区政府的正式工作文件。2016年，成都市民政局发布了《关于开展城乡社区可持续总体营造行动的通知》，强调在城乡社区广泛实施可持续总体营造项目。这是全国首个在全市范围内系统推进社区营造工作的政策文件。在我国，社区营造的发展和推进依赖多元主体的共同参与，包括初期的建筑与规划专业人士、高校学者等知识群体，以及社区营造深化过程中逐步加入的社会组织负责人、政府官员与社区居民等多方力量。因此，国家治理体系和治理能力现代化进程中的基层治理现实需求，与社会力量的成长互动，共同塑造了社区营造在我国的发展态势。

① 何绍辉：《政策演进与城市社区治理70年》（1949—2019），《求索》2019年第3期，第79-87页。

总体来看，在我国社区营造政策的发展历程中，相关政策体系持续迭代、不断完善，以回应新时代基层社会治理的新需求。目前，我国关于社区营造的法律制度仍不健全，社区居民的自治意识与能力也相对薄弱。现有政策在制定与执行过程中与基层实际存在一定脱节，政策更新与反馈机制也尚待健全。当前，亟须通过制定专门法律或完善相关配套法规，推动社区营造走向制度化、法治化，提升社区居民的参与能力，逐步构建共建共治共享的基层治理新格局。

第二节　我国社会组织与社区营造政策法规的现存问题

回顾改革开放以来的发展历程，影响我国社会组织与社区建设的因素多种多样，其中法律制度被公认为最为关键的基础性制度要素之一。我国关于社会组织与社区营造的政策法规体系，经历了从无到有、由粗到细、逐步完善的发展过程。然而，当前我国社会组织与社区营造领域的法律与政策体系仍存在诸多结构性与实践性问题，亟须通过立法与制度改革加以完善。

一、我国社会组织政策法规的现存问题

社会组织法律制度涉及四个核心方面：结社自由、组织治理、税收政策，以及政府与社会组织的关系。目前，我国的社会组织法律制度构成主要包括基本法律、相关法律、行政法规、地方法规和部门规章等规范性文件[①]。归口管理、双重管理、分级管理、分类管理、培育、发展与监督管理并重是我国社会组织法律制度的主要原则。在我国法律体系中，宪法具有最高法律效力，法律位阶高于行政法规和部门规章，构成了规范社会组织运行的重要制度基础。值得注意的是，到目前为止在社会组织治理领域尚无一部成文法。现行社会组织专项法规主要有三部行政法规，即《社会团体登记管理条例》《基金会管理条例》和《民办非企业单位登记管理暂行条例》。从法律位阶关系来看，法律具有

① 李雪梅：《云南社会组织的思想政治教育研究》，硕士学位论文，云南师范大学，2015，第4页。

最高法律效力，行政法规次之，部门规章则为对法律或行政法规的具体实施细则。因此，从正式法律的角度来说，社会组织治理的制度文本，缺乏上位法，“三大条例”作为行政法规也越来越不能适应新时代高质量发展的需要，适宜的修订稿未能及时出台[①]。当前社会组织法律制度仍存在诸多亟待解决的问题，需要从立法制定、制度执行，以及政策协同等方面进一步完善与优化。

具体而言，当前社会组织法律法规制度存在以下三个突出问题：

首先，社会组织相关法律的位阶较低、覆盖范围有限，且具体条款不够细化完善。如前文所述，我国针对社会组织的专门性法规是《社会团体登记管理条例》《基金会管理条例》和《民办非企业单位登记管理暂行条例》。此外，现有关于社会组织的专门性规范文件主要为政府部门制定的相关规章，尚缺乏由国家立法机关制定的统一专门法律。同时，仍有大量未登记注册、未纳入法律调整范畴的社会组织，导致监管存在明显漏洞和覆盖盲区；现行法律中的部分条款存在细则缺失、边界模糊等问题，特别是在社会组织财产性质与产权归属等关键事项上缺乏明确规定，影响了其健康有序发展。

其次，尽管部分法律法规之间存在配合，但整体上仍存在衔接不足和矛盾冲突，有待进一步协调。当前，我国许多社会组织相关法律法规由不同主体分头制定，条款之间缺乏协调，衔接性不强，甚至在某些方面存在矛盾。例如，有关社会组织的三个行政法规，均明确规定社会组织的财产不得被侵占、私分和挪用；如果违反，责任人应承担刑事责任。但我国现行刑事法律并无与之衔接的具体条款，导致对侵占、私分、挪用社会组织资产的行为缺乏有效惩治依据。此外，相关法律条款中尚未明确监管责任主体，导致在实际执法中责任不清、执行乏力。

最后，双重管理体制不利于社会组织的发展。双重管理体制原旨在加强对社会组织的监管，但在实践中也暴露出职责不清、责任分散等问题。部分业务主管单位出于规避责任的考虑，审核积极性不高，客观上影响了社会组织的登记和发展。一方面，采用“双重”的准入机制对社会组织进行限制，使得这些组织难以获得法律认可的身份；即便获得，其活动和发展也面临诸多约束。另

① 王向民、鲁兵：《社会组织治理的“法律-制度”分析》，《华东师范大学学报》（哲学社会科学版）2019年第5期，第43-52页。

一方面，为降低社会组织活动可能带来的风险，相关管理体制采用由不同政府部门（或政府授权单位）分工负责的双重管理框架。尽管初衷在于分散管理压力，但实际上，社会组织要获得登记的前提，是必须找到愿意承担责任的业务主管单位。然而，大多数单位出于风险规避考虑，不愿担责，导致“踢皮球”现象普遍，严重阻碍了社会组织的合法登记及健康发展。

二、我国社区营造政策法规的现存问题

在我国，社区营造特别是社区治理的法治化，意味着在中国共产党的领导下全面推进依法治国总目标的落实。基层治理过程中注重实现制度化、程序化和规范化，引导治理者依法运用法律制度与法治思维管理社区事务，为群众提供优质公共服务。这样的做法有助于确保基层治理的高效性和规范性。然而，目前我国在社区营造和社会治理方面的法律法规体系仍不健全，法治手段亟待加强。

第一，社区营造的法治体系尚不完善。当前，尽管我国已出台多项与社区治理相关的法律，但在国家层面尚缺乏专门针对社区治理的系统法律规范，现在主要以《中华人民共和国城市居民委员会组织法》和《中共中央 国务院关于加强基层治理体系和治理能力现代化建设的意见》（2021年）等文件作为依据。然而，在社区治理的具体政策法规方面，仍存在显著的空白和不足。当前我国社区治理法律体系在结构上形成了较为清晰的纵向衔接，但在实际执行中，由于缺乏具体细化条款，法律适用仍存在一定困难。例如，以《中华人民共和国城市居民委员会组织法》为例，现行条例仍难以有效应对社区治理实践中出现的具体问题。

第二，社区营造的法治能力和手段有待提升。在我国，社区治理是在法治化和规范化框架下，协调政府、社会组织、社区组织、企事业单位与居民等多方力量，共同参与和管理社区公共事务的过程。社区治理法治化强调多元主体应通过法律途径积极参与社区治理过程。在实际推进过程中，基层治理缺乏配套的制度性法治能力建设机制。例如，缺乏对社区工作者进行法治培训的常态化制度，也未建立以法律绩效为导向的评估体系。居委会在治理中虽承担重要角色，但由于其肩负大量行政任务，其法治能力的建设和实际发挥仍受一定

限制。

第三，社区治理中运用法治手段的细致性不足，处理方式较为简单，公众参与及决策程序的法治化支撑仍较为薄弱；其他参与社区治理的主体则由于缺少法律法规的支持，在推动社区治理法治化的路上也面临不少困难。例如，社会组织在参与社区营造过程中，需要国家政策在制度层面明确其角色与地位，并进一步厘清其权利义务及组织宗旨。特别是在购买社会组织服务中，应厘清“购买服务”与“委托代理”的法律关系。这一界定不仅关系到服务合同的性质，也直接关系到责任承担、财务审计与项目评价等关键环节，若缺乏清晰法律依据，容易导致审计争议、行政问责模糊等实际困境，进而制约社会组织参与社区事务的积极性与规范性。

第四，社区营造中居民的法治意识淡薄。在我国，广大社区居民对社区治理理解有限，仍倾向于依赖传统人情关系处理社区事务。这种习惯一方面使社区各主体在处理现实问题时缺乏法治思维，进而影响对社区治理工作的理解与推动，削弱了社区营造的发展动力。另一方面，社区居民与其他主体之间的沟通渠道有限，致使社区活动内容匮乏，群众参与积极性不足，基层治理中的信任与沟通机制也有待健全。

从总体来看，当前我国社会组织的规范类文件尚存在法律位阶不高、涵盖面不广、操作性不强且相关条款彼此缺乏衔接与协调等问题[①]，仍处于待立法状态；有关社区营造的法律法规则存在较大的空白，社区治理主体、治理内容均未在法律层面予以界定或体现。当前，社会组织与社区营造在活动边界、制度衔接与协同机制等方面仍缺乏明确界定，体制配套不足，尚未形成系统协调的支持体系。

① 李雪梅：《云南社会组织的思想政治教育研究》，硕士学位论文，云南师范大学，2015，第5页。

第三节 我国社会组织和社区营造相关法律制度的改革与创新

一、社会组织法律制度的改革与创新

40余年来，我国在社会组织管理领域逐步构建了以《中华人民共和国宪法》和相关基本法律为核心，涵盖行政法规与部门规章的法律制度框架。但在实践中，该体系仍存在诸多亟待解决的问题，需要在厘清改革思路的基础上，积极探索制度创新与路径优化。

（一）社会组织法律制度改革的总体思路

社会组织法律制度的每一次调整，都会对其发展进程产生直接影响。随着社会不断演进，社会组织的积极参与已成为公共治理中的现实需求。然而，现行的行政管理体制与法律制度在实际运行中仍存在诸多制约社会组织发展的障碍，必须通过制度改革加以破解。

在行政法规层面，我国现行的社会组织相关规范多为行政法规，主要聚焦于境内社会组织，尚未系统涵盖境外非政府组织在华活动。同时，在公益事业的税收优惠、社会保障、志愿服务等领域，相关立法亦存在明显空白，亟须统筹推进制度建设与法治完善。

《中华人民共和国宪法》第三十五条明确规定，公民享有结社自由，这为社会组织的合法存在提供了重要的宪法依据。应进一步在宪法实施层面，强化对社会组织公益性财产的法律保护机制，提升宪法原则的制度化保障效力。在行政法规层面，应依据科学分类原则，制定一系列体现分类监管特点和专业化管理导向的专门法规。其中，应重点修订和完善现行的《社会团体登记管理条例》与《民办非企业单位登记管理暂行条例》两个核心条例，并针对行业协会、农村专业技术协会、慈善组织、公益医疗机构、公益教育机构等专业性较强的社会组织，制定专项管理条例，逐步构建具有分类监管特征的行政法规体系[1]。

在上述制度建设的基础上，应通过深入调研和广泛征求意见，积极推动出台“社会组织促进法”这一基础性法律。该法应构建统一适用的法律框架，全面规范各类社会组织的设立、登记、运行、监督及服务等事项，切实回应社会各界的制度期待，推动《中华人民共和国宪法》中相关原则的具体落实与制度化。同时，应通过立法对社会组织的发展进行系统规范与协调，明确国家利益、治理原则及其基本定位，全面阐释我国关于社会组织发展的指导思想和具体政策取向。法律还应就社会组织的分类、登记与监督、行政指导、社会监督、税收减免、政府采购等事项作出原则性规定，为各类专门行政法规的制定与实施提供坚实的法律依据。

当前，“社会组织促进法”的立法工作虽已取得一定进展，但仍面临诸多挑战。一方面，社会组织类型多样、业务领域复杂，如何在统一的法律框架下兼顾不同组织的特性与差异，实现规范管理与发展支持的平衡，是立法设计面临的核心难题。另一方面，部分社会组织法治意识淡薄，自律机制不健全，制度执行与监管难度较大，进一步加剧了法律实施的复杂性。

此外，如何有效整合现有行政法规，避免法规之间的冲突与重复，充分发挥地方立法权限与政策创新能力，也是一项亟待破解的现实问题。未来，应通过深入调研与广泛协商，借鉴国内外有益经验，科学构建具有可操作性的法律体系，切实推动社会组织健康、规范、有序发展。

（二）社会组织管理体制创新探索

在实践中，围绕社会组织管理体制及相关法律法规的改革与创新，相关研究与探索持续推进。40余年来，法律研究者与相关政府职能部门不断推动社会组织管理体制的立法、调研和政策制定工作，为制度体系的逐步完善奠定了坚实基础。例如，自20世纪80年代后期起，国家启动了“结社法”的起草工作，2004年国务院颁布《基金会管理条例》，2007年国务院办公厅印发了《关于加快推进行业协会商会改革和发展的若干意见》（国办发〔2007〕36号）。

与此同时，地方政府也通过地方立法、行政改革、委托服务等多种方式，

---

① 来永宝：《社会组织的发展：问题与措施》，《社团管理研究》2008年第5期，第30–33页。

积极探索和推动社会组织管理体制的创新。这些举措对我国社会组织法律制度的建设及其活动开展产生了积极影响，尤其在行业协会和社区社会组织的管理体制改革方面，成效尤为显著。

1.行业协会管理体制创新

随着市场经济的发展和政府职能转变的加快，特别是中国加入世界贸易组织（WTO）以来，原有的行业协会“双重管理”体制逐渐暴露出效率低下、职责交叉等问题，难以适应新时代社会组织发展的实际需求。为此，一些地方政府开始积极探索行业协会管理体制的改革与创新路径。

《关于加快推进行业协会商会改革和发展的若干意见》对行业协会体制机制的改革创新提出了明确而具体的要求。该文件不仅为地方各级政府结合实际推进管理体制改革提供了政策依据和改革动力，也为行业协会管理体制的探索实践拓展了更大的空间。

在中央政策支持与行业协会发展需求的双重驱动下，行业协会双重管理体制的改革实践主要呈现出以下三种典型模式[①]：

（1）从“双重管理”向“新双重管理”转型

该模式下，部分非核心职能的政府部门承担行业协会原有业务主管单位的部分或全部职责，成为优化治理结构的关键举措。通常有两种路径：一是由人民团体（如中华全国工商业联合会）作为承接主体，相较于传统的行政部门，更加灵活、包容，有利于拓展行业协会的运行空间，特别适用于市场机制较为发达的地区；二是通过官方设立的社团法人组织（如中国工业经济联合会）承接管理职能，亦有助于激发协会活力、提升服务能力。

（2）从“双重管理”向“三重管理”演进

该模式通过设立专门的临时政府职能部门，在特定时期统筹协调行业协会的设立与运行，成为继业务主管单位和登记管理机关之外的第三类管理主体。当社会主体拟成立新的行业协会，却难以找到愿意承担责任的业务主管单位时，相关政府部门可临时代为履行主管职责，保障登记审批流程的正常推进。

---

① 孙春苗：《中国行业协会的改革发展及未来趋势》，《社团管理研究》2008年第10期，第29-33页。

（3）从“双重管理”向“单一管理”体制转变

该模式通过取消业务主管单位，仅保留登记管理机关的监管职责，以简化管理流程、降低制度门槛。例如，2006年广东省率先实施该项改革，由民政部门统一负责行业协会的登记与管理工作，并提出了“五自四无”的改革目标，即“自愿发起、自选会长、自筹经费、自聘人员、自主会务”，以及“无行政级别、无行政事业编制、无行政主管部门、无现职国家机关工作人员兼职”。

尽管部分地方政府和社会组织在实践中积极探索突破双重管理体制，但受限于上位制度的约束与行政体制的惯性，多数改革措施难以持续推进，凸显出推动深层次治理体系改革所面临的诸多挑战。

2.社区社会组织管理体制创新

社区社会组织管理体制的创新，主要体现在对现行《社会团体登记管理条例》的灵活适用，不仅包括适当降低注册门槛、推行备案制度，还包括完善属地化管理机制，以推动基层社会组织的规范发展。2002年6月，青岛市人民政府办公厅发布《关于加强社区民间组织培育与管理的意见》，提出对于尚不具备登记条件的民间组织，可根据社区公益事业发展的需要，自下而上经居委会、街道办事处、市区民间组织登记管理机关逐级审核并备案。该政策出台的背景是，当时许多在社区中自发开展活动的民间组织由于不符合正式登记条件，一方面因缺乏合法身份而难以获得社会认可并发挥应有作用；另一方面，其行为缺乏规范性，给社区的规范化管理带来一定难度。

随着中央层面“和谐社会”“和谐社区”等主流话语的兴起，地方层面对社区社会组织的培育与发展日益重视，并推动社区社会组织管理体制的改革创新。2006年4月，国务院办公厅发布《关于加强和改进社区服务工作的意见》，此后，各地陆续出台配套政策。例如，江苏省民政厅印发了《关于加强社区民间组织培育发展与登记管理工作的意见》，贵州省民政厅发布了《关于加强社区民间组织培育发展与规范管理工作的意见》。多个省市陆续发布类似政策，重点围绕注册登记、发展培育与日常管理机制，为社区社会组织提供了较为明确的制度引导和操作规范。江苏省明确提出：“至2006年上半年，对尚不具备登记条件的社区民间组织，备案率应达到60%以上；至2006年底，实现全面登记或备案的目标。”南京市出台的《南京市基层民间组织备案管理暂行办法》，是我国首部专门针对基层民间组织备案管理的规范性文件。该办法首创了“两级登记、两级备案”的管理体制，即授权社区居委会或其他具备条件的基层组织作为社区社会组织的业务主管单位，并允许其在街道层级备案，由街道办事处负责日常管理工作。备案制度的建立赋予了社区社会组织合法身份，强化了对“体制外”组织的规范管理，有效推动其在提高居民生活质量、扩大社区就业、缓解基层矛盾和促进社会和谐等方面的作用发挥。

目前的备案制度实质上仍未脱离原有的双重管理体制，备案过程既需基层自治组织同意，又需分别向社区居委会和民政部门备案。基层自治组织在此过程中实际上充当了社会组织在登记程序中的形式性挂靠单位角色。此外，目前的备案制度尚未涵盖业主委员会等特定类型的社会参与主体，其在社区治理中的法律地位与制度化参与路径仍未明确。

二、社区营造法律制度的改革与创新

在厘清当前社区治理法律体系存在的不足之后，推进社区营造相关法律制度的改革与创新显得尤为迫切。尤其在基层治理不断制度化、规范化、法治化的背景下，构建健全的法律支持体系，已成为推动社区营造高质量发展的核心任务。近年来，国家不断提出“共建共治共享”与“多元协同”的治理理念，强调法治在基层治理中的基础性作用。要真正实现基层治理现代化，必须从法律层面强化社区各参与主体的制度安排，推动权责清晰、机制顺畅、治理有效的社区法治体系建设。为此，需围绕以下三个方面开展制度性改革与法律完善工作：

（一）明确社区营造多元主体法律地位

党的十六大以来，我国持续推进社会管理和社会治理体制的创新，逐步形成了“党委领导、政府负责、社会协同、公众参与”的治理格局。党的十八大和十九大进一步提出“共建共治共享”的社会治理新目标，强调制度建设与治理结构优化。党的十九届四中全会明确指出“社会治理是国家治理的重要方面”，强调要完善“党委领导、政府负责、民主协商、社会协同、公众参与、法治保障、科技支撑”的治理体系。

《中共中央 国务院关于加强基层治理体系和治理能力现代化建设的意见》

明确提出基层治理主体建设的总体要求，强调要“建立起党组织统一领导、政府依法履职、各类组织积极协同、群众广泛参与，自治、法治、德治相结合的基层治理体系”。该意见进一步强调，要建设坚强有力的基层政权，激发基层群众自治活力，提升基层公共服务的精准性和效率。

在此基础上，各级政府及相关部门相继出台配套政策文件，积极推动基层社会治理体系和治理能力现代化建设。例如，广东省人民政府发布《广东省推进民政领域基层社会治理体系和治理能力现代化的若干措施》，广州市出台《关于推进城乡社区生活服务圈建设的意见》等地方性指导意见。这些政策文件为形成以党组织为核心、政府依法履职、社会多元主体协同参与的基层治理新格局奠定了制度基础。

然而，我国现行的法律制度中仍存在社区治理主体权责划分不明等问题。业主委员会、社会组织、物业服务企业等多元主体虽在实践中日益活跃，但在法律上仍缺乏明确的身份定位与权责规定。这种法律空白制约了多元主体协同格局的形成。以《中华人民共和国城市居民委员会组织法》为例，虽明确居民委员会为基层治理的重要组织主体，但条文对职责与权限界定不清晰。该法律存在一定滞后性与模糊性，赋予居委会双重职能，既要承接政府行政任务，又需参与社区治理服务，导致其在实际中陷入“行政化”与“治理无力”的矛盾。

因此，应尽快修订现行法律，强化居委会作为群众性自治组织的职能定位，明确其职责边界。同时，对于“公共事务”“公益事业”等关键术语，建议通过立法解释或制定配套规章予以细化，提升法律的可操作性和执行力。

（二）制定专门针对社区营造与治理的法律法规

随着社区营造和服务工作的不断推进，其内涵日益丰富，职能范围不断拓展，但目前我国尚缺乏专门针对社区治理的法律规范，导致实践中存在无法可依、依据不足的问题，严重制约了社区治理法治化进程的深入推进。

在国外经验方面，英国《国家医疗服务与社区照顾法案》（1990年）明确地方政府的职责，《社区可持续发展法案》（2007年）强调居民参与政策制定；美国《住房与社区发展法案》（1974年）和《国家与社区服务法案》（1990年）明确联邦与社区治理的财政与制度保障；德国地方自治法则系统界定了居民参与、资源配置等关键制度安排。

上述国家在社区治理立法中普遍强调：一是制度设计的精细化，二是法律条文的可执行性强，三是治理主体的权责清晰。这些经验为我国提供了重要借鉴。但必须指出，美国及欧洲各国在政治体制、法律传统与治理逻辑上与我国存在重大差异。因此，我国立法应立足国情，结合党领导下的治理体系与城乡社区实际，在制度设计中体现出中国特色的社区治理模式。

（三）增强社区营造参与主体法治意识

社区营造与治理的法治化建设关键在于各参与主体的法治意识和依法履职能力，目前我国相关主体的法律素养仍有待提升。首先，应加快推进社区工作者、居民代表、社会组织等主体的法治培训，建立常态化的学习机制，增强其在工作中依法决策、依法管理、依法服务的能力，防止“人治”倾向。其次，应加快专业化社区工作队伍建设，提升行业准入门槛，在强化实践技能基础上，增强法律知识储备和责任意识，提升其履职能力。再次，应将法治教育融入社区文化建设，通过常态化的法治宣传、法律咨询、模拟法庭等活动，增强居民的法律认同、规则意识和权利义务观念。最后，还需构建健全的法律责任体系与监督机制，明确各参与主体的权责边界与履责标准，通过法律手段强化对社区治理行为的规范约束。同时，应鼓励社会监督与公众参与，提升治理透明度与公信力。

（四）推动信息化建设赋能法治社区治理

信息化是提升社区治理效能与法治水平的重要支撑。应充分运用现代信息技术手段，实现社区治理的智能化、数据化、网络化，推动社区数据资源整合与共享，建立社区事务的在线协同平台，提升治理决策的科学化与执行的高效性。

通过智慧社区建设，可以在基层治理中更精准识别居民需求、更高效调配资源、更及时回应问题，实现法治手段与科技手段协同推进，为社区营造提供全方位、动态化的制度支撑。

综上所述，完善社区营造法律制度，不仅需构建科学、系统的法律法规体系，更要加强法治文化建设、制度执行力与科技支撑，推动形成多元参与、权责清晰、机制顺畅、法治保障的现代化社区治理格局。

第三章　社区营造中的社会组织培育与发展

当今我国社会，政府在社会治理和社区营造中发挥着主导作用，社会组织则作为协同主体逐步参与并承担相应的公共服务与治理职能。随着社会发展，公众对社会组织在公共事务中的功能与价值有了日益深入的认识。社会组织区别于政府的公共行政属性和企业的营利性，其核心特征在于非营利性和公共服务导向。

在社会治理和社区营造层面，我国社会组织整体发展水平仍显不足。为推动其健康成长，应高度重视社会组织在治理体系中的作用，完善培育机制，改革运作方式，提升人才队伍的专业素养，持续优化管理制度，推动其发展理念由行政依附向自主服务型转变。通过强化组织能力建设，社会组织将更好地融入社区营造与社会治理进程，在服务公众的同时实现自身功能提升。

第一节　培育与发展社会组织的意义

一、社会组织对社会发展的意义

我国社会组织的发展面临诸多问题，其中一个根本原因在于政府与社会公众对其角色存在认知偏差。要推动社会组织实现高质量发展，必须深化对其在社会治理中定位与功能的认识，建立与其性质相适应的制度与政策支持体系。

（一）社会组织促进社会参与和社会动员的重要作用

经济社会的快速发展离不开公众的参与，社会组织具有引导和动员公众参与社会事务的重要职能。尽管政府在社会管理方面拥有天然职能，但在拓展公众参与渠道、动员基层社会等方面，相较于社会组织，其效能相对有限。随着改革开放的深化和各领域的高质量发展，单位制和农村集体经济逐渐淡出历史舞台。因此，如何有效地调动公众参与社会活动的积极性一度成为政府的难题。市场经济的发展一定程度上促进了公众对经济建设的参与热情。但在公共事务方面，公众参与意识仍显薄弱，社区可用以激发居民主动参与的制度和资源严重不足。在制度的局限和社区能力不足的情况下，只有依靠大量的社会组织共同发挥作用，才能实现广泛的社会参与和有效的社会动员。为此，需要降低社会组织的登记门槛，降低现有法律对社会组织设立的办公场所、资金和人员数量的要求，从而使更多的社会组织易于获得法人资格；同时需要完善分类登记管理制度[①]。

（二）社会组织的社会监督作用

根据《社会团体登记管理条例》等法规，加强对社会组织的监管是提高组织透明度、公信力和合法合规运行的重要保障，有助于防范公益领域风险，推动社会组织健康有序发展。缺乏监管的社会组织，可能会打着公益的名义谋取私利，这不仅损害组织声誉，也不利于其可持续发展。因此，加强监管机制建设，为社会组织的发展构建全方位的监管网络，是促进其健康有序发展的重要途径。

为防止社会组织滥用权力，其运行过程必须接受有效监督。对社会组织的监管可分为以下几类：一是普遍性监督，对所有社会组织的行为进行引导和规范，确保其行为符合法律规定；二是基于法律规范的监督，即监督社会组织的行为要符合不同法律形式下所规范的专门化行为；三是来自社会组织管理部门的监管，即拥有监督权的民政部门，通过登记、支持、监督与调查等职能对社会组织进行全方位督查监管；四是业务主管单位的监督，即社会组织的业务主管单位对其实施的业务指导和活动管理；五是社会组织的党组织、理事会、监事会对社会组织的监督，即社会组织的党组织、理事会、监事会需要对社会组

① 陈成文、黄开腾：《制度环境与社会组织发展：国外经验及其政策借鉴意义》，《探索》2018年第1期，第144–152页。

织的内部治理结构、服务宗旨、运作机制等方面进行自我监督[①]。

监管与被监管是相辅相成的，一方面社会组织自身应接受来自政府主管部门、业务主管单位及社会公众的外部监督；另一方面，社会组织作为民间力量的重要组成部分，也应积极履行社会监督职能，促进公共权力和公共事务的透明运行。在实际监督中，由于部门之间职责分散与资源配置不均，导致监督职能的落实仍存在障碍。因此，想要优化我国的监督管理体系，外部监督就显得尤为重要。外部监督主体包括普通公众与社会媒体等，但受限于渠道不畅、组织化程度不足，其监督效能在实践中较为有限。在此背景下，社会组织作为联系政府与公众的重要桥梁，应积极承担起引导公众参与和社会监督的双重职责，弥补监督资源和机制上的不足。具体而言，首先，社会组织可以通过深入社区、倾听民众的声音，积极收集和整合公众的意见，从而构建一个自下而上的、民众参与广泛的权力制衡与监督体系；其次，社会组织可利用其专业性获得更多的信息并进行分析，使监督过程更加公正、合法，从而有效预防因民众非理性行为而引发的群体性事件所带来的潜在负面影响[②]。

（三）社会组织在社会控制和维持社会稳定上发挥的重要作用

在政府与社会组织的关系中，政府在权力和资源方面始终占据着特权地位，有充分的话语权。虽然国家通过优惠政策给予了社会组织一定的生存和发展空间，但“社会并不是完全独立于国家并与国家平等博弈的主体，而是处于国家的控制之下”[③]，因此，相关政府部门对社会组织的支持力度在实践中往往受到资源配置、政策导向和公共管理重心等多重因素的影响，支持与否需依据其是否与当前行政目标相契合。

在社会转型背景下，不同利益群体在目标、价值观及行为方式上呈现出多样化趋势，随着社会组织数量的增长，不同主体间的需求表达与互动愈加频繁，因此，更需通过有效机制协调潜在的利益差异。在某些情况下，若非政府组织介入不当，可能放大矛盾、误导舆情，从而影响社会稳定。因此，社会组织的

① 俞可平：《中国公平社会的制度环境》，北京大学出版社，2006，第39页。

② 石国亮：《中国社会组织成长困境分析及启示——基于文化、资源与制度的视角》，《社会科学研究》2011年第5期，第64-69页。

③ 刘江：《从制度-结构视角和行动者视角到社会因果机制分析——我国社会组织发展研究的视角转向》，《社会工作》2019年第6期，第88-101页。

健康有序发展愈发引起人们的关注。如何促进其健康发展，就需要对现有的社会控制机制尤其是监督机制进行完善。

面对我国政府内部复杂的利益群体关系，社会组织或可在社会调节与公共事务协调中发挥积极作用：一方面，社会组织可通过民意表达机制，代表群体合法、理性地参与公共决策，有助于缓和矛盾、维护稳定。成熟的社会组织通常代表特定利益群体，并在其中具有较强的话语权，从而能够在很大程度上避免社会冲突，更好地维护社会秩序与稳定；另一方面，社会组织可在法治和协商治理框架下，积极参与社会事务，通过制度化的协商机制，增强不同利益主体之间的沟通与理解，推动多元共治的实现。

二、社会组织对社区营造的意义

（一）社会组织在社区营造中具有主体地位

社区是社会结构的基本细胞单元，是国家治理体系的重要组成部分。我国正处于社会转型时期，经济结构调整与人口流动加剧，导致社区结构日趋松散，社会关系日益淡化，居民自组织能力不足，基层自治面临较大挑战。

党的十九届四中全会提出“完善党委领导、政府负责、民主协商、社会协同、公众参与、法治保障、科技支撑的共建共治共享的社会治理制度和社会治理体系，建设人人有责、人人尽责、人人享有的社会治理共同体①。”作为社会治理体系中的核心协同力量，社会组织在社区营造中发挥着桥梁与纽带的重要作用。社会组织凭借其专业性和灵活性，能够整合各类社会资源，构建信任网络和合作机制，广泛参与社区事务、公共服务和社会治理，为基层治理体系注入多元活力。为使社区能够承担起自我组织、自我管理、自我服务、自我教育等自治责任，不能仅靠居民自发参与，还需以社会组织为依托，把社区居民组织起来，自愿、自主、自觉、自由地协同政府和企业组织等多元主体共同形成社区治理体系，建设新型社区生活共同体。

---

① 《中共中央关于坚持和完善中国特色社会主义制度 推进国家治理体系和治理能力现代化若干重大问题的决定》，中华人民共和国中央人民政府网，2019年11月5日，https://www.gov.cn/zhengce/2019-11/05/content_5449023.htm。

（二）社会组织在社区营造中的作用

有效的社区营造离不开组织化管理。相较于政府与企业，社会组织因其非营利性和民间性，更适合承担社区事务协调、居民动员与服务供给等职责，已成为推动社区建设的重要力量。

首先，在社区营造领域社会组织扮演着不可或缺的角色。在社区营造过程中，政府主要承担制定法律法规、监督政策实施和提供必要资源的职责，通常不直接参与具体事务，这些事务更多依赖于民众的自我治理与自主发展。而社会组织能够有效提高社区居民组织力，为社区营造增效、赋能。目前，我国社区营造存在“社区困境”，即居民作为区域生活的主体，应该参与社区营造，对社区有归属感和认同感，但在现实中，居民参与的积极性并不高，归属感也不强，社区营造反而成为政府唱独角戏①。为走出这一困境，在社区营造中引入社会组织必不可少。

社会组织是指为实现特定目标而有意识组织起来、从事系统性活动的人群组合体。社会组织可整合居民的共同诉求，通过居民议事平台、社区听证会等机制向相关政府部门传达民意，进而促进社区政策与居民需求的有效对接。为此，应实施社区治理体系建设，重点包括：一是建立多功能的本地社区社会组织，增强社区内部服务能力；二是发展能够承担基层公共事务与基本公共服务的专业组织，突破传统社区功能局限；三是培育具备部门化、专业化、跨地域特征的社会组织，参与更广泛的社会管理事务。应结合社区营造实践，有针对性地培育本地化社区社会组织，提升其服务能力和资源整合水平，逐步形成以社区为基础、以服务为导向的治理支持体系。

其次，社会组织因其专业领域差异而具备差异化服务能力，能够精准回应居民多元化、个性化的公共服务需求。从总体上讲，社会组织可根据不同社区居民的个性化需求，提供老年照护、青少年教育、心理疏导、文化活动等多样化公共服务，填补政府服务的空白区域。随着社会结构的变化，居民的需求更加复杂多样，基层政府需要承担的生活服务供给激增，但其所能提供的服务趋于行政化、标准化，难以有效满足居民的多样化、个性化需求。为提升服务效

---

① 高红、杨秀勇：《社会组织融入社区治理：理论、实践与路径》，《新视野》2018年第1期，第77-83页。

率，基层政府可通过购买社会组织服务的方式，将自身难以提供或效率较低的社会服务委托给具备专业能力的社会组织。这些社会组织不仅能够满足民众对社会服务的需求，还能由此获得政府资助，从而即提升了社会组织自身的服务质量，又减轻了基层政府在社会事务方面的负担。

社会组织在规模、服务领域与运作模式上的多样性，使其能够灵活适应不同社区的实际需求，为居民提供定制化服务，进而增强社区的自治能力与凝聚力。根据相关政策支持，社会组织在老龄服务、青少年发展、心理健康等领域深入嵌入社区服务体系，形成了差异化、专业化服务网络。其中，许多私人基金会、慈善机构等社会组织在社会服务资源的收集与分配中发挥着中介作用：一方面从私人捐助者或政府部门获取资金，另一方面将资源合理配置至一线服务组织，从而促进资源的有效流动与利用。

社会组织在社区中通常扮演两类重要角色：社会组织主要有两类角色：一类为资源分配者，如基金会；另一类为服务提供者，如医疗机构、学校等。两者的主要区别在于：前者侧重于资源的整合与再分配，后者则专注于社会服务的直接供给。上述两类社会组织在促进社区内部社会资本积累、增强居民之间的信任关系、推动社区团结与凝聚力建设方面发挥了重要作用。同时，社会组织通过持续回应居民多元化需求，不仅赢得了公众的广泛支持，也获得了政府的积极认可，从而不断提升其资源动员能力和社会合法性基础。

第二节　社会组织的态度和观念的转变

当前，推进社会组织参与社区治理体系建设和社区营造面临困难，包括对社区社会组织普遍存在认识上的误区，认为其只是居民自发成立的文化娱乐性组织，似乎与社区营造——基层治理“不沾边”；社会组织设立的条件严格、门槛过高，社区居民申请成立社会组织的意愿低，动力不足，实际登记注册的社区社会组织数量不多；社区社会组织质量不高，存在类型少、规模小、地位低、人才少、经费缺、活动开展困难和组织松散等问题。为此，应进一步转变对社会组织发展的认识。

一、从“担忧—限制”到“加速发展”：革新对发展社会组织的态度

我国社会组织发展起步晚、尚不够充分、总体质量也不高，尚属“新生事物”，所以对其发展的认可度不高，认为其可能发挥积极作用，也可能产生消极影响。这种认识较为普遍，也属于正常现象。因此，对社会组织发展的可持续性表示担忧是可以理解的。但凡事都有两面性，社会组织在运行和发展的过程中具有自身优势，应通过适时引导和有效监管，充分发挥其积极作用，从而化解各方对其发展的担忧。因此，应积极推进社会组织管理改革，为其发展壮大营造良好的制度环境。

二、从“矛盾对立”到“协同共进”：重塑政府与社会组织的关系认识

学术界曾有观点认为，非政府组织的兴起在一定程度上旨在防范集中的权力对公众利益的侵犯，强调对国家权力的制衡功能。由于不同国家基本国情有所区别，越来越多的我国学者意识到，我国的社会组织是国家在行使社会管理职能过程中的重要补充。政府与社会组织的关系失衡不利于公共服务供给和改革的深入推进，需不断地调整，优势互补，比如政府增加合作制度供给、合理支持社会组织发展，从战略行动转向隐性发展，达成优化公共服务供给的目标共识①。

如果政府认为社会组织是其合作者，在社会服务中分工合作，不仅可以协助其完成各项任务，还可以共同推进社会治理和社会服务。如果缺乏社会组织在公共服务中的支持，政府既难以完成社会服务职能，也难以实现社会资源的优化配置。政府和社会组织的通力协作，积极帮助和推动社会组织发展，才能更好地完成社会治理和社会服务的任务。

根据现代公共治理的要求，我们需要为政府和社会组织建立一个共同创造、共同管理、共同分享的结构和功能框架，以实现基于责任结构的一致的

---

① 韩小凤、赵燕：《公共服务供给侧改革中政府与社会组织关系的再优化》，《福建论坛》（人文社会科学版）2020年第10期，第191-200页。

功能目标，基于权力结构的合理的功能关系，以及基于利益结构的互利的功能结果[①]。

三、从“工具性依赖”到“战略性驱动”：重塑社会组织发展目标

改革开放初期，我国并未重视社会组织建设，而是将其视为承担部分社会服务职能的工具，缺乏相应的政策机制保障其长期发展，致使其既未获得正式认可与制度地位，也缺乏明确的法律界定与持续发展的政策支持。这导致许多社会组织发展模式趋于商业化，甚至社会服务功能失调乃至发展路径不清晰，难以在社会治理和社会服务领域发挥作用。因此，社会组织的发展方向，应该成为社会治理与公共服务体系中不可或缺的重要力量，而不应被视为“边缘”或多余的存在。同时，不能对其发展放任自流，应积极探索其作用机制与实现路径。应通过立法明确社会组织的法律地位，制定完善的配套政策，强化其在社会治理中的作用，切实促进其健康有序发展。

四、从“消极管理”到“积极治理”：优化社会组织管理原则

我国社会组织管理体制在程序上尚缺乏标准化。除登记和年检年报制度外，其他管理制度普遍较为模糊，尚未形成统一规范。同时，社会组织的内部与外部监督机制均不健全，导致许多组织处于自我管理、几乎“无监管”的状态，政府难以对其实施有效管理。为了防范社会组织运作中的潜在问题，政府登记管理部门和业务主管单位多采取较为保守的管理方式：一是对社会组织的成立设置较高门槛，甚至在法律规定之外附加条件；二是通过退出业务主管单位角色，限制社会组织的活动范围，以期通过数量控制降低风险；三是登记机关与业务主管单位之间存在职责推诿，意在规避监管责任与可能承担的风险。这种被动的管理方式，体现出建设和发展社会组织的消极心态。为扭转这一局面，相关部门应从观念与实践两个层面同步推进转变：在观念上，以“主动治理”替代“消极治理”；在实践中，积极探索并落实更有效的管理方法与路径，通过

---

① 苏曦凌：《政府与社会组织关系演进的历史逻辑》，《政治学研究》2020年第2期，第76-89页。

分工协作、形成合力，推动社会组织健康有序发展，使其在社会治理中发挥更加重要的作用。

优化社会组织管理，要以更加积极的态度对待社会组织的成立和发展，认真清理不符合法律规定的限制条件，对符合条件的社会组织的成立申请一律依法批准，并指导和督促其建立有效的内部管理制度。同时，健全外部监督制度，确保社会组织有一个较易建立的成立机制和发展环境，有严格的内部管理和外部监督，能充分发挥作用，避免违规行为①。

在公共治理方面，仅通过政府部门的努力，是较难达到预期管理效果的，社会组织的积极参与不可或缺。相关部门需准确定位社会组织的功能，并明确其作用和存在的意义；需合理划分自身的部分职能，科学配置给不同的社会组织，凸显其辅助作用，为社会组织的健康有序发展提供更强大的助力。

第三节 社区营造中强化社会组织培育与发展的措施

结合我国社会组织的发展实际及新时代社会治理的总体要求，应积极培育社会组织，将其发展引导至符合国家治理目标的轨道。当前，社会组织培育与发展的重点，应聚焦于加强其内部建设与提升其参与社区营造的能力两个方面。

一、加强社会组织内部建设

（一）优化社会组织体制机制

社会组织的体制包括其内部机构的结构与职能分布，以及这些机构之间和治理主体之间的相互关系与组织形式；相较于体制，机制则更侧重于治理体系的运作功能，体现为治理过程中动态的程序安排、运作方式，以及背后的政策逻辑与策略原理。例如，在社会服务领域，机制侧重于资源配置、服务提供方式等操作性环节。为确保社会组织的健康、有序发展，应依托健全的体制机制作为基础支撑，并辅以有效的外部监管。在我国现有治理体系中，社会组织体

① 赵伯艳：《社会组织参与冲突管理的功能与可行性分析——基于与公共行政组织的比较视角》，《云南行政学院学报》2011年第3期，第100-103页。

制机制尚不完善，但其在推进社会治理现代化进程中的作用日益凸显，其建设发展亦应与我国政治体制和经济体制相衔接，以契合当前国家治理体系与治理能力现代化的总体要求。因此，应从四个层面推进社会组织体制机制的完善与优化。

一是确立并进一步明确社会组织的法律地位、组织地位与社会性质。目前，我国《中华人民共和国宪法》尚未对社会组织的法律地位作出明确规定，也尚未制定关于社会组织的专门法律。在实践中，社会组织通常被赋予法人地位。但也允许部分未经登记的社会组织开展活动，这些组织不具备法人资格。这种制度安排既难以充分激发社会组织提供社会服务的积极性，也不利于其日常运作的规范与透明。合法性是组织存在的基础，合规性则是其持续运行的底线。因此，国家亟须通过专门立法，明确社会组织的法律地位，完善相关法律体系，以规范其运行并切实保障其合法权益。

二是实现政社职权分开。当前，政府与社会组织之间的职责边界尚不明确，政府往往将部分事务性工作下放或委托给社会组织，导致社会组织的行政依附性较强，限制了其自主性和独立发展。这种关系不利于社会组织的有效培育和良性运行。改革开放以来，我国通过“政企分开”改革，赋予企业自主经营权，显著提升了经济效率，提供了体制改革的成功经验。基于此，应借鉴“政企分开”的思路，推进以“去行政化”为核心的“政社分开”改革。政府与社会组织之间应建立制度清晰、目标一致、资源共享、责任共担的协同治理机制，并从法律制度上确立其在法律框架下的平等地位和合理分工，形成相互支持、良性互动的政社关系。

三是优化社会组织制度体系。随着社会组织的发展壮大，制度不健全不仅削弱组织管理效能，甚至可能被不法分子利用，诱发社会冲突，危及社会稳定。促进社会组织健康发展，需构建更加完善的制度体系，推动现代社会组织制度建设。在内部，应完善理事会、监事会、项目管理和服务质量监督机制，提升组织治理能力；在外部，应健全政府监管、社会监督与第三方评估机制，引导社会组织依法、规范运行。政府支持社会组织发展的政策包括发展空间支持政策、资金支持政策、人才支持政策、网络信息平台支持政策等[①]。强化和优化社会组织制度体系，关键在于根据不同类型社会组织的性质、特点和运行方式，建立有针对性的制度体系，以充分发挥促进其发展和规范其行为的作用[②]。

四是在探讨社会组织的特性时，我们需要明确其公益性的核心地位。社会组织与企业组织最本质的区别在于其非营利性，即公益性。这一特性体现在其成立目的、运行目标和盈余处理等多个方面。社会组织以公益目标为导向，不以营利为目的；组织成员不从资金投入或财务活动中谋取个人利益；其运营过程中产生的财务盈余应全部用于公益事业的持续推进，而非用于个人分配。这些方面共同体现了社会组织的非营利性和公益性。然而，目前在我国仍存在“民间组织”“非企业组织”等表述方式，尚未全面统一使用“非营利组织”或“社会组织”等科学概念，其非营利性特征也未受到应有重视。部分社会组织虽以社会团体或民办非企业单位名义登记，却存在以非营利为名从事实质营利活动的现象。部分地方政府对社会组织的违规行为监管不力，主要目的是希望吸引更多社会资源参与公共服务供给，但这种纵容行为在一定程度上削弱了监管效力。这些做法都在一定程度上破坏了社会组织的健康有序发展。所以，运用法律法规来规范和明确社会组织的非营利性质是非常必要的，所有在民政部门登记的社会团体、民办非企业单位、基金会等都须在组织发展中严格遵守非营利原则[③]。社会组织的社会服务特性决定其在辅助政府履行公共服务职能、服务会员与公众的同时，必须树立良好的公益形象与社会公信力。

（二）加强社会组织能力建设

社会组织能力直接关系到其发展水平与功能发挥，能力不足将严重制约其运行效率和社会影响力。社会组织的能力建设主要体现在资源整合和人才队伍建设两个层面。

大力加强社会组织资源整合和集聚的能力建设当前，社会组织的资源整合能力相对滞后，主要原因在于缺乏足够的财政支持和职能授权。由于社会组织

① 王义：《改革开放40年我国社会组织政策支持体系的历史嬗变与基本经验》，《理论研究》2018年第4期，第19-24页。

② 刘春湘：《社会组织参与社区公共服务的现实困境与策略选择》，《中州学刊》2011年第2期，第106-110页。

③ 黄建新：《略论社会组织的政治意蕴》，《浙江社会科学》2009年第4期，第62-66页。

尚未在法律和政策层面获得充分认可，财政拨款较为有限，部分组织因缺乏稳定资金来源而不得不依赖会费或业务收入，进而可能偏离其非营利定位，影响其社会服务功能的有效履行。因此，亟须将社会组织资源能力建设纳入重点发展议程。

首先，应建立健全社会组织资助机制。对于具有公益属性并承担社会服务职能的组织，可通过政府购买服务、年度拨款或项目拨款等方式给予稳定财政支持。

其次，应积极鼓励民间力量支持社会组织发展。政府可通过完善激励政策，鼓励知名企业开展公益捐赠，实现企业品牌与社会价值的双重提升。在数字化时代，也可借助互联网平台开展众筹、导流捐赠等方式为社会组织筹措资金。在我国社会建设进程中，推动建立具有国际影响力的基金会，不仅有助于扩大公益事业的国际合作空间，也将有利于提升国家软实力与全球治理参与度。

最后，应规范非营利模式。尽管社会组织以非营利为基本属性，但其可持续发展仍需一定的资金支持与财务稳定。因此，在坚持非营利原则的同时，也需探索可行的运营模式。在坚持非营利性原则的基础上，社会组织应保障财务运作的稳定与平衡，积极探索符合非营利性质的运营路径，提升内部治理水平，规范财务行为。比如，近年来兴起的"社会企业"模式，使社会组织在秉持公益理念的同时，能够借鉴企业的运营方式，将盈余用于组织发展和社会服务，而非个人分配，从而实现可持续发展与公益目标的统一。我们应积极探索适合我国实际的"社会企业"模式，创新建立社会组织新型体制和机制[①]。大力提升社会组织服务能力和治理能力社会组织作为公共服务的重要提供者，其服务能力和治理能力至关重要。但从现实看，其专业化水平仍明显低于企业，服务与治理能力有待提升。与企业相似，社会组织的服务水平与组织成员的专业素养、管理能力、硬件设施密不可分。硬件设施水平直接受资金投入影响，属于非人为因素；而管理水平和人员素养等人为因素则直接影响社会组织的服务能力。

因此，社会组织应重视建立现代组织管理制度，提升管理水平，培育一批专业化服务人才。实现社会组织良性、健康、有序发展，政府应立足居民需求，

---

① 甘肃省民政厅课题组、沙仲才、袁同凯、建宏、王进财：《社会组织与政府关系模式研究》，《甘肃社会科学》2009年第5期，第231-234页。

引导、指导、鼓励、支持，协同共创社会组织发展良好环境，各主体明确自身角色和职责定位，壮大社会资本，强化信任关系，提高资源配置效率，最终实现国家与社会的协同治理[①]。

（三）加强社会组织治理体系建设

社会组织参与社会治理和社区营造，不同于政府的行政控制方式，也区别于市场机制下的竞争运行逻辑。由于社会组织缺乏市场压力，且政府对其监管要求不高，致使其运行和管理效率普遍偏低。社会组织从事的是不以营利为目的社会服务工作，在社会治理和社区营造方面存在“独自打保龄球”的现象，未能促进各治理主体有效联结，“桥梁”和“纽带”功能及作用发挥不充分[②]。这不仅降低了资源使用效率，也可能使组织偏离其既定的发展目标与使命。

管理水平与运行效率是社会组织可持续发展的关键。在市场化与全球化深入渗透公共服务领域的背景下，社会组织难以维持单一的公益服务模式，不可避免地参与到激烈的资源竞争中。因此，社会组织应注重提升竞争力，从增强基础能力、重视运行效率、优化发展定位、激励服务创新等方面入手，切实提高应对外部竞争性市场环境的能力[③]。加强管理有助于社会组织整合利用各种资源，从而促进其提供更好、更全面的服务，并为广泛动员社会公众参与创造有利条件，也有利于社会组织自身公信力的提升，在面对外来势力的攻击时仍然可以秉持社会公益心和社会责任心，维持自己的健康发展[④]。优化社会组织管理的根本目的是提升其运营效率和服务水平，这正是社会组织设立的初衷。在运行效率方面，应通过科学管理提升资源利用效率，实现社会服务效益最大化；在社会效益方面，应通过精准服务满足居民日常需求，助力社会稳定与治理能力提升；在发展层面，良好的管理有助于改善制度环境，增强社会组织的社会

---

① 李娜：《社区社会组织发展中的协同机制研究》，《黑龙江人力资源和社会保障》2022年第12期，第31–33页。

② 姜艳：《社会组织参与社会治理：机会、实践困境及优化路径》，《西华师范大学学报》（哲学社会科学版）2022年第3期，第64–70页。

③ 关信平：《当前我国增强社会组织活力的制度建构与社会政策分析》，《江苏社会科学》2014年第3期，第83–89页。

④ 何云峰：《政府对新生社会组织的催化与公共服务社会化》，《上海师范大学学报》2011年第4期，第11–19页。

认可度与可持续发展能力。当前，我国社会组织管理主要依靠制度建设与监管机制推进，包括相关法规制定、内部管理制度完善，以及组织自律、政府监管与社会监督等体制机制建设。

结合当前我国社会组织运行态势，社会组织在管理层面的优化可从四个层面进行：

1.健全社会组织登记管理制度

社会组织的登记管理制度是赋予其合法地位的重要机制，也是政府和社会实现有效监督与管理的重要途径。因此，健全登记管理制度是规范引导社会组织健康发展的重要保障。虽然我国制定了关于社会团体、民办非企业单位和基金会等社会组织的登记管理制度，但在运行过程中仍然存在一些问题：社会组织的管理能力与需求的供需关系失衡，地方政府管理社会组织的能力不足[①]，致使登记“门槛”过高，当前社会组织在设立和运营面临多重挑战。

首先，程序复杂且审批周期长，成为制约社会组织发展的关键障碍。这不仅增加其设立成本，也削弱其对社会需求的响应能力。其次，一些现行规定过于僵化，未能充分适应现实情况的变化。例如，要求社会团体和民办非企业单位均须有“业务主管单位”的规定，在实际操作中给许多社会组织的设立带来了过大的限制。随着社会活动的多样化和复杂化，一些拟设立的社会组织可能难以找到适宜的政府部门作为其业务主管单位。此外，受去行政化改革中职责调整影响，一些政府部门因权责配置不对等，对担任业务主管单位的职责态度消极，进一步加剧了登记难题。上述困境使许多拟设立的社会组织因缺乏合适的业务主管单位而无法完成登记程序，严重影响了社会组织的正常发展。最后，业务主管单位与登记管理机关在职责分工方面界限不明，导致监管责任难以有效落实。大多数业务主管单位在人员配置、机构设置和专业能力方面存在不足，难以履行对社会组织的日常监管和业务指导职责，相关工作多流于形式。多数政府职能部门也未能将社会组织纳入其管理范畴，这进一步加剧了社会组织在运营过程中的不确定性。因此，必须对现行规定进行审视和调整，以更好地适应社会组织发展的实际需要；加强业务主管单位与登记管理机关之间的沟通与

① 任彬彬：《结构张力与理性行动：地方政府社会组织登记管理制度改革的困境解析》，《理论月刊》2020年第7期，第38-47页。

协作，明确各自职责，确保社会组织在设立和运营过程中得到充分的支持和指导[①]。

社会组织目前不得跨区域设立分支机构，限制了其在不同地区的扩展能力；现有登记管理规则中的部分管理条款已难以满足社会组织发展的现实需求，侧重于约束性规定，激励性和支持性制度相对不足；目前的登记管理制度在区域协调与制度衔接上存在不适应性，尤其在组织成立后的监管与服务机制方面仍较为薄弱。在实践层面，无论是登记程序的障碍，还是后续管理机制的缺失，均对社会组织的健康发展构成不利影响。

为此，社会组织登记管理制度需进一步改革和优化。首先，应进一步完善政府对各类社会组织的管理制度。为充分发挥社会组织的作用，政府须加强对社会组织的精细化管理，变静态管理为动态管理、定性管理为定量管理、单一管理为多元管理，以有效提升社会组织公信力，赢得更多的支持[②]。这涵盖了内部管理机构的有效构建、财务管理的精确与透明、人事管理的科学与合理，以及确保国家和社会对社会组织监督制度的严谨性。这些制度的完善不仅有助于社会组织内部的健康运作，也能增强其在社会中的公信力与影响力。此外，针对当前部分社会组织因缺乏业务主管单位而难以登记的现象，应修订相关政策规定。登记管理机关应主动作为，协助相关组织联系并落实适宜的业务主管单位，确保登记程序顺畅进行。这一举措不仅有助于社会组织获得必要的业务指导与支持，还能确保其业务活动的合法性与规范性，进而促进社会组织整体的健康发展。其次，应进一步明晰并细化登记管理机关与业务主管单位在社会组织管理中的责任、权利与义务，明确其职责边界，既防止因权责不清导致管理缺失，又防止越权干预阻碍社会组织发展。同时，亦可从制度层面进行更为根本的改革，将当前“登记管理机关+业务主管单位”双重审查机制细则进一步优化。对于法律法规和政策要求前置审批的组织，严格按照相关制度执行；对不具备法人资格的社区社会组织，也应按照简化程序由登记机关登记。还应建立

① 廖鸿、石国亮：《中国社会组织发展管理及改革展望》，《四川师范大学学报》（社会科学版）2011年第5期，第52–58页。

② 民政部、中央社会工作部等：《关于加强社会组织规范化建设推动社会组织高质量发展的意见》，中国政府网，2024年9月25日。

具有公信力的社会组织退出机制，以及对非法组织的取缔与查处机制，以构建全周期规范管理体系。

2.完善社会组织行业管理体系

当前，行业治理主要涵盖企业实体与专业性行业协会两个方面，尤其是后者，更加强调自我管理与服务导向，具有较强的自治特征。因此，推动行业协会深化改革、实现高质量发展，并强化其服务与治理功能，是提升其在社会组织治理中角色的重要保障。

在行业治理中，政府的主要职责是制定并监督实施相关法规政策，而将具体业务管理职责授权给行业协会承担。政府可赋予行业协会业务主管单位的职能，明确其设立标准、职责权限及活动规范流程，并负责其登记审核、年检年报等基本管理事项。此外，政府还应大力支持专业行会的发展，推动其建设成为兼具权威性和治理能力的行业管理机构。对于尚未建立专业行会的行业社会组织，可由相关政府部门或登记管理机关以过渡方式承担其业务主管与行业管理职责，为后续行业自主管理体系的建立创造条件。

3.增强社会组织内部管理能力

政府登记管理机关和业务主管单位应对所辖社会组织的内部管理制度进行指导和督促，推动其制度建设的规范化、科学化和高效化。社会组织的内部管理制度主要包括组织结构、人事管理、财务制度与业务活动规范等。相关制度细则应保持公开透明，便于接受社会监督和政府监管，增强组织内部成员的监督效能。此外，应重视社会组织内部管理能力的培养和提升。政府登记管理机关和业务主管单位等应指导和督促所属社会组织制定内部成员的基本资格标准，并组织开展业务能力培训。内部成员应明确职责分工，提升执行效率。例如，财务部门作为关键职能部门，应对项目预算与支出进行审核控制，确保组织资源配置的效益最大化。同时，应建立绩效评估机制，对组织项目的实施效果和执行效率进行系统评估，并通过全过程监管推动社会组织持续规范发展。加大自身宣传力度，创立富有竞争力的品牌项目[①]；加强硬件设施建设，应有与其管理业务相适应的信息平台和其他管理硬件设施。

---

① 董璎慧：《我国社会组织发展现状研究》，《黑龙江人力资源和社会保障》2021年第21期，第1–3页。

4.优化社会组织政府监管

政府对于社会组织的监管是保证其规范化运作的重要手段。目前政府主要通过登记机关和业务主管单位开展监管工作，但这些部门与社会组织之间不存在直接隶属关系，且监管职责常被视为附加任务，导致监管力度不足，难以实现实效性。为此，需优化政府对社会组织的监管体制，加大处罚力度，完善各相关部门综合监管方式，形成齐心共管的局面，做到及时查处社会组织违法行为和非法组织[①]。

首先，政府有关部门应改变重登记、轻监管的现象，切实加强对社会组织活动的监督管理。其次，应改革监督体制，区分“业务活动监督”与“遵纪守法监督”，前者由业务主管单位负责，后者由登记管理机关承担，并通过健全年度工作报告和年度检查（年报年检）制度，实现更有效的监督管理。统一的监管体制，既有利于强化政府部门的监管责任，又有利于实施更加专业化和标准化的监管，能收到更好的监管效果[②]。

二、提高社会组织社区营造能力

（一）社会组织参与社区营造的模式

1.“五社联动”社区治理模式

“五社联动”是指社区、社会工作者、社区社会组织、社区志愿者和社区公益慈善互相合作的社区新型治理模式。该模式通过调动多元主体协同治理社区，充分发挥社会工作者的专业技能，挖掘并利用社区资源，为居民解决实际问题。通过赋能社区社会组织、志愿者和居民，以及提升社区治理效能，推动形成人人有责、人人尽责、人人享有的新型社区生活共同体。

广东省惠州市的“五社联动”社区治理实践较为典型。具体做法包括：在党建引领下，建立“家里事、小区事、社区事、疑难事”四事分流分导机制，对社区治理事务进行科学分类、精准识别与合理引导；以社工、社区组织与社

---

① 张萃萍：《当前我国社会组织存在的问题及对策思考》，《求实》2010年第3期，第33–36页。

② 何芸：《社会组织在社会管理中的主体性问题》，《理论探索》2011年第4期，第99–101页。

区为三个层面，结合党建联席会议，构建“三层一议”问题解决机制；形成“社区党组织+共建单位+社区社工+社区社会组织”的“N社联动”服务模式，全面整合社区各方资源，搭建社区共治平台，激活社区各方治理力量。通过科学分类社区事务、完善议事机制和整合各方资源，有效提升了问题解决效率与社区治理能力。

2.“一核多元”社会治理格局

“一核多元”的社会治理格局是以协同理论为基础，主要是指党和政府作为治理核心，社区的各类多元主体（居委会、社区工作站、社区居民等）作为参与力量，通过发挥党建引领作用，指导基层居民的自治和社区的各类主体共同管理和服务，对社区的资源进一步整合，建立更加完善的社区，促进社会和谐[①]。

广东省深圳市是此治理模式的典型。具体做法包括：①加强党委领导。如“南山模式”，成立社区综合党委，并从市、区（新区）机关、街道、国有企事业单位选派优秀党员干部担任社区综合党组织“第一书记”，实现党组织全覆盖、党员管理和服务全覆盖。②党组织统筹各方资源。如龙岗“大综管”新格局，以社区和街道为基础，推动条块结合的管理方式（垂直部门与属地组织协同管理），构建集治理、服务于一体的综合治理机制，促进数字化与网格化协同运行。③推动居委会回归自治功能。如“盐田模式”，通过实行“一站多居”、完善居委会选举制度、设立人大代表工作站和民意表达平台，发展社区服务与社工队伍，并推动居企分离、经社分开、议行分设、政社分离等制度改革，逐步恢复居委会作为基层群众自治组织的本位功能。④推动治理主体多元融合。例如，宝安区通过推进“物业管理进社区”，成立住宅小区业主委员会，并建立由综合党委、街道工作委员会、居委会、业主委员会和物业服务企业等多方参与的协同治理机制，逐步形成契合“花园小区”特色的社区管理模式。

3.“三元治理”模式

“三元治理”模式指在政府、社区与居民三方之间建立互动协同机制，促进多主体共同参与、良性协作的治理格局。其中主要包括三组互动关系：一是政

---

① 马颖慧：《新时代提升社会组织治理效能的路径探析——兼论“一核多元”社会治理格局》，《重庆城市管理职业学院学报》2021年第1期，第27-30页。

府与居民，政府回应居民需求，居民积极参与共治；二是政府与社区，政府逐步放权并积极培育社会组织，由社会组织承接相关社会服务职能；三是社区与居民之间，通过居民参与社会服务，实现与社区组织之间的良性互动。“三元治理”的实践推动了“三融合”和“三互动”的实现：一方面，实现了基层党建与联系群众、政府治理与群众动员、多元供给与服务群众的有机融合；另一方面，促进了政府与社区之间的有序互动、社区与居民之间的有效互动，以及居民与社区组织之间的积极互动。

广州市越秀区通过实施“三元治理”，实现了三主体间的有效互动。具体做法包括：①加强基层党组织建设，推行社区大党委制度，实施党员人才“双培”工程，推动社区能人入党、党员骨干成为社区骨干；实行单位与社区党组织双重管理机制，创新党员服务群众的方式。逐步构建以街道党工委为核心、社区党组织为支点、区域党建联席会为纽带，辖区单位与党员共同参与的城市区域化党建新格局。②推行网格化管理，搭建居民互动平台。针对多元居民需求，建立基础网格员制度和志愿网格员激励机制，依托网络问政、居民议事厅、“两代表一委员”工作站等平台，确保群众合理诉求得到多渠道回应和系统性响应。③重划自治规模，优化治理结构。综合考虑街道、社区公共服务资源配置和人口规模、管理幅度等因素，调整街道和社区，设置社区居委会。④注重平台建设，引入多方资源。为优化资源配置，推行“九联共建”模式，涵盖区域党建联动、军地双拥合作、居民自治推进、公共安全联防、社会矛盾调解协作、社区服务共建、公共设施共享、环境卫生整治与精神文明共创等方面，逐步构建全面高效的社区共建机制。

4.“2+8+N”社会治理模式

在“2+8+N”的社会治理模式中，“2”是指在每个村居建立社区服务中心和社区建设协调委员会；“8”是指社区服务中心承担民政、残联、社保等八项职能，旨在提供综合公共服务；“N”根据实际情况，在每个社区建立社区社会组织。该模式的实践实现了三项制度创新：一是建立经济发达地区社区基本公共服务均等化机制；二是推动外来务工人员参与地方民主决策的机制建设；三是形成促进外来人口与本地居民沟通融合的有效机制。

以中山市小榄镇新市社区为例，其社区党委负责统筹整个社区共治，社区居委会发挥自治功能，社区服务中心提供服务，居务监督委员会进行监督，社区建设协调委员会负责协调。主要做法包括：①整合资源，打破条块分割。通过整合社会组织、职能部门、文化平台与居民生活类组织，构建协同机制。专业社工与本土社工协作，联动培育社会组织；设置专职人员对接文化服务工作；借助社区文化线上线下一体化平台发布动态；整合文体队伍，构建社区服务枢纽，发挥多方合力。②全民参与、共建共治共享。依托社区建设协调委员会，吸纳人大代表、企业主、外来务工人员等不同群体参与，推动各阶层广泛协商与合作，有效促进本地居民与外来人口的融合共建。③供需对接，提高文化服务成效。依托社区综合文化服务中心，提供社区图书馆、组织群众性文体活动、开展教育培训类服务等，实现供需有效对接。④社会联动，孵化公益组织。依托小榄镇公益创新大赛，挖掘社区公益项目，提供资金和专业支持，持续孵化并培育一批具有本土特色的社区文化组织。

（二）社会组织参与社区营造的路径创新

上述各类社会治理模式各具特色，具有重要的创新价值，是当前社区营造探索的重要成果。从总体上看，我国社区营造仍普遍存在社区居委会政治任务重、居民归属感不强、社会组织参与难、社区自组织能力低等困境。为实现从一元化管理向多元共治的转变，应在总结已有模式经验的基础上，进一步增强社区营造和社会治理的创新力度。

1.加强制度创新，强化社会组织主体地位

为打破居委会行政化倾向和社区治理主体不清的问题，应从制度入手，通过制度创新强化社会组织的主体地位，使其真正参与社区营造与治理。在传统的社区管理体制中，社区居委会作为基层自治组织有其合法性，在社区中实行一元主体的行政化管理。此体制中，社区居委会与社会组织属于管理与被管理的关系，社会组织在社区居委会的管理下开展社区活动、提供服务。两者有时甚至形成冲突关系，社会组织未能实现与社区居委会的良性互动，亦未作为治理主体之一参与社区治理。在上述模式实践中，各地对现有社会管理制度进行了调整与创新，明确了多方治理主体的权责边界，理顺了其间的权力与利益关系，从而为社会组织在社区营造与治理中发挥主体作用创造了条件。

因此，应通过调整基层治理制度，明确社区居委会、社会组织、物业公司、

业委会与居民等治理参与方的职责，划定其在社区营造中的具体任务，以减少甚至避免各方之间的矛盾与冲突。同时，应从制度设计层面推进社区治理创新，以公共利益为核心价值导向，组建新型治理组织或平台，优化现有组织结构，全面提升各方在社区营造与社会治理中的能力。通过适当放宽社会组织进入社区的限制，降低其设立门槛，从政策层面激励社会组织更加有效地参与社区营造与治理。严格执行现代治理制度，制定详细有效的激励和制裁措施，以规范主体行为，确保制度的活力和有效性，促进社会组织等治理主体合力参与社区营造，实现社区自组织、自管理、自教育和自服务。

2.规范政府购买服务，提高社会组织参与能力

目前，社会组织在参与社区营造过程中，除面临制度困境外，也普遍存在自身能力不足、参与度低等问题。社会组织能力不足主要体现在资源匮乏，包括活动资金、活动空间和专业人才等方面的短缺。其根本原因在于资金来源渠道单一，主要依赖筹资、经营性收入和政府购买服务。其中除政府购买服务外，其他资金来源普遍缺乏持续性与稳定性。因此，政府购买服务成为社会组织获得资金支持的重要渠道之一。政府通过购买社会组织服务，为其提供必要资金支持，激励其不断提升服务能力与专业水平。通过公共采购，基层政府可将部分公共服务与社区营造任务委托给社会组织，从而降低服务与治理的综合成本，有效缓解政府与居委会的行政负担。

具体而言，一是可在政府采购中实行项目制管理，制定明确的采购计划，设定服务验收标准与组织资质要求，实现全过程监管，保障服务质量。二是健全政府采购制度，建立稳定的服务采购机制，为社会组织的持续发展提供制度性保障。三是创新采购形式，可通过公益创投等方式设定主题发布公告，促使社会组织提升服务能力、增强竞争力，实现服务供给与居民需求的精准匹配。

第四章　社会组织与社区营造筹资

资金作为最基本的社会资源，是社会组织和社区营造不可或缺的命脉。只有拥有足够的资金，社会组织才能顺利开展各项社区营造活动。然而，资金短缺问题普遍存在于社会组织之中，既制约了其自身的生存与发展，也削弱了社区营造的推进效果。目前，我国社会组织主要通过申请项目和争取基金会支持等方式筹集资金。此外，部分组织对政府依赖较重，主要依靠政府拨款和政府购买服务来维持运转。相较于多元筹资机制的发展路径，这些组织往往缺乏项目驱动力、自主筹资的能力，以及来自企业和公众的捐赠支持，尚未建立起成熟、多样的资金筹措渠道。拓展筹资渠道的多元化已成为社会组织实现可持续发展和推动社区营造工作的关键所在。为此，社会组织应积极开拓多元筹资路径，努力实现资金来源的持续性与稳定性，减少对政府资金的单一依赖。

第一节　资金是制约我国社会组织与社区营造发展的瓶颈

社会组织和社区营造在促进国家和社会发展中具有重要作用，但在筹资方面仍存在不少问题。解决筹资问题是一项涉及多因素统筹协调的系统工程，需要社会组织及其成员综合考虑资金因素与组织运行中的其他关键问题之间的关系，统筹协调。

一、资金问题与其他问题之间的关系

（一）资金与人力资本的关系

美国经济学家西奥多·舒尔茨（Theodore W. Schultz）认为，“人力资本”是一种资本形式，它以不同于物质资本的形式存在，表现为人们的知识、技能、经验和健康[①]。人力资本是社会组织吸引和留住高素质人才的核心资源，社会组织则依托资金吸引人才参与其服务与管理工作。随着经济社会的不断发展，人们对生活的要求日渐提高，待遇优厚的企事业单位和政府机关往往成为高素质人才就业的首选。

目前，我国的社会组织分为官办型、半官办型和民办型三类。官办型社会组织的负责人由政府部门任命，经费和补贴来源于财政拨款。民办型社会组织的负责人依章程选举产生，资金来源以捐赠和自筹为主。半官办型社会组织则介于两者之间。一些具有半官方性质的社会组织为离退休干部继续参与社会事务、发挥专业经验提供了良好平台。他们的社会地位和丰富经验是社会组织和社区营造的重要无形资产。这些人员的加入对促进社会组织和社区营造的发展具有重要意义。然而，受年龄与健康因素影响，这些离退休干部应在参与工作时有所节制。要实现此类公益性社会组织的可持续发展，吸引更多青年人加入至关重要。而吸引青年人才的前提，是具备充足的资金支持，这是获取人力资本的关键条件之一。当代青年虽有理想与抱负，但若仅依靠情感动员，要求其放弃优厚待遇而从事公益事业，显然缺乏现实基础。政府及社会应更加注重薪酬体系的制度建设，合理的绩效考核制度和薪酬待遇是吸引青年人投身社会组织和社区营造的重要条件。薪酬绩效、福利、组织支持和晋升培训等物质激励手段，比非物质激励更能有效降低社会组织成员的离职率。

因此，资金问题的解决对社会组织获取人力资本至关重要，也有助于推动社区营造工作。此外，合理的绩效考核制度还可进一步降低人员流动率、提升积极性，为社会组织的可持续发展和社区营造工作的稳步推进提供保障。

---

① 周俊桦：《人力资本出资的基本法律问题研究——以管理股薪酬制为例》，硕士学位论文，中南大学，2006，第1页。

（二）资金与组织发展的关系

社会组织以各自的宗旨和使命为指引，通过各种方式为社会大众提供公共服务，积极参与到社区营造和社会治理当中。同时，服务项目的开展与服务范围的拓展都离不开资金支持，否则相关设想难以落地实施。以陕西省妇女研究会为例，该组织成立于1986年，是一个非营利性民间妇女组织，致力于推动性别平等与家庭和谐建设。该会坚持“以研究引导行动、以行动推动再研究”的循环路径，推动理论与实践的结合。经过近40年的发展，该会已在妇女权益、家庭教育、心理咨询等多个领域开展社会服务。随着项目的增多和资金的持续筹集，自2001年起，该会的服务逐步扩展至陕西、甘肃、江西等省和宁夏回族自治区。项目的拓展既体现了地区服务需求的增长，也彰显了资金在推动社会组织发展中的关键作用。事实证明，充足的资金是提高服务质量、拓展服务领域的基础保障。

（三）资金与政府政策支持的关系

社会组织的资金一般来源于政府财政拨款、企业赞助和公众捐赠三类渠道。清华大学非政府组织（NGO）研究所的调查数据显示，在社会组织的资金来源当中，政府的财政拨款和补贴占总资金的49.97%[①]。可见，政府支持在社会组织发展中具有深远影响。以公共利益为中心的非营利性组织在维护社会稳定、解决社会问题方面扮演着举足轻重的角色。对此，国家应当在政策上给予倾斜与支持，提高对公益性社会组织的认同度，提升其享受免税政策的执行效率，简化相关审批程序。同时，考虑到促进社会组织有效运作和发展，政府部门也应该向具有公益服务职能的社会组织提供政策支持与激励。

（四）资金与筹集渠道的关系

与国外相比，我国社会组织筹资能力整体偏弱，融资渠道较为有限，难以获得来自基金会、企业和社会的大额资助。当前，许多组织的运作资金中，近一半依赖政府财政支持。政府资金占比较高，是导致部分社会组织长期缺乏独立性和自主性的关键因素。在市场经济条件下，社会组织若想实现可持续发展，单一依赖政府财政拨款、补贴及购买服务，将难以维持长期运作。资金来源的

---

① 李国峰、周莎莎：《我国非营利组织财务管理存在的问题及解决对策》，《经济研究导刊》2015年第27期，第111页。

多元化是社会组织提升独立性和充分发挥作用的必由之路，社会组织应结合服务特色，通过公益募捐、线上众筹、公益项目竞标等多种形式拓宽资金来源。

二、解决资金问题对社会组织与社区营造发展的促进作用

在货币化社会背景下，资金是支撑社会组织运转与服务输出的核心资源。对于社会组织而言，充裕的资金意味着可以获得充足的物质资源和人才支持。有了资金，社会组织便可通过充足的物质资源与雇用高技能人才，为社会提供优质服务，拓展社区营造等项目，从而实现组织目标，切实履行其服务社会的职责。当下，资金短缺已成为制约社会组织发展与社区营造推进的主要障碍之一，严重影响社会组织的运作能力和社区营造的质量。

首先，充足的资金为社会组织和社区营造的人才引进提供条件。纵观世界上有较大影响力的社会组织，其共同特点是结构庞大、组织体系健全，且具备完善的规划与运作机制。在实际管理中，不少组织的高级管理人员和专业技术人才，可能并不热衷于公益事业，或已在原有职业中发展稳定。如何把他们吸引到组织当中来是社会组织发展的关键问题。吸引和留住人才的关键在于提供具有竞争力的回报与良好的薪酬待遇。即使是服务免费的志愿者，组织亦有责任为其提供活动期间的所有费用和各种保险，以保障其权益和安全。这样做可增强志愿者的积极性和参与度，使其为社会服务和社区营造做出更大的贡献。

其次，资金的多少直接影响社会组织的发展水平和社区营造的推进规模。充足的资金能够支持更广泛的服务领域和更大范围的项目实施。在实际操作中，一些社会组织根据已筹资金制定项目计划，按资源状况推进社区营造与服务活动；另一些则采取“先设项目、后筹资金”的方式，明确目标后积极寻求资金支持。特别是在基金会资助体系中，项目设定往往依据基金规模而定，资金状况对组织运行方式起着决定性作用。此外，部分资金雄厚的社会组织已具备在全球范围内开展公益项目的能力，涵盖教育、卫生、环境保护、灾害救援等多个领域。1998年8月，陕西省妇女研究会和香港乐施会达成合作，改善陕西省丹凤县毛里岗乡的基础设施和公共服务条件。三年共投入合作资金140万元，用于农村发展项目。该会受托管理陕西农村发展项目的执行事务，由乐施会向该会支付相关的行政费用。2000年7月24日至8月1日，紫阳县遭遇百年不遇

的洪水。根据香港乐施会委托，中国青少年发展基金会农村发展研究所派出小组前往灾区，协助当地政府和居民开展救灾物资发放与需求评估。在调查灾情和灾民需求的基础上，为3个重灾区的6个行政村运送救灾大米22.5万千克，服务范围也由原本支持辍学儿童复学拓展至其他领域①。

最后，充足的资金与高效的筹资机制，是推动社会组织发展和社区营造持续推进的重要保障。社会组织作为不同于政府与企业的“第三部门”，日益发挥其独立社会力量的作用。与拥有稳定资金来源的政府（通过税收与财政调控）和企业（通过产品研发与资本运营）相比，社会组织普遍面临融资能力弱、筹资渠道单一、资金来源不稳定等问题。究其根源，主要在于缺乏完善的筹资机制，这不仅限制了其项目拓展能力，也影响其整体运作效率。以陕西妈妈环保志愿者协会为例，该组织在陕南地区承接沼气池服务项目。尽管项目资金由农民、政府和基金会三方共同提供，但由于协会自身资金管理能力不足，项目资金最终由妇联代管。这导致该协会在组织运行过程中对妇联形成了较强的依赖关系。可见，建立科学合理、操作性强的资金筹措机制，拓宽资金渠道，提升财务自主性，是当前推动社会组织持续健康发展的关键任务之一。

第二节　社会组织与社区营造的主要资金来源和筹资方式

我国社会组织和社区营造的资金主要来源于政府投入、服务收费和社会捐赠。然而，目前社会组织的筹资渠道单一，资金可持续性与稳定性不足，甚至普遍存在资金短缺的问题。因此，有必要拓展筹资渠道，采用多样化、适应性强的筹资方式，广泛争取来自基金会、企业、社会团体及个人等多元主体的资金支持。

① 高小贤：《公益的“中国式合作”道路——陕西妇女研究会的实践经验》，《文化纵横》2020年第4期，第98-107页。

一、主要资金来源

（一）政府投入

政府投入亦可称为政府支持，包含财政拨款、政府购买服务（合同）支付，以及其他由公共部门承担的相关经费或补偿支出。政府对社会组织的资助可分为直接资助和间接资助：前者是指政府通过财政拨款的形式，直接向社会组织提供资金支持；后者通过法律法规设定的税收优惠间接支持符合条件的组织。随着社会发展和行政体制改革的不断深入，政府与社会组织之间的合作日益紧密，双方在公共服务供给、社区营造与社会治理等领域逐步形成了互为补充、协同推进的机制，共同推动社会治理体系和治理能力现代化建设。

在美欧一些发达国家，政府对非营利组织（Non-Profit Organization, NPO）的财政支持非常充足，政府部门成为NPO最主要的资金来源之一。美国、德国、法国、英国、意大利和日本等国家的NPO中，分别有30%、68%、60%、40%、43%和38%的收入来自政府（见图4-1）。这表明，公共服务责任正逐步由政府向社会组织分担，逐渐形成多元合作的社会治理格局[①]。与此同时，许多社会组织对政府财政支持和税收优惠政策存在较强的依赖性；若缺乏相应的制度性扶持，其运营与可持续发展将面临严峻挑战。

在我国，政府资金——财政拨款和补贴是社会组织的主要资金来源，占社会组织资金来源总资金的49.97%[②]。政府支持社会组织的方式多种多样，主要包括项目承包、直接拨款、政府购买服务、委托运营以及税收减免等制度安排。

上述支持方式在许多国家的政府治理转型过程中均得以实施，体现了社会组织在公共事务管理中发挥日益重要的角色。目前，尽管政府对公益性社会组织的直接投入比例仍较有限，资金多以项目拨款或奖励支持形式发放，但随着社会发展和政府职能的转变，社会组织正逐步获得更大的发展空间与政策机遇。

---

① 郭国庆、李先国：《国外非营利机构筹资模式及启示》，《经济理论与经济管理》2001年第12期，第22-27页。

② 李国峰、周莎莎：《我国非营利组织财务管理存在的问题及解决对策》，《经济研究导刊》2015年第27期，第111页。

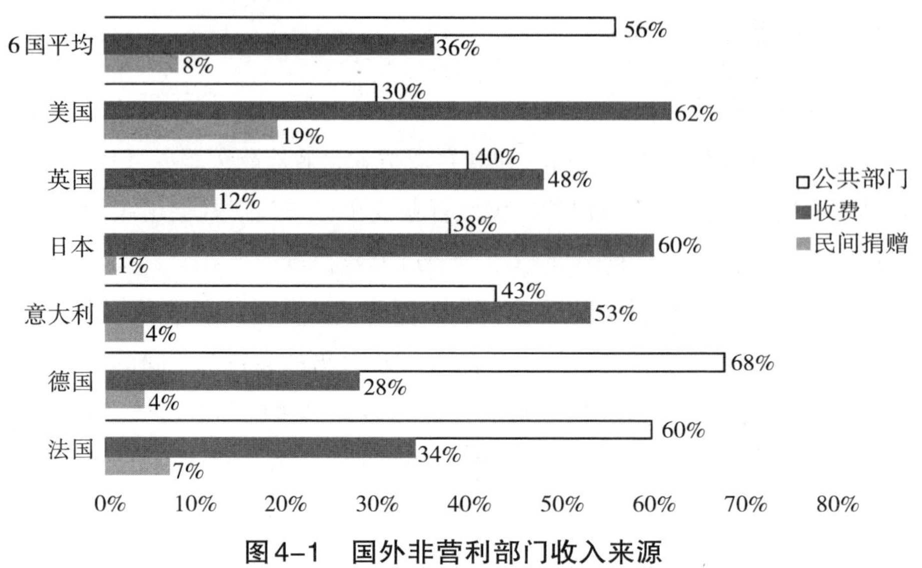

图4-1 国外非营利部门收入来源

（二）服务收费

一些社会组织通过提供有偿服务或销售相关产品取得收入（付费服务）。近些年来，越来越多的社会组织为了增加收入，正向商业企业的运作模式转型。早在2001年，郭国庆等专家研究发现，在美、意、日、德、法等国的非营利部门收入中，私人付费所占的比例分别为52%、53%、60%、28%、33%[①]。随着社会服务需求增长，我国部分社会组织的服务性收入在整体资金结构中所占比例逐渐提升。为实现社会组织的可持续发展，应通过不断创新公共服务产品与服务形式，合理设定服务价格，以及保障受益人权益，确保公共服务和社区营造工作的顺利推进。

（三）社会捐赠

社会捐赠，也称民间捐赠，通常包括直接或间接形式的资金和物资支持。民间捐赠的主要来源包括个人、企业、基金会及其他非政府组织。若将志愿服务所贡献的时间和劳动视为捐赠，社会组织从慈善领域获得的支持比重将显著提升。非营利部门的独立性固然重要，但个人捐赠仍是社会组织筹集资金的重要来源之一。只是世界各国的个人捐赠在非营利组织（NPO）收入中所占比例

① 郭国庆、李先国：《国外非营利机构筹资模式及启示》，《经济理论与经济管理》2001年第12期，第22-27页。

普遍较低，只有美国和英国的相关基金会对NPO提供了约2%的收入。在欧洲和亚洲的发达福利国家，政府资助在捐赠总额中占比更高，相较之下，个人捐赠比例相对较低。尽管我国个人慈善捐赠水平逐年提高，但从捐赠额占国内生产总值（GDP）比重、公众参与度等方面来看，与发达国家仍存在较大差距。与国际情况类似，我国民间捐赠总体占比也处于较低水平。相关测算数据显示，2022年全国社会公益资源总量预测为4505亿元，较2021年增长0.81%。其中，社会捐赠总量为1400亿元，彩票公益金总量为1190亿元，全国志愿服务贡献价值折现为1915亿元，分别较2021年增长-4.63%、13.66%和-2.00%。其中个人捐赠款物约占全部捐赠总额的25%。由于个人捐赠数量本身不多，其他形式的民间慈善支持规模也相对有限。以美国为例，其年度慈善捐赠总额约占GDP的2%，其中个人捐赠占比超过70%；若将家族基金会和遗产捐赠计入，个人捐赠占比可达80%[①]。目前，我国尚无非政府组织能够完全依赖慈善捐款维持运营，实现全民参与慈善的理想局面仍需通过制度创新和机制优化不断推进。

个人捐赠与商务公司和专用捐助机构[②]的捐赠行为存在明显差异。个人捐赠往往基于同情、感恩等情感驱动。2008年汶川地震期间，社会各界广泛参与捐赠，是个人慈善行为集中爆发的典型案例。相比之下，商业企业进行捐赠多基于品牌宣传和企业形象建设等战略考量，其根本动因仍是商业利益的最大化。

二、筹资方式多元化

西安慧灵成立于2002年8月，是一家致力于在西部地区推广智障人士社区服务实践的民办非企业单位。目前，该机构服务60余名智力障碍人士，其中约30人居住在寄宿制护理院接受照护。该组织在社会工作、特殊教育、艺术和英语等领域聘有22名全职工作人员，在提升智力障碍人士能力及推动社区服务研究方面发挥了积极作用。该机构在西北地区形成了较强的服务辐射功能，为其在青海省、重庆市、甘肃省等地复制与推广服务模式提供了有力支撑。西安慧

① 郭国庆、李先国：《国外非营利机构筹资模式及启示》，《经济理论与经济管理》2001年第12期，第22-27页。

② “专用捐助机构”是指如加拿大国际发展研究中心（CID）等专门从事资助活动的机构，以及各类私人基金会。

灵在筹资方式、服务项目运作等方面展现出较强的灵活性，其多元化筹资策略也为其他慈善机构提供了可借鉴的实践样本。

（一）争取政府支持以获得财政拨款

政府对社会组织的资助主要包括两种形式：一是直接通过财政拨款提供资金支持；二是间接通过法律法规赋予税收优惠政策。调查显示，约有49.2%的社会组织认为需要政府提供更多经费，10.1%认为需要更多政策法规支持，16.4%希望行政部门给予更多关注。政府资助主要集中在科学、教育、文化、卫生等领域；部分由政府发起或牵头设立的组织在初期亦获得财政与场地支持，例如，中国青少年发展基金会成立初期获得团中央资金与办公条件支持。国际上，丹麦国际合作组织等公益机构的运营经费由政府承担比例较高。我国直接财政资助覆盖面仍有限，部分社会组织对政府资助依赖度较高，影响其独立性与可持续性。社会组织应在依法合规争取政策与财政支持的同时，主动拓展多元筹资渠道与提升自身筹资能力。

（二）争取接受项目委托

国内外知名基金会和慈善机构（如福特基金会、香港乐施会、中国青少年发展基金会等）主要致力于支持妇女、儿童、残疾人、老年人等社会弱势群体。此类基金会资金充足、项目遍布全球，在执行项目时通常通过委托本地社会组织实施具体援助活动。以山东省蒙阴县为例，在中国国际经济技术交流中心和中国国际发展促进会的协助下，该县十年间成功争取到2693.8万元资金，用于实施34个无偿援助项目，其中包括1237.5万元国际援助和1452.84万元地方政府投入。因此，许多社会组织在持续推进社区营造服务过程中，通过接受项目委托获得资助已成为较为理想的筹资方式。委托方与受托组织之间构成互利共赢的合作关系。项目委托方可能包括政府部门、企业、基金会或其他社会组织。

（三）参与政府采购

政府采购的相关方包括采购方、供应商和集中采购机构，是在政府采购活动中拥有权利和义务的各类参与者。政府采购是指各级政府机关依照采购目录和法定采购限额，通过购买、租赁、订购等方式，使用财政资金采购商品、工程或服务。根据《中华人民共和国政府采购法》，采购人应委托集中采购机构对集中采购目录内项目实施采购；对于目录外项目，可自行采购或授权集中采购机构代理。集中采购机构是代表订约机关执行采购的非营利性法律实体。采购是指根据合同进行的有偿货物、工程和服务的采购，包括货物和服务的购买、租赁、发包、雇用和其他招标，应有助于实现国家经济和社会政策目标，包括保护环境、支持不发达地区和少数民族地区、促进中小企业的发展[①]。上述法律政策为社会组织参与公共采购提供了制度依据，体现出国家对公共利益和社会服务体系建设的政策导向。公开招标本可成为社会组织获取财政支持的重要途径，但现实中，多数社会组织受限于资质、经验或资源，难以有效参与。因此，为保障社会组织有效参与公共采购，有必要在实践中严格落实公开、透明、公正、公正与诚信原则，提升采购制度的可及性与公平性。

（四）募捐

募捐是一种较常见的基于人之善良和爱的筹资形式。人具有情感特征，真诚的情感交流是筹资中最有效的策略之一。在与商业企业接触筹资时，既要考虑商业企业愿承担的捐赠角色，又要考虑社会组织的自身使命。《中华人民共和国公益事业捐赠法》第九条规定，自然人、法人或其他组织可选择符合其捐赠意愿的公益性社会团体和公益性非营利的事业单位进行捐赠[②]。因此，公益捐赠必须通过合法注册的公益组织或平台进行，个人不得私自接受公益性捐款。

按照相关规定，依法登记注册的基金会分为公募基金会与非公募基金会，两者在募捐资格和方式上存在差异。公益组织会采取各种方式来鼓励人们捐款，例如，在公共场所设立捐款箱、发送信件或拨打电话。随着社会发展，捐赠者构成日益多元，公益市场分工更为细化，劝募竞争也趋于激烈。网络劝募正在逐步替代传统直邮方式，成为主流渠道。

近些年来，随着互联网经济的兴起，网络平台在公益慈善筹资中的地位越来越重要，筹资比例快速增长。2016年9月《中华人民共和国慈善法》施行以来，国家已依法遴选并监管两批共20家慈善公募网络信息平台。这些平台具备流量大、覆盖广、推送精准等特点，成为慈善组织发布募捐信息和公众参与慈

① 《中华人民共和国政府采购法》，中华人民共和国中央人民政府网，2002年6月29日，https://www.gov.cn/gongbao/content/2002/content_61590.htm。

② 《中华人民共和国公益事业捐赠法》，中华人民共和国中央人民政府网，2005年10月1日，https://www.gov.cn/ziliao/flfg/2005-10/01/content_74087.htm。

善的重要渠道。当前网络募捐呈现出大众化、年轻化、小额化的发展趋势，公益行为日益融入公众日常生活，形成新的社会参与方式。互联网驱动的网络募捐拓宽了社会组织的资金来源渠道，有助于提升筹资效率和公众参与度。因此，应重视互联网开展网络筹资，丰富社会组织资金渠道。

随着募捐工作的深入开展，专业的募捐组织应运而生，出现了具有一定经验和资质的募捐专家和高素质人才。在美国，劝募员募捐是一项受到高度认可的专业职业。随着筹资市场竞争的日趋激烈，筹资工作已变得高度专业化和艺术化。以1994年为例，美国知名的非政府组织“反对酒后驾车母亲”（Mothers Against Drunk Driving， MADD）委托一家专业筹资公司进行筹资活动，最终筹集超过3000万美元，取得显著成效，但也引发了关于筹资成本与公益效益之间平衡的广泛讨论。目前，我国尚未形成成熟的专业筹资机构体系，相关工作主要由基金会、慈善组织及网络平台承担，整体仍处于专业化发展初期阶段。

此外，一些大型海外基金会通过资本运营方式，如投资股票、基金和期货等金融工具，实现基金资产保值增值，即通过资本运作取得收益。这说明，资本募集也是一些提供公共产品的非营利组织的重要筹资途径。由此可见，筹资工作既具高度专业性，也体现出艺术性。同时，随着市场竞争的加剧和筹资方式的多样化，非营利组织需要不断创新和改进筹资策略，从而以吸引更多的资金支持并实现可持续发展。

（五）通过社区基金会筹资

社区基金会是依照国家法律设立的公益性、慈善性法人机构，通过募集自然人、法人等社会主体捐赠的资产，为社区问题解决和社区建设提供支持。我国人民有着良好的邻里互助传统，这为社区慈善事业的发展提供了良好的文化土壤。社区慈善机构可有效调动社区慈善资源和志愿者力量推进社区营造和社区发展，同时为社区成员提供参与社区营造的机会。社区基金会通过调动社区资源，扎根社区，致力于动员当地居民共同解决社区问题，形成“共建、共治、共享”的社会治理格局和社区营造模式，吸引多元社会力量参与。

（六）加强与企业战略性合作

社会组织与企业达成战略伙伴合作关系是一个互惠的双向选择过程。企业是社会组织最大的潜在捐赠者和支持者，企业对社会组织的捐赠方式有捐赠、合作开发项目、签订资助协议等。社会组织为了筹集所需资金以促进自身发展和社区营造，会与企业合作融资，进而吸引更多志同道合者投入公益事业和社区营造。企业可依据相关税收优惠政策支持社会组织投资某些公共服务，参与社会组织的社区营造和公益活动，建立健康正面的企业形象，树立良好的品牌和口碑，提高企业知名度，并塑造良好的社会声誉，进而增加投资机会。

（七）寻求国际基金会和资助组织的援助

国外资助机构主要包括联合国系统、各类国际非政府组织（NGO），以及外国政府设立的援助机构等。我国社会组织可依法合规接受境外资助，并与相关机构开展合作交流。我国社会组织应加强对国外资助机制和操作模式的研究，学习其成功筹资经验。同时，应制定国际化发展策略，提升中国慈善事业的国际影响力，明确重点资助领域，积极对接海外项目，争取更多国际资源支持。同时，应高度重视外部资助中潜在的意识形态风险，防范利用资助进行非法或不当干预，确保社会组织始终坚持正确的政治方向和价值导向。

第三节　社会组织在社区营造中的筹资问题

随着社区营造工作的不断推进，社会组织在项目实施中所依赖的资金来源仍以政府购买服务为主。尽管近年来社会组织的筹资方式趋于多样化，但在筹款途径、政策支持、筹资技术与人才储备、善款管理与监督等方面仍面临诸多挑战。社会组织应依据其服务宗旨，科学选择筹资方式，积极向基金会、企业、社会机构、团体及个人筹集资金，规范管理并合理使用资金，切实接受社会和公众的监督。

一、筹资途径问题

在社区营造实践中，社会组织在取得公开募捐资格和吸引社会资本方面仍存在较大发展空间，整体筹资体系尚不健全。当前，社会组织参与社区营造的资金来源较为单一，主要依赖项目申报或向国内外基金会寻求资助。一些社会组织过于依赖政府拨款，缺少项目资金支持，尚未形成较为成熟和多样化的筹款渠道。通常情况下，基金应有与自身理念相匹配的项目支持类型，例如，德国米索尔基金会主要支持增强残疾人能力的项目。因此，有些组织的服务目标直接限制了一系列项目的申请。筹资是社会组织获取资源的重要方式，可通过信函、电话、组织大型公益活动，以及多种媒体渠道展开。当前，社会组织在筹款工作中普遍面临数字化转型挑战，亟须提升官方网站建设能力，善用网络平台向公众进行信息传播与项目展示，以增强筹资效能。

2008年汶川大地震发生以来，公众对慈善事业的参与度显著提高，逐步成为推动慈善事业发展的重要社会力量。为拓展资金来源，一些社会组织主动寻求与企业建立合作关系。但在实践中，企业在捐赠的同时通常提出配套的宣传要求，可能与社会组织的公益宗旨产生一定张力。社会组织在选择筹资渠道时，应保持谨慎，确保筹资行为不偏离组织使命，避免损害其专业声誉和公信力。在筹资渠道有限的背景下，更应理性权衡资金需求与核心价值之间的关系。党中央提出改革和完善社会治理体系的总体目标，为社会慈善事业的发展创造了更加有利的制度环境。自2009年起，上海市全面推进社会建设，各区县相继出台了《关于进一步加强我区社会组织建设的实施意见》等扶持政策，体现出地方政府对社会组织发展的多项优惠措施。例如，对于新设立的公共服务型社会组织，采取了降低注册资金、发放开办补贴、开通登记绿色通道等支持方式。2013年9月，国务院办公厅印发的《关于政府向社会力量购买服务的指导意见》(国办发〔2013〕96号)，进一步明确了政府向社会力量购买服务的政策方向和制度基础。2016年，中共中央办公厅、国务院办公厅联合印发的《关于改革社会组织管理制度促进社会组织健康有序发展的意见》提出，要建立健全统一登记、各司其职、协调配合、分级负责、依法监管的中国特色社会组织管理体制，进一步完善法规政策体系、增强综合监管效能、强化党组织作用、优化发展环境。同时，文件还强调，要推动建立政社分开、权责明确、依法自治的现代社会组织制度，逐步形成结构合理、功能完善、竞争有序、诚信自律、充满活力的社会组织发展格局。该《意见》对社会组织的地位和功能予以充分肯定，各类政策的陆续出台为社会组织提供了更为稳定的资金保障，推动了社会组织数量的持续增长。

二、政策导向问题

近年来，基金会作为社会组织的重要类型，在动员社会资源、推动公益事业发展、弥补政府公共资金不足、协助政府应对各类社会问题等方面发挥了积极作用，有效促进了教育、扶贫、医疗卫生、环境保护等领域的公益服务供给，逐步获得政府的高度认可。鉴于基金会在社会福利体系中的独特功能，许多国家对基金会及其捐赠者实施税收优惠政策。例如，日本确立了“基本不征税”法人实体的征税准则；美国对捐赠实体实行“原则上不征税”的制度安排，允许超过抵扣限额的捐赠金额结转至下一个纳税年度扣除，结转期最长不得超过五个纳税年度。

我国社会组织的企业所得税减免问题尚未得到有效解决。2009年，财政部与国家税务总局联合发布了《关于社会组织企业所得税免税收入问题的通知》（财税〔2009〕122号），确认了对符合条件的非营利组织的部分收入免征企业所得税，包括捐赠收入、非政府采购性政府补助、会费、银行存款利息等五大类收入；2018年财政部与国家税务总局联合发布了《关于社会组织免税资格认定管理有关问题的通知》（财税〔2018〕13号），明确了非营利组织申请认定、所需材料、免税条件、审查机制、复审流程等关键内容，是目前全国审查非营利组织企业所得税免税资格的最主要法规依据。但当前的制度设计仍存在一定局限，部分认定标准存在模糊，相关条款未能充分反映社会组织发展的实际需求。根据《中华人民共和国企业所得税法》第二十六条及《中华人民共和国企业所得税法实施条例》第八十四条规定，符合条件的社会团体的认定办法应由财政部、税务部门会同国务院有关部门共同制定[①]。这表明，参与社会组织税收政策制定的机构，除财政、税务部门外，还应包括民政、宗教事务等登记管理机关，以及教育、文化、卫生、体育、科技、生态环境和弱势群体权益保护等相关业务主管部门。然而，目前仅有财政部和税务总局联合发布的《关于社会组织免税资格认定管理有关问题的通知》，未能广泛征求其他国务院有关部门，尤其是民政部门的意见，导致部分政策条款与社会组织管理实践脱节，未能充

① 《中华人民共和国企业所得税法》，中华人民共和国中央人民政府网，2007年3月19日，https://www.gov.cn/zhengce/2007-03/19/content_2602200.htm。

分体现对社会组织合法权益的保障。公益慈善类社会组织的培育与发展，亟须从制度层面获得更加具体和系统的政策支持。

三、筹资技术和人才问题

社会组织的所有活动都是由其工作人员组织开展的。由于其服务内容涵盖志愿服务、慈善事业、公共服务及社区营造等多个方面，人力资源管理面临较高的综合要求。一些青年从业者之所以愿意长期投身于公益事业，是因为他们具备较强的使命感与社会责任意识。相较而言，部分工作人员因薪酬待遇偏低而选择离职，人员流动频繁，成为社会组织普遍面临的问题。随着公益筹资领域竞争加剧，社会组织对具备筹资能力和实践经验的专业人才的需求日益上升。

我国的大多数社会组织仍处于发展阶段，处于职业化、专业化的边缘。组织理念、组织结构、工作安排、筹资方式、人员的能力和素质都尚未达到专业化的水平。社会组织发展过程中存在专业人员不足的问题。受资金和人才双重限制影响，社会组织难以吸引高学历人才，且存在培训内容有限、绩效评估机制不健全等问题，制约了筹资技术的提升与组织的长远发展。高素质专业人才缺乏，叠加社会公众对其财务管理的信任基础薄弱，使其发展进一步受阻。同时，由于社会组织运行机制的特殊性，从业人员流动性较大，培训与进修制度难以持续有效运行。

四、善款妥善处理问题

善款的管理和运用对社会组织的公信力影响巨大。我国的社会组织在善款处理方面存在诸多问题。通常情况下，社会组织应向负责的业务主管部门报告捐款和资金的接收及使用情况，并以适当形式向社会公布。然而，实践中不少组织尚未建立起规范的信息披露制度，缺乏有效监管。一些慈善组织未及时公开相关信息，甚至发生打着慈善名义实施诈骗的现象，引发公众质疑与信任危机，严重影响社会捐赠积极性。此外，部分慈善组织存在专业能力不足、人才缺乏、服务能力薄弱等问题，难以有效赢得公众信任。调查显示，我国有相当一部分社会组织在财务管理方面存在不足。这种不透明的财务管理状况对捐赠者和社会公众的信心产生了负面影响。由于无法了解资金的使用情况和去向，捐赠者可能会对社会组织的资金管理和使用产生疑虑，从而降低其信任度和捐赠意愿。此外，腐败丑闻、财务管理混乱和暗箱操作等问题也会导致社会组织运行效率低下，严重损害其声誉和公信力，进而影响到通过私人捐赠筹集资金的能力。为了解决这些问题，社会组织应该加强财务管理透明度，建立完善的财务报告制度，并接受内部和外部审计监督。在此基础上，应推动行业自律机制建设，提高社会组织的整体管理水平和公信力，以赢得更多捐赠者和公众的信任和支持。

陈光标是江苏黄埔再生资源利用公司董事长，自1998年起开始从事慈善捐赠，累计捐赠金额超过10亿元，曾被媒体称为“中国首善”。在2008年四川地震发生后，其向灾区捐赠款物总额达1.3亿元；2010年4月，又向青海玉树地震灾区捐款1000万元。虽然其善举在当时获得一定社会肯定，但也引发了争议。其部分募捐资金曾被转入个人账户，引发关于募捐行为合法性的广泛讨论。《中华人民共和国公益事业捐赠法》第九条规定，自然人、法人或其他组织应通过公益性社会团体或非营利事业单位接受捐赠，个人不应作为募捐主体直接接收资金。该事件反映出我国部分公益活动在资金管理模式上的弊端，特别是在资金流转环节缺乏规范。因此，转向以专业化、制度化、透明化为核心的现代慈善资金管理机制，已成为行业发展的必然趋势。

当前，我国公益慈善类社会组织在运作和治理过程中仍面临监管制度不健全的问题。一方面，自律机制尚不完善，部分组织在履行信息公开职责方面不到位，反映出其社会责任意识和自我规范能力不足。另一方面，社会监督体系建设滞后，公众监督渠道不畅、信息不对称等问题使得出资人、受益人及纳税人难以实现有效监督。此外，行政监督亦存在薄弱环节，如登记管理机构力量不足、执法依据不健全、信用制度建设不完善等，限制了监管效能。为提升监管水平，有必要推动社会组织自律机制建设，健全社会监督平台，拓展公众参与渠道，同时加强行政监管资源配置，完善信用评价与执法依据体系，全面提升监管执行力与威慑力。

第四节　社会组织有效筹资分析

社会组织在参与社区营造过程中需要持续拓展资金来源，以充分地发挥其在推动社区建设与社会治理中的积极作用。本节通过比较中美两国社会组织筹资特点，提出提升社会组织在社区营造中筹资能力的若干建议。

一、中美社会组织筹资特点比较分析

若缺乏筹资渠道，社会组织便难以维持生存和实现发展。筹资是一项系统性工程，社会组织工作人员利用内部和外部资源，选择合适的筹资方式。唯有在公平、合法、透明的前提下开展筹资活动，方能有效提升组织公信力。社会监督和政府监管均在募捐过程中发挥着重要作用。社会组织可向国内外的基金会、公司、机构、协会和个人筹资，并接受社会和政府对筹资和使用过程的监督。规范合理的监督机制会推动社会组织的筹资活动朝着健康、可持续的方向发展。下文将重点分析中美社会组织在筹资过程中面临的社会监督机制之差异。

（一）我国社会组织筹资中的社会监督缺失

在我国，基金会项目及捐赠构成了社会组织的主要资金来源。当前，全国性的捐赠活动主要集中于若干大型组织，如中国红十字会、中华慈善总会和中国残疾人联合会。公众主要通过以下三种方式参与捐赠：一是经由党政机关、企事业单位等组织动员渠道进行捐赠；二是通过购买慈善彩票，其部分收益用于慈善项目；三是直接向依法登记的基金会或具备合法资格的慈善组织自愿捐赠。

从企业层面看，大部分企业捐款流向政府部门或与政府联系密切的社会组织，独立设立公益基金会的情况较少。由于监督机制不完善，公众难以确认社会组织是否按照捐赠人意愿合理使用资金。因此，提升捐赠者对社会组织的信任，需要以健全的立法和监管审核机制为保障。设立独立监督机构，有助于对筹资组织进行有效监管，并为捐赠者提供公开透明的财务流向和善款用途信息。

（二）监督机构在美国筹募组织的筹资活动中所起的作用

美国公民社会发展较为成熟，其慈善募捐机制具有明显的社会组织特征。下文简要分析美国主要募捐机制类型，以期为我国相关制度建设提供借鉴。

在美国，社会组织的筹资机制主要包括三类：第一类是筹资联盟（如“联合之路”系统），以团体形式开展统一筹资活动。此类联盟历史悠久、规模庞大，各地设有地方成员组织（多为社会福利机构），联合开展募捐，具有较高的成本效益和捐赠动员能力。第二类是商业慈善机构，如慈善信托账户，赋予捐赠者对资金用途的较强控制权，可实现类似私人基金的操作效果。第三类是社区基金会，依据地理分布和捐赠类型设立多样化的永久性基金，积极参与社区治理与协作网络建设，满足社区公共服务的差异化需求。

除了法律和政策层面的监管，美国还形成了一批独立的第三方评估机构。这些机构通过收集慈善组织的运作数据，并依据公开标准对其表现进行评估，以简明直观的形式向社会发布信息，推动行业自我监管的深入发展。相较于政府主导的监管方式，这类自我监管机制更加灵活高效。美国的捐赠者、媒体、拨款机构及慈善组织等广泛参与认证报告的评价过程。认证结果为捐赠者提供了可信、可理解的信息，协助其作出科学决策。独立认证体系对捐赠者和慈善组织均有积极意义。一方面，认证保障资金用途透明，增强小型组织的公信力，提升筹资效率；另一方面，有助于防范因内部腐败导致的信任危机。

此外，认证激励组织在治理结构、内部管理和服务质量等方面持续改进，从而实现可持续发展。可见，美国成熟的监督机制不仅提升了慈善组织的透明度，也显著增强了其社会公信力与公众参与度。

二、对社区营造中社会组织筹资的建议

当前，社会组织在参与社区营造的过程中，普遍面临资金来源单一、经费不足等现实困境。结合前述内容，从政策支持、监督机制和项目创新等方面提出若干建议，以进一步提升社会组织的筹资能力和可持续发展水平。

（一）积极推动相关政策和法规出台

构建健全的筹资机制，需要以完善的法律法规体系和有效的监督机制为保障。社会组织在弥补政府与市场功能不足方面发挥着积极作用，承担着部分公

共服务职能，在促进社会稳定与发展的过程中日益重要。作为社会治理体系中的“第三部门”，社会组织的规模和影响力不断扩大，亟须政府在政策、制度和资源配置等方面给予支持，营造有利于其可持续发展的制度环境。

我国社会组织稳健发展的核心在于确保筹资渠道的顺畅。推动社会组织稳健发展的关键在于畅通多元筹资渠道。其中，税收政策在促进社会组织融资方面具有重要意义。以企业捐赠为例，合理的税收优惠措施能够有效激励企业参与社会公益。但在个人捐赠方面，税收减免力度和操作流程仍存在较多障碍，激励效应相对不足。目前，我国慈善税收减免政策主要集中于法人机构，针对自然人的相关优惠措施较为有限。通常，个人捐赠的税收抵扣额度不超过其应纳税所得额的30%，且超出部分的处理缺乏明确规定。另外，非货币形式捐赠往往因定价难、评估复杂等问题，面临较高的税收与行政成本。

在税前扣除的操作程序方面，无论是货币捐赠还是非货币捐赠，均存在流程烦琐的问题。特别是在非货币捐赠方面，由于估值标准不统一、发票开具机制不规范等因素，捐赠人在申请税前抵扣时往往面临较高的技术与制度障碍。这种不确定性在一定程度上影响了慈善组织接受非货币捐赠的积极性。目前，我国尚缺乏针对个人捐赠的专门税收减免计划，部分个人捐赠行为因无法获得正式凭证，致使捐赠者无法享受相应的税收优惠。相比之下，一些国家已建立较为完善的个人捐赠所得税减免制度，捐赠者凭相关证明即可实现税前抵扣。

有鉴于此，一些专家学者建议，应对我国现行税收政策体系进行必要的改革，以更有效地支持社会组织的健康发展。在社会组织积极参与社区营造的背景下，政府亟须建立健全的社会监督机制与政策支持体系，为社会组织的筹资工作提供规范、透明且具有激励性的制度保障。社会组织的筹资能力应在一个既能接受监管又能体现激励导向的政策环境中不断提升。

（二）构建公共监督机制，提高社会组织公信力和服务质量

社会组织的筹资能力与其公信力密切相关。除加强内部治理和自我监督外，提升公信力还需依托外部公共监督机制的构建与完善。公共监督机制不仅有助于提升社会组织的透明度和规范性，也为其筹资能力的增强提供基础支撑。

一是社会监督。在美国，社会监督机制成熟，对慈善机构的透明度和公信力提升作用显著，并有效激发公众捐赠意愿。公众可通过网络平台便捷查阅慈善组织评估报告，从而监督其运营状况、资源配置与服务绩效，推动组织管理更加规范透明。在社区营造实践中，社会组织应重视公众参与，增强沟通互动，坚持“以人为本”的服务理念，以赢得社会认可并拓展长期稳定的筹资渠道。

二是同行竞争监督。美国社会组织筹资方式多样，组织类型丰富，机构间在争取捐赠资源方面竞争激烈，由此形成了一种非正式但有效的同行监督机制。在较完善的监督体系支持下，社会组织普遍强化服务效能、优化治理结构，捐赠水平稳步提升，逐步形成良性发展循环。我国社会组织可借鉴此经验，建立公平透明的竞争机制，通过优胜劣汰，淘汰服务质量低、效率不高、信誉缺失的组织，提升行业整体水平。

三是政府监督。美国公众监督委员会对社会组织治理结构、运作效率和服务水平均产生了积极影响，同时降低了捐赠者信息收集成本。相比之下，我国尚缺乏独立第三方监督机构，社会组织主要接受民政部门及相关业务主管单位监管，但监管标准缺乏统一性，检查结果也未常态化公开，社会公众难以全面了解不同组织的实际表现。为健全政府监管体系，应推动设立具权威性和公信力的公共监督机构，建立科学透明的评估机制，从而提升社会组织治理能力、信息公开水平和社会公信力，进而增强公众捐赠意愿。

（三）铸就品牌项目，探索、追寻创新之路

社会组织在社区营造过程中，项目是主要的筹资来源，其策划与实施质量直接影响组织能否与企业、基金会等合作方再次合作。随着社会组织间竞争日益加剧，组织必须打造属于自身的品牌项目。品牌项目既是社会组织综合实力的体现，也是其信誉与公信力的保障。为此，社会组织需首先明确自身使命与价值观，确保项目设计与组织核心理念相一致。例如，某环保组织以“保护自然、守护家园”为使命，其品牌项目围绕该使命开展，如生态保护、环保教育等。

品牌项目还需紧密结合受益群体实际需求，增强项目针对性和有效性。通过深入调研和持续沟通，项目内容应贴近公众生活，以提升社会参与度和影响力。在实施过程中，应强调专业化与规范化运作，加强关键环节的过程管理与质量控制。例如，某教育类社会组织推出的“阅读种子计划”，不仅提供图书资源，还通过组织阅读活动与教师培训，构建系统化支持网络，提升项目可持续性和品牌价值。

为回应日益多元的社会需求，社会组织应开发具有创新性和差异化的特色项目。随着外来务工人员在城市集中，如何为其子女提供教育支持、为农村留守老人提供心理援助，成为亟须关注的社区议题。社会组织应深入调研基层实际，重点在政府服务难以覆盖或效率不足的领域探索差异化路径。

需要注意的是，部分社会组织在资助贫困学生、参与灾后救援、开展环境保护等方面的项目，与现行政府扶贫及社会服务政策存在一定程度的职能重叠。为增强不可替代性，社会组织应注重差异化定位，避免与政府职能发生直接重合。在社区营造背景下，社会组织应聚焦政策空白区域，结合自身专业能力与资源禀赋，开发具有持续影响力的项目，使其服务内容成为公共服务体系的重要补充，充分体现第三部门的独特功能与价值。

目前，我国部分社会组织已打造出具有较强社会影响力和专业知名度的品牌项目，甚至在国际上获得一定声誉。然而，公众对这些项目的高度认知尚未完全转化为对组织本身的信任与了解。这种“项目强、组织弱”现象反映了社会组织在品牌战略与组织传播上的短板。在核心竞争力建设过程中，成熟且有影响力的项目常被视为组织最具价值的社会资本。为避免公众认同度下降，社会组织需在理念设计、内容更新和服务模式等方面不断推进项目创新与优化。项目创新的关键在于充分挖掘组织资源禀赋与专业优势，紧跟社会需求变化。唯有持续提升项目的适应性与引领性，社会组织才能不断增强公共服务能力和社会影响力，在社区营造等领域发挥更大作用。

第五章　社会组织社区营造项目管理

社区营造是一个多主体协同推进的系统过程，社会组织作为重要参与力量，在构建和谐社区与培育新型社区生活共同体中发挥着关键作用。多数社会组织在参与社区营造过程中，主要依托具体项目的设立与执行。项目的规划、申报、执行与评估，共同构成了社会组织参与社区营造的基本能力体系。社会组织在该领域的项目管理既遵循一般项目管理的基本规律，又因其公共性、服务性、非营利性和社会性等特征而具有鲜明的特殊性。本章将围绕社会组织参与社区营造的项目管理，阐述其必要性、涵盖领域、基本内容与典型模式，并进一步分析实践中存在的问题，提出改进路径，以提升项目执行效果和公共服务质量。

第一节　社会组织社区营造项目管理的必要性及领域

一、社会组织社区营造项目管理的必要性

2020年12月，民政部印发的《培养建设街区社会团体专项行动实施方案（2021—2023年）》，明确提出各地应加强对社会组织的统筹规划、协调与引导，并将其纳入城乡社区治理整体布局，以推动社会组织的培育与发展，更好地服务于城乡居民的公共服务需求。为促进社区社会组织的发展，应构建多元化的筹资模式，充分利用政府采购、公益募捐和社会援助等方式，保障其健康有序发展。在社区营造过程中，社会组织承担了部分原由政府提供的管理和服务职能，减轻了地方政府的负担。通过专业化服务，它提高了社区营造的效率，

增进了居民福祉，发挥了政府与居民之间桥梁纽带的作用。

社会组织在社区营造中能持续发挥有效作用，与政府在政策与资金方面的支持密切相关。社会组织通过参与公益服务与社区营造活动，能够为居民带来实际效益，补充并支持政府公共服务体系的完善。社会组织的项目管理不仅关注项目的进度、质量与成本，更应综合考虑参与方、承包方及服务对象等相关利益方的需求，确保项目有效实施并实现预期目标。因此，社会组织在参与社区营造时应同时实现两个层次的目标：一是满足项目自身运作的要求，二是回应相关利益方的实际需求。社会组织参与社区营造的项目管理既体现一般项目管理的共性，又因其公共性、服务性、非营利性与社会性等特征，呈现出明显的特殊属性。有效推进社会组织参与社区营造的项目管理，需要依托具备项目管理能力与实践经验的专业人才。在社区营造项目管理中，社会组织既要统筹考虑时间、质量、成本与风险等共性管理要素，又需精准把握项目启动、规划、执行、控制与收尾各阶段的关键特征。项目的设计、实施和运营往往受到外部环境条件的制约和影响，如国家法律法规、社会发展制度和政策等，这是项目管理知识体系中与环境条件有关的基础。因此，社会组织的社区营造项目管理必须充分考虑这些影响因素①。

此外，项目管理者还需具备良好的组织协调、沟通表达与决策执行能力，这对项目的推进与成效具有重要影响。做好社会组织社区营造项目管理，不仅要求管理者具备扎实的理论基础与丰富的实务经验，还应注重综合能力的持续提升。社区营造是一项复杂的系统工程，需要调动社区各方力量，整合资源，激发居民参与，共同推动社区的持续发展。社会组织通过有效的项目管理，能够在多个层面推动社区产生积极变化，从而提升社区营造的整体成效。可见，社会组织在社区营造中的项目管理内容、方法与效率，正日益成为社区营造实践的重要组成部分。

二、社会组织社区营造项目管理的领域

当前，社会组织在参与社区营造的过程中，其项目管理实践主要依据职能

① 高照兵、徐保根：《论项目管理的知识体系》，《项目管理技术》，2008年第7期，第22–27页。

分工划分为九大领域。每一领域均包含基础概念、管理流程、操作方法与实用工具，共同构成社区营造项目管理的知识体系与整体框架。

（一）项目集成管理（Project Integration Management）

社会组织在参与社区营造过程中，通过实施项目集成管理，能够协调多方行动、控制项目进度，提升社区营造的整体效果。该管理方式不仅提升项目效率，也有助于促进社区的稳定发展。项目集成管理的关键在于从多个复杂目标与方案中择优整合，以满足利益相关方的期望，并将其有效融入社区营造的整体框架中，回应社区居民的实际需求。

（二）项目范围管理（Project Scope Management）

社会组织社区营造的项目范围管理，核心在于明确界定并有效控制实现项目目标所需的任务，确保在完成所有既定工作后达成预定目标。其基本内容包括项目事项的界定与控制，涵盖范围界定、范围规划与调整等环节。项目范围管理有助于厘清社会组织的职责边界，防止出现职能越位等问题。

（三）项目时间管理（Project Time Management）

项目时间管理旨在科学规划与控制项目进度，确保按期完成任务并提升整体效率，是社会组织开展社区营造的重要管理工具之一。该过程包括明确任务内容、合理排序、制定筹备与实施时间表，以及有效控制项目进度与时间节点。

（四）项目费用管理（Project Cost Management）

社会组织社区营造的项目费用管理，旨在确保各项支出严格控制在批准预算范围内，包括资源配置、成本预算编制等环节，从而保障财务合规与提高资金使用效益。项目费用主要涵盖以下十二个方面：

工资：发放给社会组织工作人员的各种工资、奖金、工资性津贴、补助及其他工资性支出。

租赁费：社会组织通过合同或协议，向企业或机构支付的办公、场地或设备等资源使用费用，主要用于保障项目正常运行和提升工作效率，必要时也可用于临时性或特殊用途的租赁支出。

差旅费：社会组织工作人员因公务出差所产生的各类费用，包括交通费、住宿费、膳食补贴、交通补贴及经审批的其他支出。

运输费：因项目需要，社会组织工作人员使用内部或外部交通工具所产生的相关费用，包括租车费、过路费、道路使用费及城市交通费用等。该费用还可涵盖员工通勤所需的交通支出，如乘车凭证和停车许可费用。

办公费：社会组织在项目实施过程中发生的各类日常办公支出，包括办公用品、文具、打印复印及必要的软件或通信费用等。

维护费：社会组织为维护或修缮办公用房及项目实施场所而发生的费用，包括更换设备部件或建筑构件等所产生的材料与人工支出。

物料消耗：社会组织在项目实施过程中所消耗的办公及技术类资源，包括计算机硬件、数据处理系统、通信设备、文档材料、图像及数据处理软件、存储介质与网络服务等。

折旧费：社会组织按照财务制度规定，对所使用的固定资产计提的折旧费用。

咨询费：社会组织为满足项目需要，聘请专家、律师、技术人员等提供专业服务所支付的费用，服务内容可涵盖技术支持、管理指导等方面。

仓库经费：社会组织在项目实施过程中，因物资储存所产生的仓库租赁、清洁、搬运与装卸等相关支出。

审计费：社会组织委托中介机构（如会计师事务所）对项目财务活动进行审计所支付的费用，包括对财务报表、资金使用情况及资产状况的核查。

其他费用：除前述各项以外，在项目实施过程中发生的其他必要支出，包括但不限于临时办公支出、突发事件应对费用等。

（五）项目质量管理（Project Quality Management）

项目质量管理可帮助社会组织确保社区营造项目的成果达到预期标准。该过程通常包括质量规划、质量控制与质量保证等环节。

（六）项目人力资源管理（Project Human Resource Management）

人力资源是社区营造项目顺利推进的重要保障。项目参与者的能力与积极性直接影响项目执行质量。为最大限度发挥人员潜能与合作效能，社会组织需开展系统化的人力资源管理，包括组织设计、团队建设、人员招募等环节。

（七）项目沟通管理（Project Communications Management）

沟通管理旨在建立有效的信息交流机制，促进项目团队之间的信息共享与反馈，保障项目顺利实施。其主要内容包括沟通计划的制定、信息的及时传递与反馈机制的建立，有助于实现信息的准确获取、安全保存与有序处理，确保项目目标的实现。

（八）项目风险管理（Project Risk Management）

任何项目实施过程中都可能面临风险。社会组织应通过提前识别潜在风险、分析不确定性因素、制定应对策略与应急预案，以降低不利事件发生的概率。风险管理通常包括风险识别、风险评估、应对策略制定与实施监控等步骤。

（九）项目采购管理（Project Procurement Management）

在社区营造中，社会组织需通过规范的采购管理收集与配置资源，以满足项目实施的物资需求。采购管理涉及采购计划制定、合同管理、财务结算等环节，旨在保障项目按需、合规、高效推进。

综上所述，项目管理是一项系统工程，涵盖完整的管理体系，按阶段组织任务，并结合成本控制、效果评估与持续监控等策略，以高效实现项目目标并提升执行效能。项目管理依托系统化策略与技术，对资源进行科学规划与有序组织，并通过有效控制与协调，适应环境变化，保障项目目标达成。此外，项目管理还需依赖实施者的主观能动性，应对资源条件等多种不确定因素，是一个持续调整与适应的动态过程，而非固定不变的状态。项目生命周期的划分通常依据关键任务特性与决策节点，可细化为四个主要阶段：概念形成、开发（或定义）、执行与结束。每个阶段对应特定目标，并配有一系列阶段性可交付成果、关键任务，以及可使用的工具、策略与方法。因此，随着项目阶段的推进，管理所需的技能与内容也将相应调整与优化。

第二节 社会组织社区营造项目管理的内容

一、社会组织社区营造项目管理的过程与能力

社会组织在实施社区营造项目的过程中，其管理活动与能力建设相互促进、紧密融合。通常，项目执行涵盖多个关键环节，包括启动、组建专业团队、资金规划、参与竞标、具体实施，以及最终验收等。项目实施过程由一系列相互

关联的行动与活动构成，需通过这些过程实现预定的产出、成果或服务。社会组织项目管理人员在参与社区营造过程中，通过上述环节运用专业知识、实践经验与管理技能以实现项目目标。项目管理过程是项目运作的核心。在社区营造过程中，不同社会组织在推进各管理环节时面临多种挑战与问题，这要求项目管理人员具备多元知识结构、技能储备与丰富实践经验，以适应复杂多变的管理情境。

（一）社会组织社区营造项目管理的过程

美国项目管理知识体系（PMBOK）将项目管理过程划分为五个阶段：启动、规划、执行、监控与收尾。中国项目管理知识体系（C-PMBOK）由中国项目管理研究委员会制定，首版发布于2001年，并于2006年修订形成C-PMBOK 2006版。该体系包括两个层次、四个阶段、五个过程、九项功能和42个要素，并新增项目管理与项目环境管理两大板块，强调项目环境与项目整体及组织内部的紧密关系。

结合社会组织参与社区营造的实践，其项目管理过程可分为以下五个阶段进行分析：①启动。启动是项目的开端，标志着新项目或新阶段的正式开始。②规划。项目规划是项目管理的重要环节，包括目标设定与评估、策略制定等内容，为项目顺利实施奠定基础。③执行。项目执行阶段由项目实施主体根据既定计划分配资源，并组织各项任务的开展。④控制。在项目执行过程中，应对进展进行动态监控，及时纠正偏离目标的行为，确保各项任务按计划推进并达成既定目标。⑤收尾。项目正式完成后，应依据相关流程进行验收与结项，确保工作顺利完成并形成规范化的总结归档。

（二）社会组织社区营造项目管理的能力

在社区营造项目管理中，社会组织应掌握时间管理、资源调配与突发事件应对等策略，并有效引导项目团队，保障计划顺利推进。唐纳利（Donnelly）将项目管理能力划分为八个方面：决策、计划、组织、领导、协调、创新、激励与沟通能力。根据姚翔、王垒（2004）的研究，中国项目管理者的能力主要包括五个方面：个性魅力（Personal Charisma）、应变能力（Adaptability）、大局观（Holistic Vision）、人际沟通能力（Interpersonal Skills）与品格（Integrity）。作为项目管理者，不仅需掌握高阶工具的运用，更承担着领导团队达成目标的重要职责。相比传统管理方法，项目管理需要综合多学科知识体系，对组织实践进行深入探讨与评估，涵盖管理学、人力资源管理、组织行为等领域。

为实现上述要求，项目管理者应具备扎实的专业知识、丰富的实践经验及良好的沟通与合作能力，以更高效地完成项目任务。现代项目管理技巧可大致分为两类：一类为以人际与决策为核心的能力，如领导力、影响力、风险识别、决策、团队协作、沟通协调、创造性思维与问题解决能力；另一类则为以计划与执行为导向的技术性能力，包括规划、执行、控制与评估等管理技巧。

二、社会组织社区营造项目管理的目标和环境

（一）社会组织社区营造项目管理的目标

社会组织社区营造的项目管理旨在高效调配资源，实现预定成效，推动项目顺利推进。该核心目标不仅要求实现项目成果、满足实际需求，还强调符合各相关方的期望与标准。就具体目标而言，主要表现为：

1.满足项目本身的要求与期望

项目管理的核心目标是实现项目的时间、质量和范围目标。因此，应运用科学方法明确项目完成时限、质量标准、工作范围及资金预算，并实施有效策略以保障目标达成。这既是项目管理的基础要求，也是其核心内容。

2.满足项目相关方不同的要求和期望

在项目实施过程中，应充分协调项目内部各要素之间，以及项目与外部组织和环境之间的关系，保障利益相关方的需求，为公众提供高质量的服务。项目实施者在项目中起着关键作用。尤其在社区营造项目中，社会组织的参与程度将直接影响项目的推进和成果的实现。社会组织参与社区营造项目最核心的要素还是人，各项活动的开展、项目的实施，都需要由人来执行。因此，要充分注重人在社区营造项目中的作用，除了要密切关注项目目标的达成情况，还需确保项目执行过程中能够满足项目执行者、参与者，以及其他相关方的需求和预期，这构成项目管理高级目标要求①。

在实施项目过程中，必须严格按照计划进行各项活动，以确保各阶段的任

① 贾西津：《国外非营利组织管理体制及其对中国的启示》，《社会科学》2004年第4期，第45-50页。

务都能按时完成。因此，为了确保整体项目的顺利进行，需要按照一定的标准将项目划分为若干子项目，并明确每个子项目的内容、界限、目标和时间表。每个子项目的成功完成对整个项目的最终成果具有直接影响，因此，必须进行严格的管理和控制。

（二）社会组织社区营造项目管理的环境和基础

随着社会组织社区营造项目管理的不断深入，项目所处的环境也发生了显著变化，主要呈现出以下趋势：从单一项目管理转向项目组合管理；从强调资源共享转向强调组织学习与创新能力；从一次性合同管理转向建立稳定的长期合作关系；从关注单一项目资源配置转向注重整体协调与持续合作。因此，做好社会组织社区营造项目，既需要社会组织具备系统的项目管理能力和相关知识，也需要具备项目环境管理能力和扎实的基础理论，从而在社区营造中发挥更大作用。

1.法律法规

社会组织社区营造项目的稳定运行需要有健全和完善的法律作为支撑，法律政策为规范社会组织社区营造项目开展各项活动提供必要的依据，一方面，规范社会组织在社区营造项目中的行为；另一方面，为支持社会组织活动的发展和实施提供必要的合法性支撑，以确保社会组织可以科学合理地参与到社区营造中，并不断提升社区营造的能力。由于项目管理本质上是一种组织协调活动，必然涉及多个主体间的互动，因此项目管理者需熟悉相关法律法规，包括《中华人民共和国劳动法》《中华人民共和国民法典》《中华人民共和国环境保护法》《中华人民共和国政府采购法》等。

无论是管理单一项目还是多个项目，社会组织都需签署明确规定权利与义务的合同，以促进资源配置的合理化与各方责任的清晰划分。项目的开展应符合相关法律法规，避免侵权风险。对于资源投入和能源消耗较大的项目，可能对社会与自然环境造成较大影响，项目负责人或相关工作人员应熟悉相关法律法规，以确保项目合法、合规开展。

2.社会发展政策

对于项目管理而言，提供相应的产品和服务是项目实施的必然要求。随着社会的不断发展，人们的需求逐渐多元化，并且会越来越个性化和差异化。在项目实施的前期阶段，需要界定项目目标与基本设想。然而，由于人们的需求可能在后期发生变化，实施阶段的实际需求往往会与初期设定产生偏差。随着社会组织深入参与社区营造项目，项目管理已成为实现战略目标的关键工具。项目管理不仅需跟进社会组织的发展步伐，还应与政府政策、社区资源等保持良好协调，以保障社区营造的有效性和可持续性。因此，社会组织的项目负责人应密切关注环境变化，及时识别政府政策、社区文化与居民需求等方面的新趋势，并采取有针对性的策略予以应对。只有实现项目与环境的动态平衡，才能切实提升社区营造的效果。

3.专业基础与专业方向

社会组织社区营造项目管理涉及多学科交叉，其本质属性更接近于系统科学框架下的应用管理科学。鉴于这一学科特性，该领域的知识体系必须具备高度的综合性与交叉性。尽管社会组织在社区营造中发挥着重要作用，并已广泛采用多种管理技术与工具，但要实现项目目标，仍需依托系统化的理论框架和专业的管理体系。这一体系应包括项目管理的基本原理、流程体系，以及实施步骤等内容。同时，鉴于社会组织类型多样、社区问题复杂，不同社会组织需结合自身实际，构建适配的专业知识体系及辅助能力结构。因此，社会组织在开展社区营造项目管理时，必须具备必要的基础技能和专业素养，其工作人员也应具备灵活应变的能力，能够根据项目需求在不同阶段转换角色，统筹项目的领导、资源协调、任务交付、突发事件处理和资源分配等关键工作，确保项目顺利推进。

第三节 社会组织社区营造项目管理的主要模式

根据民政部规定，社会组织有三种类型：社会团体、民办非企业单位和基金会。除此之外，一些国际社会组织和基层组织在我国开展活动，虽不属于民政部登记管理范围，但在实施社区营造项目中也发挥重要作用。社会组织通常以项目为载体开展工作，部分组织为提高效率，采用了项目管理的方式。

为了更好地实现其宗旨，社会组织应制定具体项目计划，严格控制费用，并建立完整的工作流程。这样不仅能更有效利用资源、降低成本，而且还能促进不同部门间的合作。例如，中国青少年发展基金会的希望工程、国家扶贫工作基金委员会的新长城特困中小学生自强计划，以及加拿大拯救孩子会（Save the Children Canada）的儿童保护计划均属此类。社区社会组织、社区家庭综合服务中心等，其项目实施主要是为了满足社区营造的需求，从而缓解社区内部的冲突和矛盾，促进社会的和谐有序。

本质上，社会组织都属于非营利组织。在实际运作中，各国政府通常会采用两种基本管理模式：统一综合管理与目的事业管理。这两种模式的核心目标在于推动非营利组织发展，为其创造更广阔的发展空间。

一、统一综合管理模式

目前大部分国家都采取统一综合管理模式①。这种模式是指根据社会组织监督内容的不同，由一个或多个部门对其进行统一管理的一种组织方式。例如，社会组织的年度报告、审计报告、环境调查报告等，通常由一个或多个部门统一监督管理。此类监督管理流程标准对所有社会组织通用，但具体负责部门及管理标准因国家而异。因此，社会组织社区营造项目的管理模式会存在差异性。例如，美国的福利组织的税务状况由联邦税务机关监管，而社会组织的资格要求、年度报告和审计报告则由各州监管，各州根据情况采取许可制度或准则。

英国的社会慈善组织由慈善委员会（Charity Commission for England and Wales）集中管理。慈善委员会是一个具有综合监管职能的法定机构，拥有管辖和监管权力，并可依法对慈善组织的违规行为进行处罚等。

加拿大的一些政府部门负责处理社会组织的管理问题，如成立和注销办公室、处理年度活动报告的商务部、协调政府与社会关系并向社会组织拨款的内政部，以及管理税收的税务局。

统一综合管理模式将社会组织与营利性组织视为公众自主活动的产物。虽然社会组织与营利性组织在目的、运作方式和资金来源方面存在差异，但其基本运作逻辑相近，因此，无须专门设立独立机构对社会组织进行管理。与营利

① 刘培峰：《非营利组织管理模式的思考》，《北京师范大学学报》（社会科学版）2012年第2期，第82-87页。

性组织不同，社会组织只在享受税收优惠等方面需要特别的监督和控制。在统一综合管理模式下，部分国家对非法人组织采取相对“自由放任”的做法。这些组织虽可依法开展活动，但不得公开募资或享受税收优惠。此外，由于社会组织本身类型多样，数量众多，一个或几个政府部门很难通过统一综合治理模式对社会组织进行有效控制。因此，需要健全的政治和制度体系、一定的技术支持和社会互动，以建立一个透明、多元的控制过程和治理机制。社会组织的自律性也是有效参与社区营造项目的重要保证。部分采用统一综合管理模式的国家设立了社会组织评估机构，通过对组织进行评估打分，提升其公信力，进而引导公众理性参与慈善捐赠。例如，美国纽约的“慈善信息署”收集了四百余个社会组织资料，建立了较为完善的评价体系，并将评估结果公开，以供公众参考。

此外，社会组织作为公众自我组织的体现，可通过自律与互律、外部监督和道德约束等方式更有效地规范行为，这也符合其自组织的行动逻辑。社会组织在其活动领域中同样受到市场效应的影响。通过实施评估和公开的信息披露制度，不仅能够有效地规范社会组织的运作，确保其行为符合规定和期望，还能促进社会组织之间的良性竞争，实现优胜劣汰，从而推动整个社会组织领域向更加健康、有序、高效的方向发展。

二、目的事业管理模式

目的事业管理模式是指根据不同的社会组织的目标和活动范围，划分不同的政府机构对其进行不同的管理[①]。日本和韩国是采用这种模式的典型国家。日本除《民法》外，还有专门的立法，如《宗教组织法》（1946年）、《消费者合作社法》（1948年）、《私立学校法》（1949年）、《医疗组织法》（1950年），以规范社会组织的运作。韩国社会组织登记注册须符合特定宗旨，由农业渔业部、环境保护部、文化体育部、教育部等多部门共同负责，确保其合法性和有效性。在管理的内容方面，主管部门负责审查社会组织的主要资格、批准年度报告及法人变更等事务。在监督管理方面，相较于统一综合管理，目的事业管理的专

① 刘培峰：《非营利组织管理模式的思考》，《北京师范大学学报》（社会科学版）2012年第2期，第82–87页。

业性更强，也更为合理。社会组织数量庞大，若仅由单一部门管理，易出现信息不对称，社会组织可能利用信息优势逃避政府监督。多部门管理则可能导致责任推诿，部门不愿承担责任。需要指出的是，统一综合管理模式与目的事业管理模式虽作为理论上的分类模型，但在实践中两者往往并非截然分立。以泰国和新加坡为例，尽管两国形式上采取了统一管理模式，但其实质上的管控策略更多体现为政府主导的管制逻辑，而非鼓励自治的自由逻辑。在社会组织管理方面，新加坡为全球管制最严国家之一。

综上所述，统一综合管理模式与目的事业管理模式构成了当前社会组织社区营造项目管理的两大基本框架。前者强调由政府部门对社会组织进行统一监督和管理，适用于管理标准较为一致的情形；后者则根据社会组织的不同性质和职能，由不同政府部门分类管理，专业性更强，但也面临多部门协调的挑战。两种模式各有优劣，且在不同国家和地区的具体应用存在差异。我国在借鉴这两种管理模式的同时，应结合自身社会治理实际，探索更加符合中国特色的社会组织管理路径，以更好地促进社会组织健康有序发展，提升社区营造项目的实施效果。

第四节　社会组织社区营造项目管理的缺陷与对策

社会组织在我国社会主义建设中发挥了重要作用，但由于政策建设不完善、监督机制不健全等原因，随着社会组织数量的快速增长，各类治理问题也随之出现，如挪用慈善资金、内幕交易等。例如，中国牙防组违规认证、中国性学会违规参与商业营利活动，以及中国红十字会在汶川地震后的“万元帐篷”事件等。上述事件对社会组织整体形象造成负面影响，导致公众信任度下降，政府对社会组织态度趋于谨慎。社会组织的运行在很大程度上依赖社会资源，这些负面事件的发生严重影响其正常运转，削弱专业能力，进而影响社区营造和社会治理的服务效果。以下将围绕社会组织社区营造项目管理中存在的问题及改进对策展开讨论。

一、社会组织社区营造项目管理的主要缺陷[①]

（一）法治建设滞后

当前，我国缺乏全面的社会组织参与社区营造的法律政策框架，现有法律政策覆盖不全，操作性较弱，相关条款之间缺乏协调和衔接。

我国社会组织管理的法律法规主要分为两类：一是专业性法规，如各行政机关发布的规范性文件，包括《社会团体登记管理条例》《基金会管理条例》《民办非企业单位登记管理暂行条例》等；二是非专业性法规，如《中华人民共和国公益事业促进法》《中华人民共和国慈善法》等。但上述法规并未专门针对社会组织的权利义务进行规范，导致在项目管理和实施过程中易出现与实际脱节的情况，进而引发治理矛盾。例如，《民间非营利单位登记管理暂行条例》第四条明确规定，民间非营利单位不得从事营利性活动；全国人大常委会通过的《中华人民共和国民办教育促进法》却允许教育领域民间投资者获得利润回报。不同法律法规间的矛盾可能引发社会组织合法性争议。

此外，专门适用于社会组织的三部行政法规——《社会团体登记管理条例》《基金会管理条例》和《民间非营利组织登记管理暂行条例》中的多数规定较为模糊，法律条文不够明确，显著增加了实践难度。例如，这三部行政法规均规定，社会组织管理人员及工作人员不得侵占、私分或挪用社会组织资产，否则将依法追究刑事责任。然而，在法规具体实施过程中存在明显不足，即未明确执行与处罚责任主体，且缺乏具体可操作的执行细则。这种模糊性导致了法律执行中的责任偏差，使得法规在实际操作中难以有效贯彻。从宏观角度看，当前社会组织管理法律制度体系仍需进一步完善。现有法规框架未能充分满足社会组织日常运营与项目管理的实际需求，致使管理工作难以有效开展。由于缺乏明确的指导和监管，一些社会组织的违法违规行为未能得到及时有效的惩处，不仅损害了组织的公信力，也阻碍了社会组织的整体健康发展。

（二）行政体制滞后

目前，我国社会组织的行政体制仍基于计划经济体制下的双重管理模式，

---

① 董文琪、王远松：《浅析社会组织管理的制度缺陷与改进对策》，《经济与社会发展》，2009年第3期，第17–20页。

即由登记管理机关和业务主管单位对社会组织实施双重管理。该管理模式起源于20世纪80年代末，旨在控制社会组织发展，防范管理风险，最初通过设置“准入门槛”对社会组织实施全面监管，以保障社会组织发展的规范性并控制其规模。尽管“双重管理”的目的是减少社会组织的运营风险，辅助社会组织发展，但是在纵向和横向双重监管要求下，社会组织相较于政府部门的灵活性、创新性、自主性等优势反而受到了限制。在某种程度上，“双重管理”造成了“双重难管”的困境。

一方面，双重管理方式导致业务主管单位过度干预，主管单位在社会组织的设置中承担主导和运营管理职责，使得组织的管理责任与其在社区营造中的实际参与程度之间难以协调。在“去行政化”改革之前，行政管理机构存在滥用职权的现象，不仅全面干预社会组织的人事、机构设置和财务支出等核心事务，更剥夺了社会组织的自治权。这种过度干预使社会组织沦为行政管理机构的延伸，用于安排冗余人员，甚至谋取不正当私利。这种管理方式显然不利于社会组织的健康发展，也阻碍了社区营造活动的有效推进。例如，我国民政部登记注册的行业协会大多并不直接为企业会员提供服务，而是作为类政府职能机构，协助主管部门处理部分无法直接办理的事务，包括交通费报销、职工福利等。

另一方面，在“去行政化”的背景下，我国当前的行政法规对于行政管理机构的职责界定尚不够明确。目前，行政管理机关通常仅作为社会组织的业务指导单位，而非具有完整管理权限的主体。这种设定造成了行政机关与社会组织在权力和责任分配上的不平衡，容易引发诸如过度放任等极端现象。过度放任主要表现为行政管理机关因工作负荷重、专业能力不足等因素，未能有效履行对社会组织的指导和监管职责，导致管理出现疏漏，使社会组织在缺乏约束的环境下易发生违法违规行为。

此外，这种管理体制还导致了登记和管理机构的管理漏洞。因我国法律未充分赋予各级民政部门开展社会组织登记、设立、变更、解散、年检年报及行政处罚等工作的财政支持和权限，导致民政部门权力有限，执法力量不足。

目前，我国多数民政部门尚未设立专门执法机构对社会组织进行监督管理，因此，在执法权力与监督能力方面相较于工商、税务、公安等部门显得较为薄弱。因此，对于违法违规的社会组织，民政部门通常缺乏场所检查权、账户监督权及必要的强制措施，主要依赖谈话和调查取证，执法难度较大。此外，社会组织行政处罚手段较为单一，惩戒效果不尽理想。以民政部门为例，其在处理非法社会组织时，常用的处罚措施多为警告或撤销登记，缺乏如罚款、没收财产等更具威慑力的手段。更为关键的是，民政部门的执法权限多局限于组织层面，对于组织内部发生的欺诈、侵占或挪用财产等个人违法行为，缺乏直接处理权，降低了打击违法行为的力度和效果。

尽管民政部门依法开展监管，但目前尚缺乏针对个人或团体的简易惩戒机制，所有违法行为均需依据相关行政处罚条款严格执行。这一流程通常包括立案、审核、证据收集、提前通报、组织听证，乃至最终作出处罚决定，周期较长，极大增加了民政部门在人员、资源与经费上的负担，导致处罚流程冗长、内容繁杂，而执法力量却难以与之匹配。

（三）内部管理制度不健全

为了达到社区营造的目的，社会组织应建立健全治理架构、规章制度及民主程序。然而，我国多数社会组织发展仍较滞后，体系建设亟须加强，同时需完善民主决策体系和强化内部监督，以保障组织正常运行。

许多社区的社会组织负责人缺乏民主意识，倾向“一言堂”“一支笔”决策，将关键决策及日常活动控制权集中于少数人，削弱了组织民主性。这种做法不仅阻碍了公共服务的正常开展，也为不法分子提供了可乘之机，进而导致公众蒙受经济损失和财务风险。部分政府工作人员、项目参与方及特定受益者可能形成利益合谋，非法获取财政资金，导致财政腐败，严重扰乱社会秩序，造成社区治理压力增大。例如，胡曼莉借“中国母亲”名义，未经合法程序擅自掌控丽江民族孤儿学校事务，未遵守相关法律法规，导致学校财务严重困难，影响其正常运营。

虽然多数社会组织尚未形成完善的法人治理结构，但部分组织的内部架构已具备一定规范性，内部控制机制相对健全，尤其在财务监督方面，已建立了如信息公开、印章管理、审计制度和资金合规分配等机制。但仍有部分社会组织缺乏有效的组织结构和健全的财务审计机制，导致内部管理效率低下、制度执行不力，财务安排和资金支出存在被违法行为侵蚀的风险，进而引发诸多贪污问题。例如，东莞市教育基金会办公室副主任余某利用印章管理混乱、缺乏财务审计、以及贷款发放与回收集中于一人处理等制度漏洞，长期挪用公款达378.3万元，给组织造成了重大经济损失。此类严重违规行为导致社区居民对社会组织公益性产生怀疑，削弱了社会组织公信力，限制了社会组织项目在社区的深入开展，影响了社区营造和社会治理效果。

（四）社会监督机制不健全

社会组织正常运行管理除依托法律制度和行政监管外，还需相关机关、组织及个人协同配合，构建多层次监管体系，实现全面规范的运营管理。然而，我国当前社会组织的监督机制仍不健全，社会监督力度不足，尽管政策上倡导多方监管，实践中却仍存在责任不清、监管缺位的现象。首先，现行法律法规未明确规定社会组织社会监督体系及问责机制，导致监督权利保障和救济存在制度空白。其次，现有社会监督存在监督权力难以落实、监督渠道不畅等问题。社会公众虽可通过举报、媒体曝光等多种方式监督社会组织，但此类方式效率较低，难以有效惩治违法行为。此外，目前社会监督主体主要为大众媒体和公众舆论，政府部门应履行的监督职责尚未充分落实。我国现行法律尚未强制要求社会组织公开财务信息，部分社会组织监督意识薄弱，缺乏配合外部监督的积极性与主动性。这种消极态度严重削弱了政府部门和社区居民对社会组织的信任与认同，影响其公信力，妨碍其有效链接社会资源并深度参与社区营造。

二、完善社会组织社区营造项目管理的对策①

（一）健全社会组织法律制度

健全的社会组织法律体系是社会组织参与社区营造的基本保障。只有在完善的法律法规框架下，才能有效激发社会组织开展社区营造的主动性，否则将抑制其积极性。因此，应及时完善和补充社会组织参与社区营造项目的法律制度，保障其他管理制度的有效实施。鉴于社会组织在社区营造中的重要作用，应尽快制定专门促进社会组织发展的法律，明确其性质、职能、责任及运行机制，营造良好发展环境。全国人大及国务院应成立“社会组织法律法规清理工

① 董文琪、王远松：《浅析社会组织管理的制度缺陷与改进对策》，《经济与社会发展》2009年第3期，第17-20页。

作小组”，积极推动《中华人民共和国民办非企业单位登记管理暂行规定》（1998年）和《中华人民共和国民办教育促进法》2003年实施的协调，加强法律法规清理执行，政策之间出现冲突。国务院应协调发展改革委、民政部、国家税务总局等部门，为社会组织提供税收优惠及经营支持，并保障必要的资金投入、办公场所、设备、服务、培训及其他福利。应督促政府完善服务采购和评估机制，推动政府职能向社会组织转移，为其正常运行提供资金和政策支持，提高社会组织社区营造专业能力和管理水平，推动其成为社区建设与社会服务的重要力量。

（二）改革社会组织行政管理制度

首先，应坚持政社分离、推动政府职能转移的原则，改革业务主管单位对社会组织的管理方式与职责分工。业务主管单位应重新审视其管理机构和权限，优化组织结构与职责配置，以提升社会组织管理效能。因此，应将社会组织资质认定、业务指导等工作交由独立管理机构负责，防止职责分散于多个部门，导致管理效率低下。应理顺社会组织与业务主管单位之间的关系，推动减少行政干预，逐步实现去行政化管理，保障社会组织的独立性和自主性，促进其健康发展。其次，应进一步明确民政部门在社会组织管理中的权限边界，推动管理方式创新。具体包括完善社会组织登记制度，扩大登记管理机构的职权范围，健全年检、年报及审计制度，并促进业务主管单位与登记管理机关之间的协调与联动。这些举措将有助于减轻业务主管单位工作负担，实现社会组织管理职能的优化整合与集中统一。对社会组织登记、申请、变更、注销等事项能够得到更快更集中的处理，加强对社会组织管理人员的培训，加大对社会组织违法行为的处罚力度，促进社会组织规范、健康、有序发展[①]。通过提升组织的专业性与服务能力，增强其服务社区的实效性，助力构建新型社区生活共同体。

（三）健全社会组织内部管理制度

从长远来看，社会组织的成长不应全盘依靠政府和社区给予扶持，也不能单靠市场运作。社会组织的长久稳定发展除了需要社会各部门构建的各种互动机制外，更需要依靠自身的服务经营能力。社会组织参与社区营造的效能，关

① 李静怡：《地方政府社会组织管理问题与对策研究》，硕士学位论文，西南财经大学，2013，第23–25页。

键仍取决于其自身的能力水平。因此，健全的内部管控体系对于保障社会组织的正常运转尤为重要。通过对典型案例的分析，我们发现，只有建立完善的内部管理体系，促使组织成员依法履职，才能有效提升社会组织的健康、稳定和可持续发展水平。

为更好地促进社区发展，必须强化社区社会组织的内部控制，特别是理事会和会员代表大会的监督职能，积极推行内部民主，扩大决策参与，确保管理措施落实到位。同时，应同步加强社会组织的信息披露，保证相关信息及时准确公开，提升透明度和公众信任。除此之外，完善的制度规范项目运作，提高社会组织开展活动的有序化，以强大的内部管理制度为社会组织长远发展奠定基础。通过上述综合举措，能够充分发挥社会组织的主体作用，提升社区公共服务质量和社区营造效率，进而为社区提供更加优质的治理效果，实现公共利益的最大化，最终让居民享受到更美好的生活。

（四）创新社会组织社会监管机制

社会组织规范运行需要接受来自多方面的审查与监管，具体措施包括以下几点：

第一，强化党组织对社会组织的引导和监督作用。坚持党的领导是社会组织建设的根本要求，应根据社会组织的灵活性和多样性特点，设立或授权多样化的党组织形式，以规范组织行为、引导组织发展，提升服务效能。

第二，加强司法监督，明确检察机关对社会组织参与社区营造和社区环境改善的监督职责。对发现的违法行为，应依法及时调查并依法提起诉讼。

第三，积极建设社会监督体系。建立全民参与的监督机制，完善投诉渠道、举报热线及平台，充分发挥舆论监督作用，提升公众对社会组织活动的关注和参与，推动社会组织合规运行、提升其自治能力。

第四，健全社会组织的内部监督机制。强化理事会、会员代表大会的监督职能，实行内部民主决策，扩大成员参与决策的深度与广度，确保管理措施落实到位。健全的内部监督不仅有助于提升组织透明度，也为外部监督提供制度基础。

第五，完善社会组织参与社区营造项目的评估机制。鉴于社会组织活动的动态性和灵活性，应运用信息技术和数字治理手段，结合线上线下评估，建立完善的评估指标体系。通过自评、互评和第三方评估等多种方式，实时了解社会服务效果，并及时向社会公开评估结果，促进社会组织持续提高社区营造能力。

第六，推动评估工作常态化。评估机制作为监督的重要工具，应定期、持续地对社区需求、资源配置、项目实施合理性及效果进行评估。科学的评估有助于项目的持续优化，促进社会组织能力不断提升，进而提高社区整体效能。

综上所述，社会组织在社区营造中扮演着桥梁与纽带角色，能够弥补政府行政化倾向严重、市场专业化不足、与居民联系不密切的缺陷，反映民意并培育社区自治组织，解决政府和市场无法充分顾及的社区问题。因此，加快社会组织发展，既能提高治理效率，也能增进社会福祉，有效缓解社会矛盾，维护社会稳定。社会组织正逐步通过具体项目深入社区。掌握社会组织管理基本知识，能够更好地动员社会资源、满足居民需求、促进居民与政府沟通，推动社区稳定发展，建设新型社区生活共同体，为中国式现代化建设提供重要支撑。

第六章　社会组织社区营造绩效评估

绩效评估是政府购买社会组织服务的重要管理手段，是推动社会组织服务项目规范化发展的有效工具。同时，绩效评估还是社会组织管理中的重要内容之一，具有关键的组织管理功能。在社区营造中，绩效评估是绩效管理的关键环节，是对社会组织的社区营造综合水平进行科学评估的重要工具。对社区营造中社会组织的绩效进行评估，即对社会组织的社区营造综合能力水平进行量化分析，通过对评估结果的分析，多角度考察社区营造的实际效果，以便及时发现并解决社区营造中存在的问题。可见，科学合理的绩效评估有助于推动社区营造可持续发展，进而推进社区治理体系和治理能力现代化，是推进社区营造发展不可或缺的组成部分。本章主要阐述社区营造绩效评估的内涵和意义、社会组织绩效评估的程序与指标、评估模式和方法，以及绩效评估过程中的难点。

第一节　社会组织社区营造绩效评估的内涵和意义

一、社区营造绩效评估的内涵[①]

（一）社区营造绩效评估的基本内容

绩效评估作为一种有效的管理工具，是推动社区治理体系和治理能力现代化的必然选择。绩效评估的内容一般包括政策执行、项目评价和质量保证三个

① 林修果、曾盛聪、李月凤：《公共管理学》，吉林人民出版社，2006，第96页。

方面。政策执行评估旨在确保社区营造主体的行动符合政府政策要求，并对多元主体治理过程的合法性进行评价；项目评价是指对项目目标、成本和社会效益等方面进行评估，通过项目评价可以有效监测项目实施进度、判断成本效益，确保项目的可操作性和可推广性；质量保证主要评估社区营造所产出的服务和基础设施等产品的质量水平。常用的项目评估方法有数据实时监测、社区现场调查、成本效益分析、实施进度评估、可操作性评估和延续性评估。其中，成本效益分析法通过对项目支出与项目产出效益进行对比测量，该方法较为全面，且重点为项目预算和成本测量①。在社区营造过程中，投入成本越高并不一定带来更好的产出效益。因此，应关注投入产出比，采用成本效益分析法，将政府、社区居委会、社会组织和居民在提供公共产品和服务中的成本支出，与实际产出成果进行比较，以推动单位投入产出效益最大化。

（二）社区营造绩效评估的基本原则

为获得科学、客观、公正的绩效评估结果，社区营造应当遵循以下三个原则来进行绩效评估②：

社会目标与经济目标相结合原则。社会目标是指确保最大限度利用有限资源，满足社区居民的物质和文化需求。经济目标是指在提供既定数量和质量的公共产品或公共服务时，投入成本最小化。社会目标与经济目标之间构成了一个相互依赖且相互制约的复杂体系。对于社会组织而言，其核心使命和宗旨是其存在的根本，一旦偏离了这一初心，组织便可能失去其价值和意义。为了实现积极的社会效果，必须有坚实的经济基础作为支撑，经济状况的稳定和增长是推动社会目标实现的关键因素。同时，通过设定和衡量经济指标，可以科学地评估社会效益的实现程度，确保社会目标与经济目标的协调发展。

宏观利益与微观利益相结合原则。在评估过程中，既要从宏观的国民经济角度衡量社区营造的社会效益和经济效益，又要从多元治理主体的具体活动出发，考察社区营造在微观层面的社会效益和经济效益。宏观利益与微观利益相结合，确保社区营造能够满足实际需求。

短期利益与长期利益相结合原则。短期利益和长期利益在本质上是一致的。

① 王亚辉：《数学方法论》，北京大学出版社，2007，第87页。

② 林修果、曾盛聪、李月凤：《公共管理学》，吉林人民出版社，2006，第89页。

但在社区营造过程中，不同治理主体具有不同的利益倾向。社会组织更倾向于追求短期的经济效益和社会效益，而居民则更关注社区营造的长期经济效益和社会效益。因此，在进行社区营造绩效评价时，将短期利益与长期利益相结合，有助于对社会组织运营成效作出准确客观的评估。

社区营造绩效评估的结果是一种发现问题的手段，而不是绩效评估的终极目标。鉴于此，在进行社区营造绩效评估时，要充分重视对评估结果的应用，对评估发现的问题及时进行整改，避免评估流于形式。

二、社区营造绩效评估的意义

社区营造绩效评估是社区管理的基本任务。绩效评估能够发挥监督与评判作用，对参与社区营造的私营部门、政府部门和第三部门都具有推动作用。定期对各治理主体的工作内容进行评价，可以量化各主体的绩效水平。因此，对各类治理主体实施绩效评估，是推动其提升服务能力与治理成效的重要手段。实现持续改进有赖于接受评估带来的压力与激励机制。社区营造绩效评估是诱因机制、管理工具和协调机制的三位一体，是考察社区治理体系与治理能力的重要手段。此外，对社区营造进行绩效评估，可以系统了解社区营造的现状，强化多元主体的社区营造能力，推进社区治理体系和治理能力现代化，构建共建共治共享的社区营造格局[①]。

从政府角度来看，社区营造绩效评价推动了深化改革发展进程，为基层管理的基本单元——社区明确了目标方向，是我国从“社区管理”向“社区治理”转变的重要环节，是政府职能转变的重要体现。社区营造绩效评估不仅能够对社区营造的实施情况作出科学的综合评价，也能对社区公共产品的有效供给和公共事务的有效执行发挥监督作用，为政府行政树立良好形象。

从社区角度来看，社区营造绩效评价有利于促进社区的和谐与稳定发展。通过科学的绩效考核，及时发现社区发展过程中存在的问题和潜在隐患，运用良好的决策方式，解决当前社区发展中存在的问题，促进社区科、教、文、卫、

① 廖鸿：《中国民间组织评估》，中国社会出版社，2007，第131页。

治安等各方面的发展[①]。

从居民角度来看，社区营造绩效评估有利于保障居民的权利，有助于推动我国民主制度的健全与拓展，提高公众参与公共事务的积极性，也有利于促进民族团结与社会问题的解决，增强社区共同体意识，共同营造文明和谐的社区家园。

从社会组织角度来看，社区营造绩效评估有利于把握社会组织工作的完成情况，了解社会组织与政府之间的协调、合作情况，了解社会组织与公众之间的沟通服务情况，拓展社会组织在协商民主政治状态下的可持续发展能力和合法性，促使社会组织在民主政治建设中发挥更大的作用[②]。

第二节　社会组织社区营造绩效评估的程序和指标

一、社区营造绩效评估的程序

任何形式的绩效评估都必须按照一定的程序有计划地进行，由于评估的背景、目的、对象和条件都存在差异，所以评估的具体执行程序会因情况而有所变化。但是对于社区营造绩效评估还应遵循一定的程序，并建立有效的考评机制，保障社会组织社区营造绩效评估能够顺利进行[③]。

（一）确定评估主体

对社区营造进行绩效评估，首先要确定评估主体[④]。各个社区所用的评估方法不尽相同，由于评估存在一定的主观性，即使使用相同的评估手段和方法，不同评估主体也可能得出差异化的结论。因此，为了充分发挥绩效评估在社区营造中的作用，并尽可能提高评估的科学性和准确性，必须对评估人员进行系

① 王晨：《绩效导向下的中国城市社区治理研究》，硕士学位论文，山东大学，2019，第59-101页。

② 王丽娟、何妍：《绩效管理》，清华大学出版社，2009，第196页。

③ 王锐兰：《解读非营利组织绩效评价：基于民主政治视野的研究》，上海人民出版社，2009，第211页。

④ 吴冠之：《非营利组织营销》（第二版），中国人民大学出版社，2008，第135页。

统培训，使其全面理解评估的目的、方法与操作规范。通常情况下，应对评估人员进行系统培训，内容包括：设定工作目标与评估方式，制定绩效评估标准，明确评估过程中应承担的职责，确定观察与记录的方法，制定评估报告的撰写规范，明确结果反馈的方式，确定避免评估误差的方式，以及明确评估人员应达到的专业水平。

系统培训不仅提升评估人员在观察、描述、记录、分析和建议等方面的能力，还能增强评估的准确性与一致性，帮助其深入了解各社区营造的实际情况及存在问题，从而为社区提供有针对性的改进建议。鉴于部分主观性绩效指标需依赖评估人员的判断，而主观判断易产生偏差，因此组织应承担培训责任，指导评估人员在实施过程中最大限度减少个人偏见与不公正倾向，确保评估结果真实反映社区营造的实际效果。

评估主体的专业性直接影响绩效评估的效果。由于评估工作具备高度的专业性与技术含量，评估人员应具备相应的专业知识和能力。需要指出的是，由于社区营造涉及多元主体，包括政府、社区居委会、社会组织、居民等，因此，让各方治理主体代表参与评估，有利于评估工作的公正和有效[①]。目前，当前绩效评估多采用第三方机制，这种方式较传统由政府主导的评估更具客观性和优势。这种评估方式不仅提升了评估的客观性与公正性，也有助于激发社会组织的创新潜力与积极性。同时，第三方评估机制对推动政府公共服务采购在法治化、规范化、专业化和科学化方面的发展具有重要推动作用。

（二）明确评估目的

社区营造绩效评估是推动社区营造工作的重要手段，开展科学、系统的绩效评估有助于全面掌握社区营造的实际状况。评估工作首先要明确评估目的，这是整个评估过程的起点，为评估提供清晰的方向和可操作的标准。评估目的本身是评估工作的首要问题，它有助于进一步厘清评估工作的逻辑与重点[②]。评估并不是单一或唯一维度的，在社区营造过程中存在多元治理主体，不同主体的利益出发点、行为动机、评估标准等都存在差异。关于评估的认知存在分歧：一方面，有人认为评估应由第三方机构主导；另一方面，有人强调应重视评估

① 林修果、曾盛聪、李月凤：《公共管理学》，吉林人民出版社，2006，第79页。

② 王丽娟、何妍：《绩效管理》，清华大学出版社，2009，第86页。

结果而非过程。此外，评估的关注焦点也存在差异：有的人主要关注评估的产出指标，衡量工作的直接成果；而有的人则更看重效益指标，关注工作所带来的长远影响和实际效果。因此，在开展社区营造绩效评估之前，必须明确评估目标，并确保各方治理主体达成共识，以减少评估过程中可能产生的分歧，更有效地规划评估流程。

（三）确定评估的重点与关键问题

明确评估目标后，应进一步界定评估重点和关键问题。一个项目的评估通常涉及诸多内容，评估者需对繁杂的问题加以归纳和分类，识别出应重点关注的评估事项。在这个过程中，评估者需要考虑以下三方面[①]：

第一，要以评估目的为核心确定评估重点。在实施评估时，所选问题必须紧扣既定目标，确保评估工作的针对性与方向性。评估目的不仅汇聚了各方治理主体的核心利益，也明晰了评估结果的实际效用，为评估者提供了明确的指导，使其能更精准地收集和分析所需材料信息。这样的设计有助于提升评估的针对性和有效性。

第二，结合评估所需的人力与经费条件，合理确定评估的重点和关键问题。社区营造评估是一项综合性工作，不仅需要相关人才的专业指导，还需要充足的经费支撑。经费与人力是评估工作顺利推进的基础保障，资源的充足程度直接影响评估内容的广度与深度。当经费和人力资源相对充足时，评估内容可以更全面、深入；反之，评估的内容则需更为聚焦，集中在关键和核心问题上，以确保评估的有效性和针对性。

第三，综合考虑不同治理主体的职责分工及其在社区营造过程中所发挥的具体功能。评估者应根据各治理主体的职责设定评估问题，使问题设计与其实际工作内容紧密衔接，从而更好地突出重点，提高绩效评估的针对性与效率。

在明确上述三个关键问题的基础上，评估者可以更加系统、全面地界定评估的重点与核心议题，从而有效提升绩效评估结果的针对性与可操作性。

（四）选择评估指标

在明确重点和关键问题后，需要设置绩效评估指标[②]。指标是用于量化和反

---

① 王丽娟、何妍：《绩效管理》，清华大学出版社，2009，第91页。

② 王丽娟、何妍：《绩效管理》，清华大学出版社，2009，第93页。

映社区营造某一特定属性或特征的工具，能够通过数值形式对抽象概念进行拆解与测量，从而实现对某一现象或问题的具体评估。由于每一个关键问题都可能涉及多个测量维度，因此，指标的选择和设置较为复杂。评估者应通过可操作、可量化的指标将抽象问题具体化，实现对相关现象的精准反映。由此可见，构建科学合理的指标体系是开展评估工作的核心环节。

（五）确定评估的方式

在明确以上问题之后，需进一步确定评估方式[①]。常用的方法包括文献研究法、问卷调查法、半结构式访谈法和实地观察法等。需要注意，在社区营造绩效评估过程中，应坚持节约原则，优先选择成本较低的评估方法，以降低整体支出。第一，文献研究法作为一种经济高效的手段，若能涵盖所需信息（如查阅与社区营造相关的文件、档案、年度报告、请示、监测数据、新闻报道及政府统计资料等），则可避免采用成本较高的方式，从而有效降低评估支出。第二，在使用问卷调查法时，可采用抽样调查方式，在控制抽样误差的前提下，减少调查对象数量，从而有效降低调查成本。第三，在实地评估过程中通常采用多种方法相结合的方式，应充分发挥各类评估方法的优势，在控制成本的同时尽可能获取全面信息与资料。第四，鉴于社会组织服务多发生于具体实务情境中，情境模拟法也是可行的评估方式。评估专家可通过观摩现场服务或设置模拟情境，由服务提供者进行实地演示，如同面试中的试讲环节，现场制定并展示服务方案。

（六）编制评估方案/计划

在确定上述内容后，即可着手编制社区营造项目的评估方案[②]。方案内容应包括评估实施的详细流程、人员安排、评估方法及预算费用等。评估方案须结合项目的具体实际进行编制，确保其符合实际需求并具有可行性。此外，鉴于评估工作的重要性，对于规模较大或具有特殊意义的项目，建议在项目申报阶段明确列出评估预算的具体费用，以保障评估工作的顺利开展，并体现其应有价值。

---

① 张义芳：《科普评估理论初探与案例指南》，科学技术文献出版社，2004，第143页。

② 王丽娟、何妍：《绩效管理》，清华大学出版社，2009，第95页。

（七）处理与分析数据

完成评估数据收集后，评估工作即进入数据分析与绩效评估的关键阶段。在此阶段，应根据收集到的数据编写初步评估报告。为确保评估结果的完整性，在完成数据分析后，应将初步结果反馈给信息提供方，核查是否存在材料遗漏。在最终分析阶段，评估人员应充分吸收并整合反馈信息，确保评估结果的全面性与准确性。

（八）撰写评估报告

在完成前述各项工作后，评估小组应根据所收集的全部材料及分析结果撰写评估报告，对社区营造的绩效情况作出全面评价。评估报告通常具有相对固定的内容框架与格式，撰写时应注重规范性，确保格式与结构符合要求。评估报告的最终形式可根据实际情况灵活确定，无须拘泥于固定模式。

（九）反馈评估结果并提出改进意见

评估报告完成后，应将评估结果及时反馈给相关社会组织人员。绩效评估的目的并不是评估本身，而是能够为绩效改进提供可参考的依据，即以评促改、以评促建、以评促管、以评促发展，所以评估方可适当提出供参考的改进意见和建议。在评估结束后，社区营造主体则须根据绩效评估结果分析社区营造绩效高或低的原因，进而提出改善社区营造绩效的方式方法[①]。

二、社区营造绩效评估指标

确立科学、合理的绩效评估指标体系，是推动社区营造绩效评估科学化、精准化开展的关键。指标体系的信度（Reliability）与效度（Validity）将直接影响评估工作的过程与结果。

（一）评估指标及其类型

指标作为一种量化的工具，旨在精确反映事物的本质特性。在国外相关文献中，指标往往被阐释为一种量化的、统计的确定方法，它能够通过具体数值来精确界定和衡量某一事物的属性或状态。较早提出“指标”这一概念的是雷蒙·鲍尔（Raymond Bauer）。他在《指标》一书中提出：“指标是一种量的数据，它是一套统计数据系统，用它来描述社会状况的指数，制定社会规划和进

① 王丽娟、何妍：《绩效管理》，清华大学出版社，2009，第96页。

行社会分析，对现状和未来做出估计[①]。”联合国1979年发布的《发展中国家社会统计的改进》一文认为，指标是“反映社会制度重大方面的时间数列的统计”，也是“通过定量分析评价社会经济生活状况的变化”。1982年，英国迈尔博士在《用于度量人类发展水平的指标》一书中指出：“社会统计研究的是人们的生活条件，它包括政治、思想和法治方面，以及居民生活水平特点的指标。”多数国家在构建指标体系时，通常聚焦于社会发展与社会生活等核心领域[②]。

所谓指标，是指用于描述事物特定概念与具体数值的工具，是揭示事物属性的重要手段，也是社会学、管理学与统计学中常用的量化分析方法。指标可用于衡量与监测社会发展、评估社会进步，以及组织运营状况等内容，并可依据其性质、范围和功能进行分类。按照是否具有可量化特性，指标可分为定性指标与定量指标：定性指标用于描述事物性质特征，定量指标则反映事物数量层面的特征。根据描述内容的覆盖范围，指标可分为总体性指标、部门性指标与专题性指标：总体性指标反映社会整体的发展水平，部门性指标反映某一专业领域（如教育、文化、民政等）的发展状况，专题性指标则针对特定社会问题（如下岗工人再就业、农民生活质量、流动人口等）进行衡量。依据功能差异，指标还可分为描述性指标与评价性指标。

（二）评估指标体系及其构建原则[③]

在实际研究与分析中，指标通常以体系形式构建，各个分散指标之间存在内在联系。通常所说的指标体系，是在研究目标的基础上，将若干具有内在联系的重要指标有机、科学地组合而成，亦称为指标群。完整的指标体系包含两个层面：一是质的规定性，即指标因素；二是量的规定性，即指标权重。

绩效评估应以系统方式开展，避免依赖主观判断，应坚持高目标与高绩效导向。管理者应采用科学系统的评估方法。指标体系应在明确评价目标的基础上，根据绩效评价内容和资料获取的可行性等实际需求，构建科学合理的指标结构。在明确绩效评估的关键问题后，应结合评估目的和拟考核对象的总体属

---

① 邵龙刚：《军队信访工作存在的问题及对策研究》，硕士学位论文，国防科技大学，2005，第50页。

② 成志刚、周批改：《非营利组织管理研究》，湖南人民出版社，2005，第87页。

③ 成志刚、周批改：《非营利组织管理研究》，湖南人民出版社，2005，第89页。

性特征，先构建指标框架，再进一步细化为完整的指标体系。构建指标体系需遵循以下基本原则：

目的性原则。指标体系的设计须以评估目标为导向。在设定各项指标时，应明确其在整体体系中的功能，根据其反映的内容合理设定指标名称、内涵及测量方法。

系统性原则。指标之间存在内在逻辑联系，彼此相互关联与印证。在构建指标体系时，应充分考虑其整体结构的有机性与协调性，确保各项指标形成统一的逻辑系统，从而使评估结果全面、信息充分。

科学性原则。指标体系的结构设计是否科学，直接关系到评估工作的完整性与各项指标的相对独立性。在确保指标要素齐全的基础上，应避免出现指标混乱、重叠或独立性差等问题，以防影响对象特征的准确反映，并增加评估操作的难度。

可比性原则。绩效评估的重要作用之一是对已实施工作的成效进行比较分析。为实现这一目标，构建指标体系时应尽可能提升指标的通用性，从而增强其可比性。可比性包括横向与纵向两个维度：横向指在同一时间对不同项目主体进行比较，纵向则是对同一主体在不同时间内的绩效进行对比分析。

精简性原则。精简性原则要求在构建指标体系时，删除或合并重复或类似的指标，力求以尽量少的指标反映尽可能多的信息。在确保信息可收集、成本可控制的前提下，避免指标过多造成信息重复或测评结果的混淆。对内容或内涵相近的指标应再次筛选、精细修订。

社区营造绩效评估指标体系的设计，应统筹考虑科学性与适用性、典型性与稳定性，以及定量与定性相结合等基本原则。首先，科学性与适用性是指标体系构建的前提。评价指标应紧密结合社区营造的现实状况，并具备在后续实践中广泛适用的潜力。其次，典型性与稳定性决定了评估结果的代表性与可持续性。应优先选取具有代表性的核心指标，并尽可能减少受主观影响较大或波动性强的指标，以确保体系运行的稳定性和可靠性。最后，定量与定性方法的融合，有助于提升评估的科学性与全面性。定量分析通过指标的数值化处理提高评估的精度，定性分析则弥补了诸如居民满意度、社区认同感等非量化因素的缺口，为整体评估提供更丰富的解释力。

（三）社区营造绩效评估指标体系

当前，国内外在治理能力评价中，通常采用三类指标体系——基于目标、基于主体和基于内容，均属于绩效与指标评价的范畴。基于主体的评价体系，是以多元主体为视角进行设计，涵盖政府、社区居委会、社会组织、居民、企业等，着重反映各主体在社区营造中的参与能力及其协调、互动与合作的具体表现。基于内容的治理能力评价，是从社区营造的实施内容出发，对治理效果进行系统评估。例如，中央编译局与清华大学共同发布的《中国社会治理评价指标体系》将"社会治理指数"作为一级指标，并以下设的社会公平、社会参与、社会保障、公共安全、人类发展与公共服务六项内容作为次级指标。基于目标的治理能力评价，是将治理所期望实现的效果设置为指标，进行绩效评估考核，它更加注重对特定时期目标完成度，以及各阶段成果的考核，这对于推进各个阶段目标任务、发现社区治理状况差距、寻找解决问题的根本而言有重要意义①。

此外，部分学者与研究机构也提出了其他类型的绩效评估体系。例如，陈光普从可操作性、层次性、科学性、完备性与系统性等角度出发，构建了包含宏观社会秩序、中观人际关系与微观居民福利三个层面的社区治理绩效综合评价体系。该体系设有9项次级指标，包括治理法治化水平、居民政治参与、邻里关系、社交程度、居民信任感、居民公平感、居民幸福感、居民安全感和公共服务满意度（见表6-1）。

表6-1　社区治理绩效评估指标体系

一级指标	二级指标	三级指标
社会秩序	治理法治化水平	市场秩序治理依法办事水平评价
		食品安全治理依法办事水平评价
		环境污染管理依法办事水平评价
		城市建设治理依法办事水平评价
		社会治安治理依法办事水平评价
		公路交通治理依法办事水平评价

① 陆军、丁凡琳：《多元主体的城市社区治理能力评价——方法、框架与指标体系》，《中共中央党校（国家行政学院）学报》2019第3期，第89-97页。

续表6–1

一级指标	二级指标	三级指标
	居民政治参与	参与村/居委会投票选举
人际关系	邻里关系	与邻里亲友开展娱乐社交类活动的频率
	社交程度	同邻居/村内居民是否建立良好关系
居民福祉	居民信任感	是否认为社会中的大部分人值得信任
	居民公平感	是否认为目前的社会是公平的
	居民幸福感	是否认为自己的生活是幸福的
	居民安全感	是否认为所处社区的安全的
	公共服务满意度	对于公共服务资源分布均衡度的满意程度
		对于公共服务普惠度的满意程度
		对于公共服务资源充足度的满意程度
		对于公共服务获取便利度的满意程度

宏观层面上的社会秩序。社区营造的重要目标之一是维护社会秩序。党的十九大报告提出，要“加强和创新社会治理，形成良好的社会秩序”。社会秩序主要通过“治理法治化水平”和“居民政治参与”两个指标进行测量。其中，“治理法治化水平”指标细化为6项具体测量内容，分别为：道路交通治理依法办事水平、环境污染治理依法办事水平、食品安全治理依法办事水平、城市建设治理依法办事水平、市场秩序治理依法办事水平和社会治安依法办事水平；“居民政治参与”指标以居民是否参与村（居）委会投票选举作为测量依据。

中观层面上的人际关系。社区营造的重要功能之一是协调化解社会矛盾与冲突，并推动各类利益群体实现相对均衡。其中，人际关系的协调是实现群体关系和谐的关键途径。该层面以“邻里关系”和“社交程度”为衡量指标。“邻里关系”通过与亲邻开展娱乐社交活动的频率进行评估；“社交程度”则依据居民与邻居或同村居民的熟悉程度进行判断。

微观层面上居民福祉。党的十九大报告中指出：“加强和创新社会治理，使人民获得感、幸福感、安全感更加充实、更有保障、更可持续。”提高居民福祉是社区营造的核心目标之一。在微观层面，社区营造绩效的衡量以居民个体为单位，侧重考察其对信任感、公平感、幸福感、安全感和公共服务满意度等方面的主观感受。具体测量内容包括以下三级指标：是否认为大多数人值得信任，是否认为当前社会是公平的，是否对自己的生活感到幸福，是否感受到社区安全，以及对公共服务在资源分布、普惠性、资源充足性与获取便利性等方面的满意程度[①]。

（四）社会组织绩效评估指标体系

在国外，社会组织绩效评估通常涵盖以下五个指标要素：效果（Outcome）、效率（Benefit）、产出（Output）、成本（Cost）和投入（Input）。这些指标分别对应社会组织在非货币成果、货币成果、非货币投入、过程表现和货币投入等方面的代表性衡量内容。此外，部分学者与研究机构还提出了其他类型的绩效评估体系。例如，美国的普马会计事务所（Peat, Marwick, Mitchell & Co.，PMM）曾提出，衡量社会组织绩效可采用三项标准：一是投入，与前文所述的“投入”和“成本”概念一致；二是产出与过程，对应组织的具体产出成果；三是结果，亦即取得的效益与成效。表6-2展示了在艺术团体中上述五个要素在实际应用中的整合，形成了某艺术团体的绩效评估指标体系[②]。

表6-2　艺术团体的绩效测量指标

<table>
<tr><th colspan="2">指标类型</th><th colspan="2">测量项</th></tr>
<tr><td rowspan="11">定量测定（一般作跨年度比较）</td><td rowspan="8">投入</td><td colspan="2">演员数</td></tr>
<tr><td colspan="2">职员数</td></tr>
<tr><td colspan="2">志愿者人数</td></tr>
<tr><td colspan="2">座位数</td></tr>
<tr><td rowspan="4">硬件设备</td><td>建筑物</td></tr>
<tr><td>舞台</td></tr>
<tr><td>戏装</td></tr>
<tr><td>特殊观众(如残疾人)的服务设备</td></tr>
<tr><td rowspan="3">产出</td><td colspan="2">作品数量</td></tr>
<tr><td colspan="2">演出数目</td></tr>
<tr><td colspan="2">每次演出的售票数</td></tr>
</table>

① 陈光普：《社区治理绩效：评估指标体系与实证分析》，《宁夏社会科学》2020年第1期，第136–144页。

② 成志刚、周批改：《非营利组织管理研究》，湖南人民出版社，2005，第93页。

续表6–2

指标类型		测量项
		门票的售出数
		季节售票数
		季节订票数
		巡回演出的数目
	投入/产出	观众数/座位数
	效果	演出后打电话的顾客人次
		资助或赞助的增长(用资助金额或数量来衡量)
		创新作品的数量指标
		新作品的演出数量
		不同的目标群体的观众人数
		影响面 – 每年参与人数
定性测量	效果	退场观众反应
		工作人员的自我满意程度
		观众调查
		顾客反应的主观评价

效益/成本比率。该比率常用于评估社会组织的整体绩效及其在较长时期内的可持续发展能力。例如，在民办高校中，该指标可体现为毕业生所获得的经济收益与其所缴纳学费之间的比值。

效益/效果比率。该比率用于衡量社会组织在资源分配与管理方面的效率水平。例如，在再就业组织中，可通过测算失业人员因重新就业而减少的福利支出金额，来反映其所带来的社会效益。

效果/产出比率。该比率可用于评价单位产出的效果质量。例如，通过比较社会组织实际服务效果与服务数量的比值，可以判断单位产出的效果强度；比率越高，说明服务质量越优。

效果/成本比率。该比率适用于评估社会组织的实际运营效果，尤其在效益数据难以获取或存在不确定性时，可作为替代指标加以采用。例如，可通过捐赠资金所带来的物资与服务产出，以及惠及弱势群体的数量，初步评估该基金会的整体运营绩效。

产出/成本比率。该比率是一项综合性指标，用于衡量资源获取与使用的整体效率。例如，在博物馆运营中，该比率可表现为每支出一百元所吸引的参观者人数；与之相对的是“成本/产出比率”，用于评估单位服务的平均成本。

产出/投入比率。该比率用于评估资源使用的效率水平。该比率亦可作为衡量组织与机构服务质量的参考依据。例如，在民办高校中，若学时总数与教师总数之比值较低，通常意味着教学质量较高。

投入/成本比率。该比率可用于衡量资源获取的效率水平。在一定程度上，该比率亦可作为评估资源品质的间接指标。投入与成本比值越高，通常表明社会对高层次社会组织提供了更优质的支持或资源回报。

（五）社区营造绩效评估指标选取

在综合已有研究成果的基础上，结合利益相关者理论，并充分考虑社区营造项目的特征，可选取恰当的绩效评价指标。

1.效率评价指标的选取

与依靠商业活动获取资金的营利企业不同，社会组织的经费主要来源于社会捐赠和政府购买服务等，其服务受益者往往并不直接为组织提供资金支持。因此，社会组织在参与社区营造过程中，绩效评估的重点包括：一是其资源利用与分配的效率与效果，二是其获取资源与配置人员的能力。此外，良好的项目运营与组织能力不仅有助于提升社会组织声誉，也具有积极的资源筹集效应，因此，资源动员能力亦可部分反映项目的产出水平。科学合理地运用评价体系，有助于发挥过程监督与导向作用，促使社会组织更有效地利用资源，服务于社区营造及目标群体。可选取的效率类指标包括：项目单位成本或成本效益比、人均产出、服务对象人均服务成本、总收入增长率、项目支出占总支出比例以及行政费用占上年度总收入比例。

2.服务对象绩效指标的选取

在社会组织参与的社区营造项目中，服务对象满意度通常是关键性绩效指标之一。在社区营造实践中，服务对象主要为社区居民。服务对象的有效维护是项目实现可持续发展与取得成效的关键因素。服务对象绩效指标包括：服务是否符合专业标准、工作人员和志愿者的专业性与可信赖程度、对服务对象隐私的尊重程度、投诉渠道是否畅通，以及整体满意度水平。

3.项目过程绩效评估指标的选取

鉴于社会组织社区营造项目具有非营利属性，其绩效评估不仅应关注结果导向，也应重视过程评估。因此，社会组织社区营造项目的评估应构建为一个动态反馈与持续改进的过程。实施中如发现问题，应及时修正，以防考察失灵，避免评估流于形式，丧失应有功能。然而，在实际操作中，部分评价对象难以量化，过程评估易出现“考察失灵”现象，导致评估结果与实际情况脱节，进而影响评估质量。

第三节　社会组织社区营造绩效评估的模式和方法

“评估模式”是一种“模式化”或者“理想化”的、关于如何找到和处理评估过程中所遇到的问题的设定[①]。下文将简要论述社区营造绩效评估模式的发展历程，回顾过去40年间社会组织普遍采用的评估模式，并从中选取几个可行模式，探讨其具体应用。社会组织管理者与决策者可结合自身专长及所处情境，选择适合的评估模式。

一、社会组织社区营造绩效评估的模式

（一）社区营造绩效评估的发展历程

由于西方资本主义国家社会发展较早，国外学者对城市社区治理问题的研究起步早于我国。“社区治理”一词最早见于美国社会学家法林顿编著的《社区治理：将小城镇建成更加适宜生活和经营的地方》。在社区营造绩效研究方面，国外学者从不同角度提出了各自的观点。有学者认为，社会资本推动了社区治理绩效的发展。例如，Adhikari 和 Goldey（2009）指出，社会资本既有积极的一面，也存在消极的一面，可能对社区有组织的可持续行动产生影响[②]。另有学者提出，社区治理应以公众治理为基础，以提高其效率。例如，孙英翔和刘朱

① ［美］斯塔弗尔比姆：《评估模型》，苏锦丽等译，北京大学出版社，2007，第25页。

② Adhikari, K. P. and Goldey, P. “Social Capital and its ‘Down-side’: The Impact on Sustainability of Induced Community-Based Organizations in Nepal,” *World Development* 38(2009): 3-8.

胜（2009）以美国马里兰州的地方社区自治为例，指出居民可通过选举、参与咨询委员会和志愿组织等多种形式实现自治。在绩效评价方面，Julnes和Holzer（2001）认为，绩效评价可依据评估对象分为“成本—收益型”“结果—产出型”和“政策—过程型”三类[①]。威廉·N.邓恩（2002）构建了一个包含效益性、效率性、经济性和公平性四个维度的公共服务绩效评估体系[②]。上述研究为我国城市社区治理绩效评价提供了重要的理论参考。

20世纪90年代以前的绩效评估主要关注财务收支、服务产出、服务质量保障、效率，以及服务使用者的满意度。20世纪90年代以后，美国政府于1993年颁布《政府绩效及成效法案》，加拿大政府在此基础上制定了相关法律，要求各级公共机构识别可行的绩效衡量与管理方法，建立“成果为本的管理问责架构”，并定期向有关部门汇报其目标实现情况③。在加拿大政府的大力推动下，以“成效导向”为核心的绩效评估模式迅速在政府部门和社会组织中发展起来。“成效导向”的组织绩效评估之所以应运而生，是为了契合现代社会对问责的要求。因此，政府、基金组织、服务群众及机构管理层等主要利益相关方（stakeholders）均高度关注受资助机构的服务成效，机构的服务方案、产出（输出）、服务质量、效率及服务使用者满意度等成为关注重点。

在我国，国家治理领域的绩效评估研究已初具基础，例如，中国人民大学自2007年发布的“中国发展指数”（RCDI），北京师范大学提出的“人类绿色发展指数”[③]，南开大学研发的“国家治理质量监测指数”，以及中央编译局设计的“中国国家治理评价指标体系”。相较而言，社会治理领域的指数化评估的研究成果较少，关于社会组织社区营造评价的系统性研究尚未发现，但一些具有前瞻性的学者在相关领域评估研究中对此已有涉及[④]，总体而言，社会组织绩效

① De Lancer Junlnes, Patria and Marc Holzer, “Promoting the Utilization of Performance Measures,” *Public Administration Review* 61 (2001): 693–708.

② Mc David, J. C. and Hawthorn, L. R. L., *Program Evaluation and Performance Measurement: An Introduction to Practice* (Thousand Oaks: Sage Publications Inc., 2006), p. 25.

③ 李晓西、刘一萌、宋涛：《人类绿色发展指数的测算》，《中国社会科学》2014年第6期，第69–95页。

④ 孙莉莉、钟杨:《社会组织参与社会治理的绩效评估:理论框架和评估模型》，《宁夏社会科学》2018年第5期，第115–119页。

评估的发展从早期关注财务绩效至服务产出表现，继而注重组织服务的“成效”至最新发展是与机构策略性管理相关联①。

（二）社会组织社区营造绩效评估的主要模式

1.结果导向的绩效评估模式

在梅姆西·巴提克与理查德·宾厄姆设计的评估谱系中，结果评估主要包括列举结果、测量效果、成本收益，以及问题影响的评估等内容。在社区营造实践中，政府为了提升成效，将相关服务外包给社会组织，已成为一种主要趋势。然而，此类做法也存在一定风险，例如，可能滋生机会主义和违法行为，甚至出现购买成本高于政府自行提供服务成本的情况。因此，结果导向的绩效评估模式成为政府应对上述问题的重要手段。通过结果导向评估，政府能够保证自己做出政治和经济上正确且有效率的选择。

2.过程导向的绩效评估模式

过程评估主要包括对日常工作活动的监控与对项目实施活动的评估。从项目绩效实现路径来看，结果导向型评估模式更侧重于成果评价，容易忽视对执行过程的监督与控制，这不利于项目绩效的全面提升。鉴于当前社区营造中，社会组织普遍存在项目管理经验不足、预算执行偏差、进度控制失效、内容与执行不符等问题，因此，有必要加强对项目过程的监督，以更有效控制项目风险、进度与质量。过程导向型绩效评估模式注重服务与项目的质量管理、运作过程的完整性与协调性，有助于强化政府对服务提供方的监管，确保服务质量的稳定与提升。

3.整合导向的绩效评估模式

整合导向型绩效评估模式旨在将结果导向与过程导向相结合，实现项目管理与组织能力提升的统一，兼顾项目安全保障与社会效益的最大化。为有效实现政府购买社会组织服务的效益，更好地保障财政资金的安全和效率，整合导向的绩效评估模式不但强调关注社会组织服务提供的过程，也关注社会组织的产出和效益②。因此，该模式不仅能够更好地满足政府对服务绩效的要求，也在

---

① 黄智雄、高鉴国：《社会福利研究》（第二辑），中国社会出版社，2010，第79页。

② 郁菁：《政府购买社会组织社会服务项目绩效评估模式研究》，《华东理工大学学报》（社会科学版）2016年第5期，第126-132页。

提升社会组织服务质量与社会福利水平、化解社会矛盾、维护社会稳定等方面发挥着重要作用。

二、社会组织社区营造绩效评估的主要方法

由于评估主体、评估对象、评估目的和评估内容的差异，社会组织在社区营造绩效评估的实践中形成了多种方法。本节重点介绍逻辑模型法和平衡计分卡两种常用方法①。

（一）逻辑模型法

逻辑模型法既可用于社会创业者评估自身绩效，也可供外部评估主体用于评估社会组织实施的社区营造项目的社会影响。

1.逻辑模型法的含义与作用

逻辑模型法是基于社会组织在社区营造项目实施过程中各环节之间的因果关系，评估项目的实施结果与社会影响的一种方法。该方法不仅提供评估结果，还能够对评估结果进行解释说明（见图6-1）。

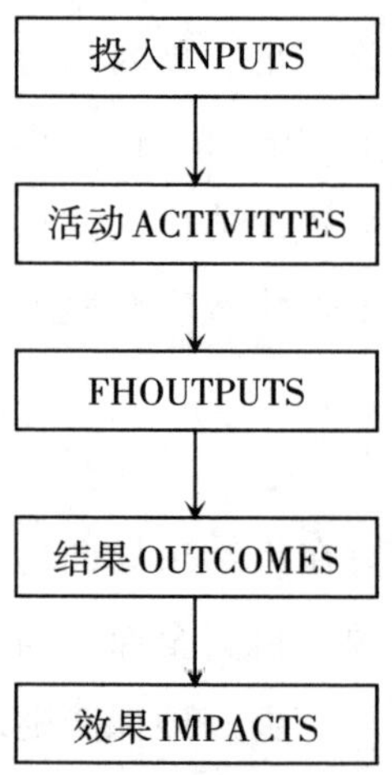

图6-1　社会组织的逻辑模型或价值链

逻辑模型法实际上构建了一个绩效提升和评价系统。一个绩效评价与提升

① 张远凤、邓汉慧、徐军玲：《非营利组织管理：理论、制度与实践》，北京大学出版社，2016，第210页。

系统建立在组织对其特定价值和目标的清晰理解基础上，即组织的价值定位或期望实现的社会影响。在社区营造多元治理主体的背景下，应理解各类主体开展社区营造行为的价值与目标。与企业家通常以利润衡量经营成效不同，社会组织更侧重以所产生的社会影响作为绩效评估的依据。

“人类最常见的愚蠢是忘了自己想要做什么。”只有当一个组织能对“我们究竟要做什么”提出简洁有力的回答，并使全体成员共同认可与信服，才能建立起有效的绩效管理系统。如果没有明确定义组织的宗旨，即组织期望在长期取得何种成果和绩效，我们就难以建立起管理系统，就不能管理其过程，也就不能保证组织系统的产出成果和改进绩效。一旦明确了绩效标准，组织或外部主体便能据此对其进行问责，进而推动其不断提升绩效水平。

从图6-1可以看出，逻辑模型是一个因果链。以培训项目为例，项目始于“投入”，如资金、劳动力等；“活动”指开办培训班；“产出”是参与者的人数和培训时间；假定产生“结果”，即学员的能力和水平得到明显提升。但是，结果还不是最终目的或项目宗旨，培训项目的最终目的可能是鼓励并帮助学员找到工作，提升其生活质量，这个遥远的目标就是“效果”或是社会影响。

在这个因果链中，越往下呈现以下特征：所需时间越长，距离组织核心越远，越脱离组织控制。组织虽然可以控制投入，却难以控制最终效果。

我们可以从两个方向来运用该模型：一是从“投入”出发，依次经过“活动”到达“效果”（这是执行工作的顺序）；二是从“效果”开始，采用逆向计划的方式，寻找更可靠、更高效且具连续性的活动来实现所期望的“效果”。我们用执行的顺序来研究和评价我们的活动所造成的影响或效果，我们用计划的方式来寻找新的更好的活动或过程来得到我们所想要的效果。一些组织持续并行采用这两种方式；另一些则主要依赖“执行逻辑”，仅在中期阶段通过“逆向计划”方式对项目路径进行反思与修正。

当逻辑模型用于计划过程时，应从预期结果出发，倒推制定计划。登山者和军事计划人员将这种计划方法称为“逆向计划法”（Reverse Planning），工程师则称之为“末端视图”（End State Vision），即从理想终点出发规划路径的策略。以登山为例，若计划于第30日登顶，需确保当天到达山顶并拥有充足的食物和装备以便返程；那么第29日应在5号营地，并准备满足两人所需的一顶帐篷、足够的氧气、食物和装备，以此类推，规划好每日每一步的安排。

2.运用逻辑模型法建立绩效评估体系

逻辑模型给出了价值链中各个环节之间的逻辑因果关系。一旦建立合理的模型，便可测试相关假设与前提，通过为因果链各环节开发衡量方法，从而寻找最佳的绩效评估路径。逻辑模型包含一系列假设：如果执行了*X*，就将得到*Y*。在社区营造实践中，执行了*X*是否一定能得到*Y*？绩效评估用于评价当前行动的成效，而绩效管理则是运用评估结果的信息改进工作流程，从而更有可能实现预期目标。然而，任何组织都无法详尽记录所有投入或每项活动的全部细节，需借助指标作为衡量工具，明确需要记录的事项，并设计合理的方法进行测量。由于绩效结果往往超出组织边界，在收集绩效评估数据的过程中，组织通常会面临一个难以逾越的界限——“数据地平线”（Data Horizon）。在数据地平线之外，是所谓的“宝贵理论领域”（Domain of Cherished Theory），如图6-2所示，即组织无法以经验数据验证效果的假设空间。

组织内部发生的各种活动的最终影响总是超出组织的边界。投入发生在组织内部，直接运用投入产生的各种活动也发生在组织内部，但是产出可能在组织内部或外部。比如，一个旨在帮助青少年避免风险行为（如吸毒）的教育项目，工作流程包括设计、印刷和分发一些小册子，告诫青少年不要吸毒。设计和印刷小册子属于组织内部活动，所印制的小册子为“内部产出”，该过程组织可完全控制；而当这些小册子被投放至车站、超市等场所并被公众取阅后，则成为“外部产出”，组织对此难以掌控。人们取走并阅读了这些小册子，知道了吸毒的危害，这是“结果”，然后如大家所愿避免了吸毒行为，这才是“效果”或“影响”。

绩效管理的核心在于认识到成果产生于组织边界之外；若仅关注组织内部事务与流程，而忽视工作所创造的成果与价值，将难以体现绩效管理的本质。在成果导向的管理系统中，成果应由组织边界之外产生的实际效果来定义。

绩效管理系统的一个重要特征是能够及时准确地收集到有关活动和效果的数据。站在组织内部，沿着价值链向下观察，能够看多远？是否能触及“数据地平线”？在数据地平线之外，组织内部活动所产生的外部成果脱离了我们的视线。在数据地平线以内，组织能够获取活动及其结果的实际数据；但一旦超出该范围，便难以找到客观的衡量标准或指标来描述组织工作所取得的成果。

内部收集到的数据只是行政管理的数据。仍以上述例子为例，我们可以获得小册子被取走的数量信息，但缺乏可靠手段衡量其实际阅读率，亦难以评估信息对阅读者关注度的影响，更难判断其对行为的影响程度。

无论多么努力，所有项目都存在数据地平线的限制。在地平线以内，衡量数据相对可靠；但越接近地平线，数据的数量与准确性均趋于下降。超过数据地平线，我们主要只能依靠理论和假设来相信我们确实取得了想要的效果。数据地平线之外是“宝贵理论领域”，之所以称其为“理论”，是因缺乏经验数据来支持对效果的理解与判断。理论之所以“宝贵”，主要有两个原因：一是理论可解释行动与期望效果之间的关系，当某些成果（如青少年参与风险行为的比率）难以直接衡量时，只能通过理论假设所提供的信息具有影响力；二是组织希望工作具有明确目标，不愿自身努力受到质疑，若项目缺乏实际效果，可能引发不安甚至恐惧。

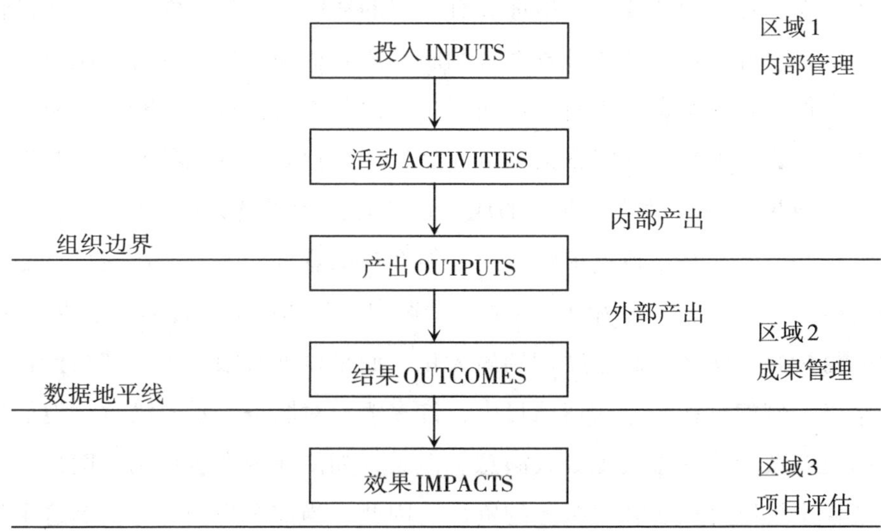

图6-2　价值链的三个区域

一旦跨越数据地平线，项目行动便更多依赖一种信念：即项目将实现预期效果。这本身并非问题，任何项目或活动在因果链推进至某一阶段后，往往难以再行衡量，只能基于信念持续推进。尽管这种信念无法以经验数据加以验证，但它依然成为驱动我们持续推进项目行动的重要动力。任何绩效管理系统都需明确其可达的范围，并判断是否具备将数据地平线进一步推进的可能性。然而，将数据地平线进一步推进不仅存在技术难题，还可能意味着投入超过预期成本，并且需要较长时间才能获得所需数据。因此，日常管理更多地关注于组织边界内的活动所产生的直接成果。当然，也可对“宝贵理论”的有效性进行检验，但这种检验属于研究范畴，并非日常管理关注的重点。

在绩效评估实践中，值得探讨的问题是：数据地平线究竟能推进到何种程度？社会组织能否将“客户满意”作为衡量组织有效性或成功的标准？许多社会组织收集“客户满意”数据来衡量服务绩效。然而，该指标存在一定的局限性。社会组织的目标不仅限于满足当前客户，更在于通过服务特定客户群体实现更为宏观的社会目标。尽管客户的福利是重要指标，但客户满意度与项目追求的更广泛影响之间并非必然存在直接关联，也不一定能够准确反映这些影响。

客户满意度作为绩效衡量指标具有一定的适用前提与条件。如果项目旨在服务特定客户群，且该群体具备客观判断其所获福利质量与价值的能力，则满意度可以作为效果衡量的指标。然而，若客户并不具备有效判断项目质量与服务的能力，比如项目旨在阻止某种负面后果（如预防青少年犯罪）而非创造直接的正面效果，项目对特定群体的成功可能难以为受益人所察觉。也就是说，服务客户利益依然是项目追求的效果，但客户满意度并非总能作为可靠的项目绩效衡量指标。在很多案例中，服务某个客户只是达成更大目标的手段。因此，项目的目标并非使客户满意度达到最大化，而是根据有限资源将其维持在一个合理水平。例如，在应急住宿项目中，许多客户对服务表示不满意，他们说如果房间更宽敞舒适一些会更令人满意。但是，如果让现有客户满意度最大化就势必消耗本可以为更多客户服务的资源。因此，当前客户满意并不是这个项目的唯一指标或关键指标。项目真正的目的是为尽可能多的有需要者提供适当、安全的住宿条件。在这种情况下，客户满意不应作为衡量最终成果的指标，项目仅需维持适度的满意或尽量减少不满意程度，因为其真正目标在于实现更深层次的社会效果。

再如，实施一个提高弱势群体青年大学入学率的项目。该项目的内在驱动力来自一个信念，即弱势青年接受高等教育后，不仅可以提高自身未来的生活质量，还能够改善他们所在的社区，因为项目相信他们有能力促进社区功能的有效发挥。该项目应如何开展绩效管理？假设该项目已设计完成，绩效管理的第一步是确定逻辑模型，即阐明项目如何创造或即将创造价值的理论逻辑。需从广义角度界定投入与活动："投入"包括顾问（Counselors）、志愿导师、课程辅导教师等；"活动"包括顾问服务（Counseling Sessions）、考试准备（Test-Preparing Sessions）、大学申请咨询和指导、寻求帮助的培训，以及多渠道筹措学费的指导课程。随后，需明确这些活动如何转化为实际产出。例如，考前培训班是否提升了学员的大学入学考试成绩，或是否提高了学生的申请质量等。下一步，要将这些产出与预期的结果——大学录取率联系起来。然而，项目的最终成果仍是一种美好的愿景或假设，即学员在大学毕业后能过上更为充实幸福的生活，成为对社区有贡献的人。

一个有效的绩效管理系统最大的好处是能够清晰地、系统地提出关于项目创造价值的理论。该理论既可在实际操作中得到检验，也能在实践中持续优化。

（二）平衡计分卡

平衡计分卡（Balanced Score-Card，BSC）也是社会组织常用的一种绩效评估方法，该方法以组织的最终目标为起点，采用逆向计划方式①。平衡计分卡的评价指标分为一系列维度，每个维度与一套行为和活动相联系。在工商企业中，财务目标往往是顶层目标。对社会组织而言，财务结果通常不是独立的目标，而更多的是组织实现其目标的一项约束条件。马来西亚的社会组织E-Veritas是一家专为贫困群体服务的机构，该组织建立了一套基于平衡计分卡理论的绩效评估框架（见图6-3）。

为了更好地运用该框架，社会组织需要明确每个维度的衡量指标，并阐明各个维度之间的相互关系，以及各维度内部指标之间的相互关系。为明确这些维度之间的关系，需回答以下问题：组织如何跟踪使命的实现过程？组织需要掌握哪些新技能，以实现或改进运作流程？如何实现使命价值创造与财务资源之间的有效连接？在明确上述问题的基础上，设计出能够描述各个维度的衡量指标。

① 黄智雄、高鉴国：《社会福利研究》第二辑，中国社会出版社，2010，第96页。

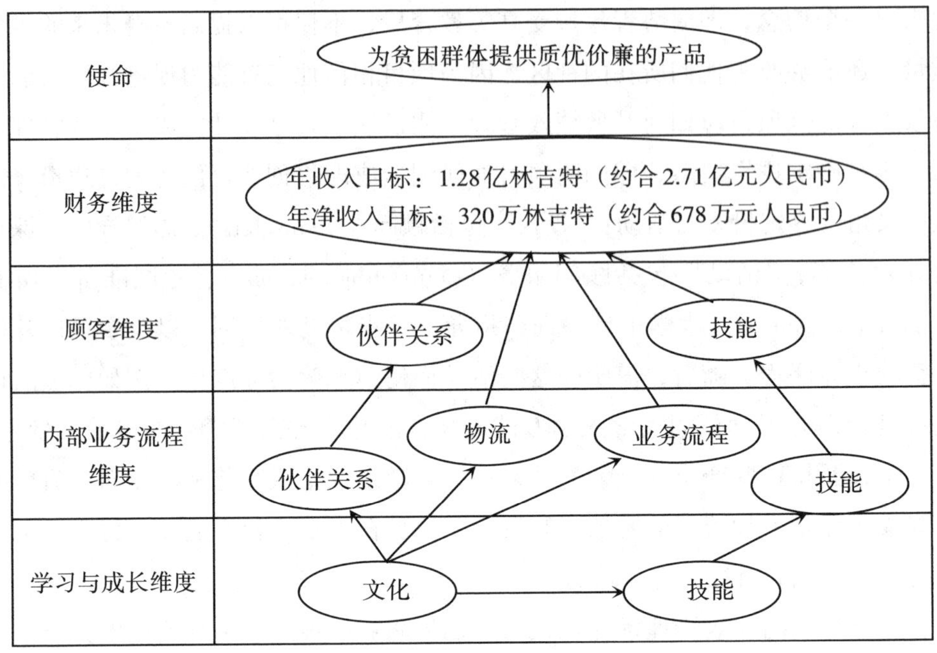

图6-3　E-Veritas基于BSC的绩效评估框架

第四节　社会组织社区营造绩效评估的重点和难点

社区营造绩效评估是对多元主体共同参与社区营造活动所产生的社区共同成果进行综合性评价的手段①。其中社会组织社区营造绩效评估的重点和难点主要体现在以下四个方面。

一、评估主体的多元性

社区营造涉及多元主体治理，包括政府、社会组织、社区居委会、居民等。由于各个主体在功能、权力和利益上存在差异，因此，各主体在治理理念、方式和侧重点上也各不相同，进而影响评价指标的制定和最终评估的结果。然而，当前从多主体视角对治理能力进行评估的研究较少，更多关注基层政府和居民

① 王丽娟、何妍：《绩效管理》，清华大学出版社，2009，第67页。

委员会等社区组织在社区营造中的作用与绩效，往往忽视了其他利益主体对社区营造效果的评估。在对社区营造进行评估时，单主体评估方法存在片面性和局限性，测量结果也会存在误差①。例如，某城市在社区居民活动中心建设中，政府倾向于经济适用型的基础设施建设，社会组织则倡导建设更具文化特色的场所，而居民则希望活动场所更为舒适和便利。不同主体诉求冲突使得评估标准难以统一，增加了评估结果获得广泛认可的难度。因此，应建立多方利益协调机制，增加多主体在评估指标制定过程中的参与度和透明性，保障主体间沟通顺畅，形成广泛认可的绩效评估标准。

二、社区营造产出难以衡量

社区营造的产出成果一般分为两类：公共设施和公共服务。公共设施是有形可量化的物质产物，而公共服务则是无形且无法直接量化的产物，其质与量都缺乏确定性和可度量性，大多需要通过居民的主观感受进行评价。由于公共服务难以制定明确的衡量指标，因此，难以对社区营造绩效进行完全的定量分析。社区营造的绩效评估很难成为真正精准或实证的科学，反复验证观察或假设检验等自然科学研究方法也难以有效应用。即便能够量化社区营造绩效评价指标体系，也可能受多种因素影响，导致评价结论与真实情况存在偏差。例如，某社区针对孤寡老人开展慰问和关怀服务，服务效果难以直接定量化，很难客观评价服务成效，最终导致评估结果模糊不清。国际上的经验表明，可采用居民满意度调查、参与频次统计、后续跟踪访谈等间接方法，通过主观与客观指标的结合，尽量提高评价的科学性与准确性。

三、原则贯彻不彻底

社区营造绩效评估是以良好的成果为预期，因而在评价中暴露出的问题可以被人为地忽视或掩埋。这主要体现在社区营造绩效评估过程中存在的事前结果导向，部分治理主体担心绩效评估结果有损其形象，为了获得较好的结果，被评估社区会尽力表现得更为理想。评估程序的客观性和透明性均未得到体现。

---

① 陆军、丁凡琳：《多元主体的城市社区治理能力评价——方法、框架与指标体系》，《中共中央党校（国家行政学院）学报》2019年第3期，第89-97页。

在评估过程中，人为因素过多、评估准则不明确等原因，导致评估方法不够科学，丧失实效。例如，某地在环境美化项目评估过程中，由于评估时注重外表短期效果，部分社区为迎合评估标准临时整治环境，评估完成后环境很快恢复原状，影响了评估的真实性和可信性。因此，有必要完善绩效评估的公开监督机制，引入独立的第三方评估机构，确保评估过程透明公开，并加强对评估人员的培训与教育，提高其职业操守，避免人为操纵评估结果。

四、绩效评估体系难以健全和动态完整

完整的绩效评估体系构建与评估过程一般包含三个步骤：

第一，事前调查。在开展社区营造项目前，应做好事前规划，对整个项目制定相应的实施计划，并对评估对象进行初步的调查。

第二，事中监督。要确保绩效评估能够起到实质性作用，就必须做好对评估过程的动态监督，确保评估过程合法合规，通过内部行政化检查和对外数字平台公开来加强评估的监督与管理。

第三，事后反馈。在完成社区营造绩效评估后，应确保绩效评估结果能够真正得到有效利用，建立事后反馈追责机制，并将评估结果与预算申报相挂钩，使评估结果能够真正得到利用。

实践中常出现绩效评估体系制定后未能及时动态调整的情况。例如，某市在垃圾分类项目实施后，由于未及时更新评估指标，致使后期评估无法准确反映实际运行效果，影响了项目的持续改进。针对这一问题，应建立评估体系的动态反馈与更新机制，通过周期性的实时监测与反馈、及时调整指标体系，使绩效评估体系始终与实际社区需求保持一致，促进评估结果的应用和社区营造绩效的持续改善。

第七章 社区营造志愿者的培育和管理

《中华人民共和国国民经济和社会发展第十四个五年规划和2035年远景目标纲要》明确提出，要“加强社会工作服务机构和志愿服务组织建设，壮大志愿者队伍，搭建更多志愿服务平台，完善志愿服务体系，广泛开展志愿关爱行动”。社会组织发展和社区营造离不开志愿者的参与，我国社会组织与社区营造的发展，在很大程度上得益于志愿者队伍的不断壮大。志愿者作为一个群体，通过社会组织自愿地为社会公共利益提供服务，活跃于社区之中。在现阶段社区营造过程中，志愿者管理存在一些突出问题，志愿者的培育和管理机制也尚不健全，志愿者自身发展也面临诸多困境。因此，深入探讨社区营造中志愿者培育与管理的对策具有重要的现实意义。本章将围绕以下方面展开论述：社区营造中社会组织与志愿者的关系，志愿者的培育与管理方式，存在的问题及对策建议。

第一节 社区营造中社会组织与志愿者的关系

一、社区营造与志愿者的关系

党的十九大提出要加强社区建设工作，提升居民自治能力，充分发挥社会组织作用，构建适应性治理模式。社区营造关注“人、文、地、产、景”五大元素，重视对社区的赋权与自治，发现、挖掘、调动、整合和利用各种资源。社区营造要与志愿服务紧密结合，倡导自下而上的转变，推动社区志愿服务向前发展，使志愿者和居民充分发挥主观能动性和创造性，树立主人翁意识，推动社区有序、健康发展。为深入了解社区营造与志愿者的关系，以下对“志愿者”和“志愿服务”两个概念加以阐释。

（一）志愿者的内涵

“志愿者”一词起源于拉丁语*voluntas*，这个词的含义与“意愿”相近。国际社会中“志愿者”一词的使用最早源于人道主义战争援助，在很大程度上促进了国家或民族的解放。在和平时期，志愿者通过扶持弱势群体、消除贫穷，帮助维护全球和平与稳定的社会秩序。同时，他们在促进人与人之间和谐关系、改善社会风气方面发挥了积极作用。由于翻译方式不同，“志愿者”一词在中国内地、香港特别行政区和中国台湾地区的理解存在一定差异。在中国内地，该词被翻译为“志愿者”；在香港特别行政区，被翻译为“义工”；在中国台湾地区，仍称“志愿者”。研究发现，尽管不同学者对志愿者定义的具体内容有不同理解，在名称与概念的表达上存在差异，但本质内涵是一致的。其共同特征包括：志愿者是自愿而非胁迫提供服务的；其服务旨在公众利益，而非个人物质报酬；通常通过公共组织提供服务。我们认为，志愿者是指主动加入正规组织、积极贡献个人时间和能力，不寻求也无须任何物质回报，自愿提供服务、承担社会责任、追求公共利益的人。

志愿服务通过具体行动促进福利事业质量提升和社会进步，显然是奉献精神在人类社会中的具体体现。实践中，志愿服务主要呈现出自愿、利他、公益和无偿四种品质。目前，大量的志愿服务是在各种志愿服务机构中开展的，这些机构涵盖了众多慈善团体。通过分析这些理念，我们可以得出志愿服务的两个关键特性：一是开放性，理论上讲所有人都可加入；二是组织性。经过多年发展，我国志愿服务制度体系不断完善，民众对志愿服务需求日益增多，大部分志愿服务活动由专业化、规模化的志愿服务组织承接，不同类型的志愿服务组织在组织形式上呈现各自特点。

志愿服务有利于推动社会发展。从微观来看，志愿者自主选择并参与社会服务；从宏观角度看，志愿者通过参与志愿服务推动社会发展乃至人类文明提升。上述两个层面决定了志愿服务在形成规模的同时，也保持着一定的灵活性。因此，在我国建立志愿者制度过程中，应根据组织特点合理设计，发挥规模效应，同时尊重志愿者个人意愿，确保志愿活动多样性和参与的灵活性。

（二）志愿服务的内涵

目前，关于志愿服务的界定尚不统一，其深层含义往往因人群、地区和时代背景的不同而有所变化。在全球范围内，各国对志愿服务的理解存在差异：有些国家将其视为报酬极低甚至完全无偿的服务行为，也有国家强调志愿服务应以主动性为基本特征。在我国，志愿服务的定义则是“个人主动投入时间和精力不求回报，促进人类进步发展、社会进步和公益事业做出贡献的服务活动”[①]。尽管各国对志愿服务的理解不尽相同，但“低报酬”和“主动付出时间与精力”这两个基本要素已被广泛接受。

人类社会与文化的发展为志愿服务的产生奠定了历史基础。在文明早期，因生产力水平较低，人们主要依靠集体协作以求生存。在这一过程中，人们之间的关爱与互助逐渐形成了志愿服务的雏形。奴隶社会和封建社会时期虽然尚未形成明确的志愿服务概念，但随着社会结构的演进、生产力的发展和私有财产制度的确立，为志愿服务的萌芽提供了条件。在灾难发生后，一些底层民众会主动帮助身边的弱势群体。当然，这种慈善行为仅是个人自发行动，尚未形成制度化、系统化、组织化的实践体系，而更多地体现在儒家的“仁”和西方的“公民社会”等志愿服务思想的萌芽阶段。自春秋战国时代起，中国就倡导自我奉献的理念，如孟子提出了“老吾老以及人之老，幼吾幼以及人之幼”的思想。中国的这一传统美德延续至今。在人类社会的发展过程中，资源分配逐渐出现不均衡现象，在资源占有方面处于劣势的群体逐渐成为弱势群体。为了确保每个社会成员都能享有公平与良好的生活质量，“社会正义”的理念随之产生。工业革命后，人类的生产力实现了质的飞跃，社会分工日益精细化。对关爱弱势群体的强调促进了志愿服务的兴起。随后的几十年里，志愿服务在维护社会和谐、提供公共服务及社会保障方面发挥了至关重要的作用。我国改革开放以来，经济取得了巨大成就，人们对生活质量、价值观和精神生活的需求显著提升，从而促使参与志愿服务的人数逐年稳步增加。党的十八大以来，党中央进一步强调了弘扬志愿精神的重要性，倡导全社会广泛传播和践行“奉献、友爱、互助、进步”的志愿理念。党的十九大报告强调了进一步推动志愿服务

① 丁元竹：《为什么志愿机制是可能的》，《学术研究》2012年第10期，第56-60页。

制度化建设的重要意义，并将志愿服务体系化和长期可持续发展确定为我国新时代志愿服务事业发展的核心目标和战略任务。

对于每一个自愿投身公益的人，志愿服务不仅体现了他们的内在价值，实践了生命的意义，更展现出人性的光辉。对此，可以从两个角度进行探讨。首先，志愿活动在提升社会福利方面发挥了积极作用，使志愿者的生活经历更加丰富多彩，让他们有机会进一步提升自身能力，同时深化他们对个人与社会价值的理解。大学生志愿者可以通过积累志愿服务时数实现某些个人目的，例如提高学分、申请保研或入党；社会人士也可通过参与志愿服务提升自身的知名度、扩大交际圈或塑造良好的个人形象。在欧美等西方国家，志愿服务可以帮助志愿者获得就业机会，从而获得经济收入等方面的收益。其次，通过参与志愿活动履行社会责任，既能满足人的精神需求，又能培育献身精神与社会责任感。志愿服务能够满足人类对美好精神世界的追求，有助于引导志愿者修正行为偏差、提升道德素养，展现人性的至善、至纯、至仁、至美，净化其精神世界，提升精神境界。根据马斯洛的需要层次理论，人们在物质、安全等基本需求得到满足后，会进一步追求精神需求，而志愿活动正好能够满足这种需要。

志愿服务在塑造社会资本方面所扮演的角色不可忽视，通过志愿活动形成的连接网络有助于人与人之间友谊与团结的建立。社会资本通过推动共同活动以提升社会整体利益。罗伯特·D.帕特南（Robert D. Putnam）指出，构建社会资本的三个主要元素分别是信任、规范和网络。他认为，社区的富饶并不仅因为多元化，而是出于其公众精神；习俗和公众参与所展现的社会资本，显然已成为经济发展和政府高效运作的基础；社会资本重在通过积极的互动来增加人们之间的信任；在社区生活中强调信任和互惠的价值理念，注重互相尊重等社会行为规范的标准①。社会资本在提高社会效率与整体秩序、塑造稳定高质量的社会联系，以及促进经济繁荣与社会和谐方面均发挥着关键作用，而志愿服务正是社会责任感和社会凝聚力的重要培育途径。社会资本的形成与发展，也取决于志愿组织所提供的服务。

志愿活动为社区创造了丰富且具有影响力的直接社会经济价值。根据萨

---

① ［美］罗伯特·D.帕特南：《使民主运转起来》，王列、赖海榕译，江西人民出版社，2001，第195-200页。

拉蒙对22个国家进行的研究，社会组织已经成为一种重要的经济驱动力。在非营利部门中，吸引了大量从业人员。22个国家的社会组织构成了规模达1.1万亿美元的行业，并拥有近1900万名全职从业人员。志愿活动能够有效填补政府与市场力量覆盖不足的公共服务领域。志愿活动通过整合社会资源、协调各领域的分工，为社会提供多样化服务，以满足多元化需求。这其实是一种资源再分配的形式。通过这种再分配，可以实现资源的公正分配。这对社会经济进步起到了推动作用。

可见，志愿者开展的服务不仅能为社区提供实质性服务，还能协助社区构建社会资本，增强凝聚力，更有效实现社区营造目标。

二、社会组织与志愿者的关系

在社区营造过程中，社会组织的顺利运作不仅取决于组织的专职社会工作者，也有赖于他们招募的志愿者，因为志愿者是志愿服务的主要参与力量。我国社会组织得以快速发展，志愿者持续不断提供公益服务功不可没。志愿者愿意奉献自己的精力、时间、知识和财力，为有需要的人提供无偿服务，其志愿行为一般基于利他动机和对社会认可的期待。大部分国家和地区都将志愿活动视为一种组织化、制度化的行为，即志愿者在特定机构的注册、培训、评估和监管下，以有组织的方式为社区提供无私援助。志愿服务被视为一种为社会和公益事业奉献的服务形式。志愿服务的普遍性和成熟性通常可以反映社会的发展水平。王名强调，志愿者是社会组织的核心，推广志愿者的服务精神不仅为社会组织的发展输送了宝贵的人才资源，也对提高人的行为品行、促进社会文化的进步产生了积极的推动作用[①]。

志愿者与社工一样，均属于社会组织的成员，都有参与社会组织的需求。与社会工作者相比，志愿者的优势在于服务范围更广，方法更灵活，适应性更强，能更有效地克服人力、资源和信息的限制，更贴近个人的需求，对社区营造工作的成功起着重要作用[②]。中国传统道德中的“助人为乐”“乐善好

① 王名：《社会组织管理概论》，中国人民大学出版社，2003，第39页。

② 徐海燕：《志愿者参与公共应急管理机制的现状及改进》，《西部学刊》2021年第5期，146-151页。

施”，以及长期推崇的“雷锋精神”，通常表现为个人行为，而志愿者更强调组织和团队力量，注重通过社区组织开展志愿服务。志愿者进入社区组织，意味着个人的善意从零散的个体行为转变为有组织的集体行动，聚集善意旨在实现善意效果的最大化。根据梁枫的观点，“如果没有经过注册或登记，那么即便已经投身到志愿服务活动中的人，还是不能被视为具备真实法律意义的志愿者”。通过对志愿者的确认和登记，社会组织才能更便捷地策划连续性活动，节省投入资源，并合理保障志愿者的合法权益。梁枫从法律的角度分析了社会组织和志愿者之间的联系，认为他们应形成一种民事关系，即一种独特的契约关系。只有建立这样的关系，双方才能明确各自的权益和责任①。然而，在实践中，各方权利义务关系常常不够平衡，与作为社会组织专职员工的社工相比，志愿者通常难以享有应有的权利，这种权责失衡造成了志愿者的困境。

因此，在社区营造过程中，社会组织积极培养和管理志愿者，可壮大自身的志愿力量，并通过激励各领域人员充分发挥专业优势，建立完善的志愿者管理标准，提供有效的社区营造策略。在此过程中，社会组织可创新社区营造模式，激发居民的主动性，挖掘和发挥居民自身的能力，从基层收集反馈建议，调整社区规划，并促进政府与居民之间的有效沟通。可见，培育和管理志愿者成为社会组织参与社区营造过程中必不可少的一环。

第二节　社区营造中志愿者管理和培育的方法

一、社区营造中志愿者志愿服务的动机及培育策略

（一）志愿者志愿服务的动机

推动社区志愿活动，对于构建和谐社区乃至和谐社会具有深远意义。国内外对社区志愿服务及其驱动力的研究广泛且深入。社区志愿服务模式最早

① 梁枫：《志愿的力》，发展交流网，2022年8月16日，http://wmr.ngocn.org/Article/ShrnrArticle.asp?ArticleII=959.EB/0I。

可追溯到西方的“邻里友好运动”。1981年，霍顿-史密斯（Horton-Smith）提出了包含利他主义与利己主义两大范畴的志愿者动机模型[①]。到了1991年，拉姆·A.克南（Ram A. Cnaan）与罗宾·戈德堡-格伦（Robin Goldberg-Glen）提出青年志愿服务真实的驱动因素，实际上是利他主义、利己主义和社会动机的融合[②]。我国学者在引入西方社区志愿服务的相关理论、研究其演变历程的同时，将其与我国社会建设、社会治理、社区营造的实践相结合，对公共精神的培育、参与式民主（协商民主），以及社区志愿服务与公众社会的联系做了深度剖析[③]。在这一过程中，他们致力于厘清我国社区志愿服务的价值所在。在志愿服务动力的研究上，谭建光认为：“利他的驱动力来自无私奉献和造福社会，而利己的驱动力则源于个人精神的充实和展现个人才能。”[④]显然，志愿服务需要投入大量时间、资源和精力，却几乎没有物质回报。那么，人们为何愿意成为志愿者？这就涉及志愿者的服务动机问题。志愿者参与服务的本质驱动力源于他们对志愿服务的需求感、认同感与热爱，这种内在力量促使他们积极投身于志愿服务。这种驱动力有助于推动志愿服务的发展。志愿服务能够持续开展的关键，在于志愿者具备稳定的服务动机。同时，共情能力、同理心、助人倾向等亲社会性格因素，对服务动机与服务持续性的关系也起到了调节作用。

志愿服务的根本在于动机，然而研究发现，志愿者的动机存在极大的差异性和复杂性，因此，这成为志愿服务研究中最为棘手的问题之一。

如表7-1所示，派恩斯（Pines）通过调查数据发现，志愿者参加活动的动机不仅仅出于无私奉献。他指出，志愿者行动的激励机制有两方面：一是内在的满足，包括从志愿活动中得到的满足感、成就感和应对挑战的兴奋感；二是

---

① Horton-Smith, D., “Altruism, Volunteers, and Volunteerism,” *Journal of Voluntary Action Research* 10(1981): 331–332.

② Clary, E. G., & Snyder, M. “The Motivations to Volunteer: Theoretical and Practical Considerations,” *Current Directions in Psychological Science* 8, no. 5(1999): 156–159.

③ 巨东红、康凯：《志愿者参与社区志愿服务的动机及行为分析》，《山西农业大学学报》（社会科学版）2016年第3期，第215–219页。

④ 谭建光：《深圳青年志愿者的个案研究》，《中国青年政治学院学报》2004年第6期，第52–55页。

外在的回馈，这是指组织会为志愿者提供的福利[①]。

表7-1　志愿者心态与志愿服务动机[②]

选项	频数(人)	频率(%)
帮助有需要的人	535	62.3
热心公益，做有益社会的事	484	56.3
消磨空闲时间	70	8.1
因为宗教信仰	19	2.2
让人生更有意义	202	23.5
增加工作经验、社会经验	119	13.9
有助于以后找工作	20	2.3
让自己的技能用于做好事	111	12.9
想多结识些朋友	87	10.1
这是我的社会责任	69	8
发挥潜能，了解自己长处	40	4.7
有成功感和满足感	76	8.8
精神文明建设的需要	44	5.1
必须参加的共青团的活动	11	1.3
受自己的亲友影响而参加	48	5.6
其他原因	6	0.7

志愿者为何参与社区公益服务活动？综合诸多学者观点，志愿服务的动机主要包括以下几个方面：

第一，利他主义动机。这类动机并非期待回报，而是源于自愿承担社会责任，期望从事有益于社会进步的活动，并从中获得精神满足。

---

① ［美］派恩斯：《公共和非营利性组织的人力资源管理》，王孙禺译，清华大学出版社，2002，第206页。

② 谭建光：《深圳青年志愿者的个案研究》，《中国青年政治学院学报》2004年第6期，第52-55页。

第二，利己导向动机。主要指参与志愿服务是出于对个人利益的关注。从经济学视角看，每个决策行动背后都隐藏着对回报的期待。如果实际获得的利益超过了期待，人们便会有采取行动的驱动力，这种情况也同样适用于志愿服务。因此，这里说的“利己”是一个中性词甚至可以是褒义词，它专注于实现自我，以志愿行为来获得社会的肯定，从而得到自我价值实现的满足。

第三，受影响型动机。志愿者可能深受家庭、亲戚、朋友和教师的影响，也可能受党和政府号召的影响，从而参与志愿服务活动。

第四，社会型动机。这类动机的志愿者希望通过参与社区志愿活动拓展社交网络，常以结交新朋友并投入时间的方式实现。

上述四类动机划分仍较为粗略，现实中志愿服务动机更加复杂和多样。例如，韩国以往开展的志愿服务动机调查显示，有部分志愿者出于税收减免或迫于雇主压力而参与志愿活动。此外，在美国，一些富裕群体为降低甚至规避税收进行大量物质或现金捐赠。这类行为虽被视作志愿服务的“灰色地带”，但不可否认的是，利他主义仍是志愿服务最普遍、最主要的驱动力。

需要特别指出的是，尽管我们基于研究目的将志愿服务动机作出分类，但实际情况下，这些动机并非完全独立，而是相互交织。例如，表面看似纯粹利他的行动可能含有自利的因素，而利己动机也可能蕴含一定的利他因素。简单的动机理论难以全面揭示志愿服务的本质，因为志愿者动机往往复杂多样且相互影响。因此，为了实现有效管理，必须深入理解和妥善引导志愿服务动机的复杂性。

（二）志愿者参与志愿服务的培育策略

为鼓励社区居民积极参与志愿服务，促进社区志愿工作的提升，在分析志愿服务动机、行为及其影响因素的基础上，提出如下促进社区志愿服务发展的策略。

第一，尽力推广志愿服务理念，科学合理策划志愿服务活动，呼吁大众积极参与社区志愿服务[①]。积极倡导并践行志愿服务精神，激励热心公益的志愿者以更高热情投入社区志愿活动。具体的理念推广可以通过以下两种途径实现：

---

① 巨东红、康凯：《志愿者参与社区志愿服务的动机及行为分析》，《山西农业大学学报》（社会科学版）2016年第3期，第215-219页。

首先，通过报告会、培训、家访等多种形式宣传志愿服务价值，增强社区居民的参与意愿与荣誉感，推动其将志愿参与意愿转化为实际行动；其次，基于社区和服务对象的需求，以大数据技术为支撑，科学合理规划和设计志愿服务项目，开发有助于扩展人际交往、提升个人社交能力和改善社区氛围的志愿服务项目，从而更精准、高效地推进志愿服务的可持续发展。

第二，建立完善的激励机制，提升志愿者参与社区服务的积极性。研究表明，获得肯定和认可能够显著增强志愿者的服务意愿，影响组织运行的多个层面：增强志愿者的长期服务意愿，提升志愿服务团队的吸引力，构建信任网络，增强组织的变革接纳度，提高监督效能，促进个人成长，增强团队协作能力。例如，美国各级政府通过提供资金支持、建立长期合作关系及给予志愿服务经历在升学、就业、晋升等方面的优惠政策，已有效促进了志愿服务的普及化和社会认同度。

第三，激发志愿者内在主动精神，推动志愿者团队由外部管理转向自主治理。志愿活动的规范化和持久性实施需要团队精神和志愿者的自主管理能力。因此，首先应培训社区志愿者领袖，使其具备系统组织社区活动、提升居民综合素质的能力，从而吸引更多具备热情、组织能力和奉献精神的居民成为社区志愿活动的核心领导者；其次应着重培养社区志愿服务团队，推动分层式、分布式的社区治理模式，逐步弱化政府主导，转向居民自我管理，通过志愿服务精神凝聚社区力量，不断强化志愿团队的自主治理能力。

二、社区营造中志愿者管理的方法

（一）志愿者管理的重要性和独特性

自西奥多·W.舒尔茨在《人力资本投资》中首次提出“人力资本”的概念[①]，资本的定义得到了更广泛的理解，人力资源的重要性及投资带来的益处在全球范围内日益显著。志愿者作为社会组织特殊的人力资源，其管理却长期未得到足够重视。许多社会组织管理者误认为志愿者无须管理，导致志愿者管理长期缺位，致使组织效率低下、人员流失严重。因此，引入系统的人力资源管理在社会组织的运作过程中尤为必要。

① 孙金旭：《非营利组织的志愿者管理》，硕士学位论文，山东大学，2006，第15页。

尽管志愿者管理借鉴了企业的人力资源管理方法，但因志愿者的特殊性而不能完全复制企业管理模式。与企业雇员不同，志愿者更多出于责任感、信念和使命感，而非经济利益驱动。因此，社会组织需要特别注意志愿者的以下特质：

自愿性：志愿者行为基于自身意愿，而非外部强制。

非营利性：志愿服务以非营利目的为核心，注重公共利益。

资源自我投入：志愿者需自愿投入个人知识、时间和精力。

公益导向：志愿服务以实现公共利益为首要目标。

这些特质要求社会组织在进行志愿者管理时，必须充分考虑并尊重志愿者的人力资源特性，避免人力资源的浪费和滥用。

（二）志愿者管理流程

志愿者管理是一项复杂的微观管理过程，从个体产生志愿服务的动机，到加入志愿者团队提供志愿服务，最终产出社会效益（见图7–1）。

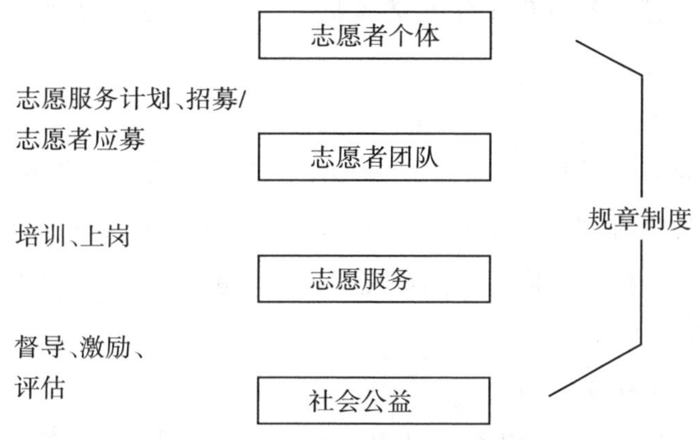

图7–1　志愿者管理流程

管理志愿者的过程涵盖了很多任务，例如，志愿者的规划、招募志愿者、进行志愿者的面试、进行志愿者的培训、对志愿者的监督和评估，以及激励志愿者等。从志愿者招募开始，应严格执行志愿者管理[①]。朱丽亚认为，志愿者的面试是志愿者招募流程中的一个环节，工作分析是工作计划过程中的一

① 朱丽亚：《中国非营利组织志愿者管理指南》，温洛克民间组织能力开发项目《温洛克非营利组织管理参考资料系列》，2005，第18页。

部分。所以，可以精化志愿者管理流程为：计划→志愿者招募与甄选→培训→评估→激励。

1.计划

计划是志愿者管理的基础环节，包括需求分析、明确服务目标、工作分析，以及制定工作说明手册。

（1）需求分析

志愿者组织应首先全面分析自身对志愿者的需求，包括所需志愿者的数量、年龄、专业技能与经验，并明确志愿者将参与的具体项目与服务内容。

（2）明确服务目标

组织需明确开展志愿服务的目标与预期效果，包括招募动机、服务职责范围、志愿者的技能要求、服务方式、服务区域及相关经费预算等。

（3）工作分析

明确界定每项志愿服务工作的具体内容和职责，避免职责模糊或职责重叠的问题。具体包括识别各项工作的基本要求、执行方法、所需的知识与技能，以及预期完成的目标。

（4）岗位说明书制定

一份完整的岗位说明书应至少明确四项内容：①志愿服务的具体工作职责及任务；②志愿者在岗位上的自主权范围；③志愿者需实现的具体服务目标；④绩效考核的评价标准。同时，岗位说明书应保留适度弹性空间，避免工作描述过于死板而影响实际操作。

2.志愿者招募与甄选

志愿者的招募与甄选过程旨在从申请者中遴选出最符合组织需求的人员。

（1）制定选拔标准

组织需明确志愿者岗位的基本要求，包括职责范围、必备技能与时间投入要求，确保志愿者的兴趣与岗位匹配。

（2）明确招募方式

志愿者的征召办法主要包括暖身征召、定向征召（即精准招聘）和同心圆征召三种核心模式。选用何种征召志愿者的策略由具体的情况决定。

暖身招募方式适用两种情况：一是短时间内需要较多的志愿者（如某一特

殊事件）；二是经过简单培训就能完成的工作，专业性不强，不需要特别的资质。暖身招募的基本方式包括：分发宣传材料、张贴海报、利用媒体（如杂志、报纸、电子媒体等）、口头沟通、广告和演讲等。

定向征召（即精准招聘）是指当招募目标岗位需要具备特殊技能或独特特质时的一种极佳的招募方式。这种方式常用于寻找具备特殊技能或者特定属性的志愿者，如心理咨询师和法律专业人士等。在进行定向征召时，需注意四个核心问题：什么类型的志愿者是组织的招募目标？应该去哪里找到这些志愿者？怎样有效接触这些人？激励他们的最佳方式是什么？

同心圆招募法的指导原则是通过志愿者来推动亲友参与志愿活动，称之为“熟人招募法”。同心圆招募法的招募对象是已经与该组织产生关联的人群，包括受该组织问题影响的公众，以及处于志愿活动周边的人。这种招募方式效率较高且更易形成稳定的志愿者网络。

（3）制定甄选程序

志愿者的甄选程序与企业招聘流程相似，包括材料审核、面试、技能测试、心理测评及模拟情境考察等环节。甄选流程必须严格按照以下四个准则执行：志愿者必须具备专业知识、技能和动力；志愿者与组织文化与工作要求相匹配；把志愿者安排在他们能胜任并可以贡献的适当职务上以满足服务动力；志愿者需要有足够的时间来完成他们的职责。

甄选环节通常包括：①向候选人提供详细的组织介绍与岗位要求手册；②候选人填写个人资料表并明确意愿；③由组织内部成立甄选委员会对候选人进行初步筛选，结合资料进行面试；④最终确定录用人选，并正式告知结果。

（4）发布聘任通知

一旦达成一致意见，组织应与志愿者签署志愿服务协议，明确双方职责，但该协议应强调合作性而非法律约束。

3.培训

志愿者培训是吸引和培养志愿者的关键环节。志愿者参与组织培训的目的是提高自身知识和技能，以更好地完成志愿服务，并实现自我价值。因此，组织的培训可同时实现提升志愿服务质量和满足志愿者自我期待的双重目标。

常见的志愿者培训方式主要包括以下三种：

（1）入职培训

入职培训的目的是帮助新加入的志愿者理解组织的使命与目标，熟悉组织的操作方式、工作习惯、任务性质和业务细节，掌握岗位必需的知识和技能，以便迅速投入志愿服务。培训内容主要包括组织的起源和使命、宪章、志愿者的岗位职责、工作环境和团队成员基本信息。刘海萍认为，可以采用举行欢迎会的方式，对组织的工作流程、建设状况、发展策略、服务领域等事项进行概括性的解释，帮助志愿者更快地适应环境并尽快融入团队[①]。此外，也可通过微信公众号、微信群或短视频等网络工具传播培训内容，使志愿者能够随时随地灵活观看，进一步节省培训时间和成本。

（2）在职培训

对志愿者开展在职培训是社区组织的重要职责，这有助于志愿者知识和技能的提升与发展。成功的社区组织管理者会注重与志愿者建立密切关系，并为他们提供持续成长和学习的机会。在职培训的流程主要包括：第一，评估志愿者培训需求；第二，确定培训目标与计划，包括短期、中期和长期目标，并定期进行调整；第三，开展培训，通过专题讲座、实践训练、专家指导和现场实践，提升志愿者的技能；第四，对培训效果进行评估，通过前后对比志愿者绩效表现，适时调整培训内容。

（3）非内部训练

非内部训练指志愿者参加所在组织以外的培训，如由其他组织或专业机构举办的论坛、研讨会、培训课程，也包括志愿者的个人继续教育活动。组织提供非内部培训的原因主要有两个：一是组织自身培训资源有限；二是希望促进志愿者之间的沟通和交流。非内部培训既能帮助志愿者拓展人际网络，也能汲取其他组织的成功经验，对志愿者持续提升自我发展具有重要作用。

4.评估

志愿者绩效评估是社会组织对志愿者工作过程、工作成果及其社会影响的

---

① 刘海萍：《非营利组织管理——高校馆对志愿工作者（义务馆员）管理的启示》，《高校图书馆工作》2003年第1期，第47-49页。

综合评价过程。然而，志愿者工作的价值评价具有敏感性和复杂性，社会组织在进行志愿者评估时往往表现出勉强或抵触情绪。在公共机构和非营利机构中，不论是被评价的人还是评价者，对于参与评价活动一般都抱着一种不情愿的情绪[①]。因此，理解志愿者服务评估的核心目的至关重要。

志愿者评估的主要目的是提升服务质量并激发志愿者的工作热情。对于管理层来说，评估不仅能够传达组织愿景，也是确定志愿者奖励的重要依据。对志愿者而言，评估则有助于他们进行自我反思和他人认知，发现不足、明确改进方向，进而更好地发挥潜能，不断提升知识技能并保持积极的服务精神。同时，评估也能帮助组织明确志愿者知识与技能上的不足，为组织有针对性地完善服务内容和设计培训计划提供依据。

实践表明，志愿者绩效评估系统存在的主要问题在于评估的有效性和可靠性不够高。要解决上述问题，关键在于选择合适的评估方法。社区组织可以借鉴企业领域中较为成熟的评估经验，结合志愿者的特性，采用360度评估法。这种评估方法包括五个方面的评估：

管理人员评估：这是最常见的方式，由直接主管根据志愿者的工作表现进行评价，但该方式主观性较强。

自我评价：志愿者对自己的表现进行审视和评价。一般采用调查问卷方式，志愿者根据自己的服务角色进行评分，从而发现自身表现与预设目标之间的差距，明确需要改进的方向。

同事评价：同事间日常工作接触紧密，对彼此工作表现有深入了解。但需要注意的是，由于关系亲密，这种评价容易受到个人感情的影响，甚至可能出现主观偏差。

服务接受者评估：通常通过问卷调查，由服务对象对志愿者服务状况进行评价。这种评价容易受到服务接受者个人标准的影响，结果可能出现较大差异，但总体上客观性较高。

其他相关人员评估：除上述主体外，其他相关人员，如机关干部、行业专家、专业志愿者等也可参与评估，这些主体的评价通常可信度较高。

---

① ［美］派恩斯：《公共和非营利性组织的人力资源管理》，王孙禺译，清华大学出版社，2002，第213页。

5.激励

激励通常分为物质激励与精神激励两种形式。实施合理的激励策略，营造和谐的工作氛围，有助于满足志愿者的内外需求。激发志愿者积极性的方式多样，包括实质性的物质奖励与精神上的鼓励。物质奖励通常能迅速见效，但若想维持长期的积极性，则必须辅之以精神激励。对组织有贡献的志愿者，应及时予以表彰。

激励时需注意以下几点：激励的时间应该尽可能地接近志愿者接受认可的时间，激励应该是真诚的、发自内心的，激励表扬的目的应该诚实地陈述，最好是在志愿者的团队面前①。

鼓励志愿者的方法多种多样，但应遵循以下原则：对志愿者的感谢与奖励应采取多种明确的形式；设定清晰的评估标准，对表现突出的志愿者给予认可和表扬；合理提供工作补贴（如餐费、交通费）及其他福利，如保险和心理咨询服务等。

激励措施中资金使用应适度。理论上，奖惩机制应并行，但考虑到志愿者的无偿奉献精神，对志愿者不宜施加过多批评或惩罚，如何构建更有效的激励与反馈机制仍需进一步探索。需要强调的是，激励志愿者并非一次性行为，而应作为管理循环系统的一部分持续实施。

总而言之，志愿者管理是一个持续循环且不断优化提升的动态过程（见图7-2），它通过精细的计划来明确志愿服务需求，然后经过招募与甄选确定符合条件的志愿者，再通过系统化的培训提高志愿者的服务能力与积极性，之后利用科学的评估方法检验志愿服务的效果，最后以激励机制保持和增强志愿者的参与热情与忠诚度；通过这些环节的不断循环与反馈，逐步实现志愿服务的高质量与可持续发展。

① 朱丽亚：《中国非营利组织志愿者管理指南》，温洛克民间组织能力开发项目《温洛克非营利组织管理参考资料系列》，2005，第20页。

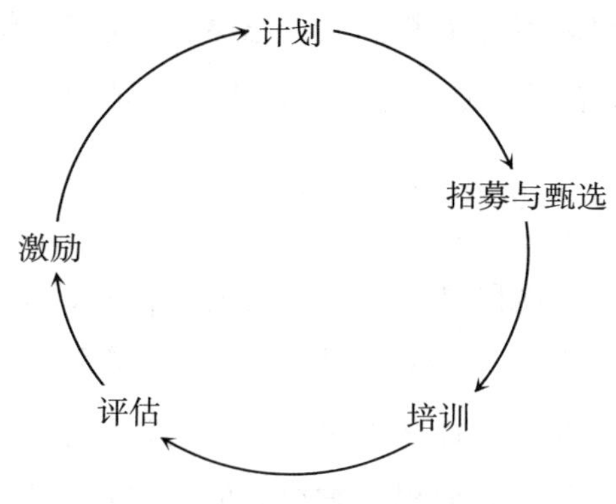

图7-2 志愿者管理循环[①]

第三节 社区营造中志愿者培育和管理的现存问题

在社区营造过程中，社区既是居民发展的重要阵地，也是政府采购社会组织服务以推动社区发展的重要载体。社会组织在致力于社区营造时，非常重视志愿服务，通过培养核心志愿者队伍并扩大志愿者群体，促进社区服务的普及与规范，助力社区的持续发展。志愿者既发挥着凝聚社会力量的关键作用，又是服务的直接受益者，二者形成一种相辅相成的动态关系。具体来说，社会组织主要负责项目的研究、规划、设计，以及活动的组织实施；志愿者则利用自身的社会网络优势提供重要支持，协助项目顺利开展，成为联结社会各界的重要纽带。通过这样的协作，社会组织与志愿者实现了彼此促进、共同推动事业发展的目标。社会组织往往通过集体的形式开展志愿服务，例如，组织文化娱乐活动、知识讲座等。

从服务的专业化程度来看，目前志愿服务普遍以较简单的基础性工作为主，如体力劳动或基本技能服务，而涉及较高专业性的心理咨询、医疗救护等服务则相对不足。从服务的持续性角度看，社区志愿服务往往以短期活动为主，缺乏长期规划与稳定性，导致志愿服务的连续性和效果难以保证。

---

① 朱丽亚：《中国非营利组织志愿者管理指南》，温洛克民间组织能力开发项目《温洛克非营利组织管理参考资料系列》，2005，第17-20页。

随着社区社会组织规模的不断扩大，志愿者管理正面临越来越多、更为复杂的挑战。具体而言，社区营造中志愿者培育与管理面临的主要困境如下：

一、志愿者培育不足和参与度不高

在社区营造过程中，居民既是社区发展的受益者，也是必不可少的参与主体。因此，社会组织应积极培育社区内外的志愿力量，推动社区自治和发展。然而，现实中社会组织发现，社区居民对社区的认同感不够强烈，对社会组织的了解也比较有限。因此，如何提升志愿者的参与热情与积极性，成为社会组织亟待解决的重要问题。具体而言，志愿者培育不足和参与度不高主要体现在：

（一）志愿者成就感不足

志愿者流失的原因十分复杂，但缺乏自我实现感是重要因素之一。根据“双因素理论”，若能在满足基本条件的基础上，通过认可、成长机会、责任担当等激励因素，增加志愿者的成就感和满意度，则能有效降低流失率。但在现实中，很多的志愿者感到自身价值被低估，例如，他们可能认为当前的服务内容不能满足自身期望，或缺乏学习与成长的机会，造成参与积极性下降。

（二）社会组织缺乏志愿者培育与管理能力

首先，志愿者管理方式不合理。组织规划不清晰和任务安排繁杂导致部分志愿者不堪重负；其次，志愿者能力与岗位要求不匹配，有的组织过度使用志愿者资源，导致人才流失；再次，组织内部存在摩擦，包括专职人员与志愿者之间，以及新老志愿者之间的矛盾，影响志愿服务整体效率；最后，缺乏有效的志愿者职业发展规划，导致志愿者难以获得成长空间，最终选择退出。

二、志愿服务立法缺位

当前，我国尚未建立起完善的法律法规体系和管理机构，以有效保障志愿者权益。在社区营造过程中，志愿服务法规缺失同样对志愿服务工作产生不利影响，主要体现在以下几个方面：

（一）志愿服务法规制度不健全

我国现有法律法规在保护志愿者权益方面存在明显不足，使志愿者在遇到困难时往往只能依靠个人的良知和道德约束。由于这种系统性缺乏的存在，一旦问题出现，志愿者的善意行为容易受到冲击，甚至可能引发社会“信任危机”。截至目前，我国尚未出台全国统一适用的志愿服务法律，仅广东、山东、南京等少数地区出台了涉及青年志愿服务的地方性法规。然而，这些地方性法规在规范志愿者行为和约束不当志愿活动方面的效力有限。在志愿服务领域，除《社会团体登记管理条例》等社区组织登记管理法律规定外，缺乏规范志愿者具体行为的法律依据，实际操作缺少法律指导。法律制度的不健全显然对志愿者的深入动员产生了严重的负面影响，也削弱了志愿意识和志愿精神的培育。

（二）缺乏相关法律文件以保障志愿者的合法权益

志愿者在社会中的作用日益突出，但其合法权益往往缺乏有效的法律保护。我国目前尚未制定针对志愿者报名、招募与培训等环节的专门政策。在人身安全、医疗保险等方面，也缺乏明确的制度性规定。因此，我国在志愿者法律保护方面的力度仍然不足，有待进一步完善与加强。

在一些特殊时期，志愿者多次遭遇暴力事件，如2021年8月江苏省泰州市、河南省郑州市的志愿者被殴打事件，以及2021年2月黑龙江省呼兰市志愿者遇害事件。这些案例凸显了当前志愿服务领域法律保护的缺失，严重影响了志愿者的人身安全和服务积极性，亟须完善相关法律。虽然已有条例规定，对暴力对待防疫工作人员的行为将给予五到十日的行政拘留，以及二百元到五百元的罚款，但对于情节较轻的违法行为，仅处以五日以下行政拘留或五百元以下罚款。而且，这些处罚规定仅限于保护承担防疫管理职责的志愿者，对其他领域志愿者的保护尚未涉及，这凸显了志愿服务领域法律保护的不足。除人身安全问题外，志愿服务其他领域的权益保障状况也不容乐观。志愿服务过程中，志愿者与服务对象的权利义务界定不清晰，导致部分志愿者误认为志愿服务仅是慈善活动，部分服务对象则将志愿者视为无偿劳动力，这种观念上的偏差影响了志愿服务的良性发展。

三、社会组织的志愿者管理能力不足

在社区营造过程中，社会组织的志愿者管理能力不足主要表现在以下两个方面：

第一，社会组织缺乏专业的志愿者管理人才。根据社会组织人力资源的组织方式与角色性质，可将一个组织粗略地划分为指导级、监督级和执行级三个核心层级。领导者的核心职责主要涵盖策划、整合、导向、监管和根据人才特性任用五个方面。如何有效管理志愿者，提高组织绩效，让他们实现自我提升，使组织的各项工作高效开展，已成为社会组织管理者面临的重要课题。

我国的志愿服务管理专业化水平总体来看仍不理想。彼得·F.德鲁克（Peter F. Drucker）指出，将专业智能融入每日任务是每个组织的目标和职责。当前，我国社会组织在志愿者管理中较缺乏职业性，存在随意性较大的问题，特别是在工作计划、人员招聘、培训、评价和激励等环节长期缺乏稳定的制度、流程和规定，志愿者的运用和管理未能充分规范化，影响了志愿者管理机制的有效运行。这些问题直接影响着社会组织志愿服务工作的开展和组织目标的实现。许多志愿服务具有很强的专业性，例如在医学、法律等领域，志愿者的专业水平直接影响其工作表现。值得注意的是，虽然社区组织缺少专业人员，但在人员配置上经常出现资质过高的志愿者或各类志愿者未考虑自身职业因素的情况，由此存在志愿者流失的风险。

第二，社会组织缺乏志愿者知识的积累和创新。约瑟夫·熊彼特（Joseph A. Schumpeter）于1912年首次阐明了“创新”作为经济学的理论概念，他在其《经济发展理论》中将“创新”定义为“生产函数的转变”。他进一步强调，创新是推动经济发展的核心力量。他发现，企业家可以通过创新产生更多的财富，发现新的资源，或通过有效利用现有资源来增加财富。但是，创新也带来了高度的不确定性。为了应对这种情况，野中郁次郎（Ikujiro Nonaka）提出，在这样一个不确定性是唯一确定的经济环境中，知识无疑成为组织获取持续竞争优势的关键。相应地，虽然社会组织处于技术革新的浪潮中，但创新动力和意识相对较弱。这主要是因为，在这些社会组织内，似乎并未形成明确和直接的利益相关性。特别是在社区营造过程中，社会组织缺乏志愿者培育和管理方面知识的学习、积累和创新，也缺乏相应的理论支持，因此，逐渐形成行动障碍，导致志愿者培育和管理工作难以取得进展。

四、志愿服务具体管理问题凸显

健全有效的管理是提高志愿服务绩效的关键。在社区营造过程中，社会组织在管理志愿者方面存在以下问题：

（一）志愿者管理的评价机制薄弱

伴随志愿服务业务的发展，创建科学合理的志愿服务评估体系的紧迫性日益凸显。如何建立适应志愿服务发展的评估体系，这是政府管理、引导和规范志愿服务业务顺利开展的关键依据。当下，我国在社区营造方面的志愿服务评估体系还相当薄弱，这对志愿服务可持续发展产生不利影响。

（二）调动志愿者志愿服务积极性的激励机制单一

仅凭奖励措施难以有效吸引志愿者，单一的激励机制制约了志愿者的主动性、积极性和创造性，这不仅影响了服务效果的提升，还可能引起志愿者的流失，甚至导致一些服务项目的终止。导致志愿者数量减少的关键因素主要包括：缺乏吸引力强的志愿服务项目，志愿服务中心的号召力有待提升，志愿服务机构需要提供更多的发展机会，需要建立支持志愿者成长的机制，公众对志愿服务的认可度需要进一步提高。境外志愿服务的激励机制非常具体多样，在实践中也非常有效，包括学习培训机会、周边企业购物折扣、周边活动折扣等，这些都是值得研究和借鉴的。

（三）管理机制过于重视志愿服务时间和次数

在社区志愿服务领域，通常对志愿者有一个普遍的星级评价体系，服务时间的积累是评价的本质，甚至是唯一标准。以时间为导向的根本问题在于，这种评价体系没有考虑到服务时间向服务效率的转化，即没有注意到志愿服务产生的整体效果，而是把时间积累作为志愿者效率的唯一表现。与时间维度一样，志愿者的服务数量也是识别社区志愿服务活动的重要标准，有一种流行的认知偏差，即服务数量多意味着服务活动质量好。总体来看，目前社区志愿服务成功的关键指标是“数量众多、持续时间长、规模显著”，这种评价策略导致考评发生顺序颠倒，量先于质、重于质，从而导致一个倾向于量化的志愿服务的导向及态度。对数量的重视常常对过程和结果的质量造成负面影响，使得人们难以或不能从他们的工作中找到意义和满足感。对数字的过度迷恋往往会掩盖事物最真实、最生动的方面，特别是当一项本应富含复杂情感和价值的活动只是呈现为统计学上的片面和平坦，我们感受到的志愿更可能是一种模糊而温暖的情感[①]。

第四节　社区营造中志愿者培育和管理的对策建议

推动志愿服务在社区营造过程中不断发展，有助于发挥共建共治共享治理理念下的社区资源优势，激发居民参与热情，增强对社区公共事务的关注，提升居民之间的凝聚力。这不仅有利于社区志愿组织的建立与壮大，也能彰显社区志愿服务的团结力量，增强居民的归属感，引导其积极参与社区营造实践。因此，为有效应对内外部环境挑战，社会组织在社区营造中应注重志愿者管理的战略性与执行力。

一、完善志愿者培育和管理机制

当前，更加需要关注和完善志愿者的管理体系。这要求社区社会组织在志愿者团队管理中，将组织的宏观战略与志愿者的具体行动紧密结合，不断提升志愿者的培养质量和管理水平。

（一）完善志愿者的职业发展规划工作

对社区社会组织来说，志愿者的培养和发展是其战略发展中不可或缺的一环。管理人员的不当决策可能会对志愿者的职业发展造成负面影响。因此，管理者应深入了解志愿者的兴趣与期望，引导其在适宜岗位上实现个人价值，而非简单分配至其不感兴趣的岗位。这种做法虽然短期内可能有效，但长期来看会阻碍志愿者的职业成长。在组织战略目标向具体行动转化过程中，管理者应确保志愿者职业发展规划的有效落实。志愿者管理者在助力组织战略实施与提升运行效率的同时，还应引导志愿者明确自身职业发展方向并制定相应规划。

（二）优化人员配置

不同的人员配置方式对志愿者的满意度和工作质量有不同的影响。鉴于社区组织对志愿服务寄予的期待与目标，人员配置应注重能力匹配，根据志愿者

① 张帆：《社区志愿服务的“麦当劳化”及其走向》，《兰州学刊》2020年第8期，第147-159页。

的特长与兴趣进行岗位分配，激发其潜能。为了提高工作本身的满意度和成就感，社区组织应考虑拓宽工作领域，增加挑战性的决策和工作环节。社区组织管理者应全面掌握各岗位职责与人员配置需求，在敬业的社会工作者与志愿者之间建立良性互动关系，维护稳定团队合作，推动组织使命的实现。全职社会工作者与志愿者的互补性十分明显，双方的交流互动与优势互补有助于提升社区志愿服务的供给能力。一方面，志愿者可为社会工作者提供有力的人力支持，强化社区服务团队建设，增强居民服务能力；另一方面，社会工作者可通过培训、评估与激励，为“五大社区”提供持续的人力资源储备，提升志愿服务水平，保障志愿者的招募、留任与合理使用。同时，社会工作者通过持续培训、考核与激励机制，可为“五社联动”提供充足的人力资源支撑，提升志愿服务质量，确保志愿者“招得来、留得住、用得好”，并提供专业指导与技术支持①。

（三）制定合理的激励机制

对于社区社会组织的管理者来说，设计和实施有效的激励措施是一项极具挑战性的任务，不恰当的激励措施可能会直接降低志愿者的积极性。激励机制通常包括两类：物质激励与非物质激励。社区组织在制定和完善激励机制时，也应从这两个维度出发，统筹兼顾。

1.物质激励

适当的物质回报确实有助于激励志愿者积极参与和提升服务质量，尽管外部激励对志愿者满意度、组织绩效和保留率的影响并非绝对相关。具体而言，薪酬制度在社会组织的内部设计中应注意以下几点：

首先，应注重薪酬体系的内部公平性。不合理的薪酬安排，如不同岗位同酬或收入差距过大，容易影响志愿者的工作热情，导致其积极性下降甚至产生负面情绪。确保公平的组织薪酬结构的关键是良好的工作分析和工作评估。常见的工作分析方法包括直接观察、访谈、问卷调查和工作日志。

其次，应注重薪酬结构的外部竞争力。管理者应选择灵活的薪酬策略，确保与其他组织在外部比较中保持相对平衡，以实现较高的志愿者保留率。若忽视劳动力成本，薪酬水平将难以支撑组织的内部与外部可持续发展，甚至削弱

① 原珂、赵建玲：《“五社”联动助力基层社会治理共同体建设》，《河南社会科学》2022年第4期，第75-82页。

薪酬体系本身的合理性。

最后，重视额外福利的影响力。在福利方面，志愿者可能享有以下附加待遇：带薪休假、健康与安全相关费用（如保险和养老金）、交通补贴，以及部分非物质形式的奖金与津贴等。此外，教育经费也是一个可以作为附加福利的要素。为推动志愿服务广泛开展，美国在学生入学申请中明确提出要求，不仅关注其学业成绩与综合能力，还要求提供参与社区服务和社会责任感培养的相关证明，以作为优质学校录取的重要参考条件。这一要求不仅适用于本国学生，也面向国际申请者，从而有效扩大了志愿服务的参与范围①。因此，这些经验对我国社区社会组织的志愿者管理同样具有重要参考价值，应引起足够重视。

2.非物质激励

在社区营造过程中，社会组织应在志愿者的培育与管理中逐步建立其与志愿服务之间的情感联结，持续增强志愿者的主体意识。首先，社会组织应凝聚有意愿积极参与公共事务的居民，充分挖掘其潜能，与社区居民达成共识，共同组建志愿服务团队。其次，应通过组织多样化的社区活动，发现具有积极表现的居民，激发其对社区公共事务的认同与关注，进一步挖掘其服务潜能。最后，应通过与居民共同探讨关切议题，定期召开座谈会，鼓励其参与公共讨论，提升其对社区事务的关注度，激发主动性，增强主人翁意识。可见，个人的成长经历与内在动机是社区组织志愿服务中最具特色的驱动因素。在社区社会组织中，多数志愿者具有崇高志愿精神，认为其服务工作具有超越岗位职责的价值与意义。这种认知促使志愿者更加关注工作的核心价值与社会意义，专注于服务本质，重视由此带来的成就感、满足感、自豪感，以及责任意识与自我成长。

对于任何社会组织来说，工资和物质奖励并不足以保证对志愿者行为产生持久的影响。也就是说，物质手段虽然可以激发志愿者的行动，但无法提供长期激励。在社会组织中，需要适当的非物质激励及时认可和肯定志愿者的贡献。

第一，要高度重视志愿者的工作价值，帮助其明确自身职责与服务边界，增强责任感。应赋予志愿者适当的决策权与自主空间，使其工作更具意义与挑

① 李小波、陈婷：《西方经验借鉴下志愿服务组织建设机制探析》，《武汉工程职业技术学院学报》2020年第4期，第44-48页。

战性，内容更为充实；同时，引导其关注自身任务，在关键时刻给予积极反馈与鼓励。组织可通过正式或非正式方式表达对志愿者贡献的肯定与感谢。正式方式包括颁发证书、发放纪念品、举办表彰活动等，非正式方式则包括赠送鲜花、发送感谢邮件或通过社交平台点赞等。

第二，营造积极向上、和谐融洽的组织氛围。高效有序的管理环境有助于激发志愿者热情，提升其志愿精神和工作满足感，从而增强管理效果与组织整体绩效。高效的组织架构与制度、科学的评估与激励机制，以及良性的组织沟通，是营造卓越组织环境的关键，这有赖于管理者与志愿者的共同努力。

第三，构筑志愿服务可持续发展的文化根基。在社区营造中，志愿者对社区文化的理解与认同是其参与服务的重要内在驱动力。通过运用具有象征意义的社区文化符号，促使居民在精神层面形成认同，增强对社区的归属感。在此基础上，进一步唤起居民对社区文化传承与保护的主动意识，为志愿服务的开展提供稳固的情感支撑。一是为志愿服务文化建设提供深厚的文化滋养与理论基础，推动志愿者形成文化自觉，融合中华优秀传统文化与现代志愿服务理念。二是强化学校教育，将志愿服务内容纳入公众教育、德育课程与实践教学，在小学、中学及高校系统开展志愿服务教育。三是加大宣传引导力度，充分发挥新媒体作用，在全社会营造“崇德向善”的文化氛围，广泛宣传志愿服务典型事迹与先进榜样。四是将志愿服务与社会主义核心价值观教育深度融合，充分发挥其在志愿服务中的引领功能，为丰富新时代志愿服务文化提供价值支撑①。

二、促进志愿服务法治化

国家应将志愿服务纳入法治体系，对志愿者实施规范化管理，并依法追究不当行为责任，以切实保障志愿者合法权益。志愿服务的持续、健康发展，需要法律制度的支撑与保护，这是确保志愿服务事业稳步推进的重要基础。

（一）尽快完善社会组织基本法律体系

从我国志愿服务立法历程看，尽管《中华人民共和国慈善法》和《中华人民共和国志愿服务条例》的颁布标志着立法工作取得重要进展，并在全国范围

① 党秀云：《论志愿服务可持续发展的价值与基础》，《中国行政管理》2019年第11期，第118-123页。

内积极推行，但目前仍存在立法体系不完善、制度效能不高、推进进度缓慢等问题，亟须进一步深化制度建设。结合我国当前实际，志愿服务立法应重点完善以下方面：一是建立志愿者表彰与激励机制；二是明确志愿者的权利义务及不当行为的法律责任；三是规范社区组织在志愿者招募、培训与管理流程中的职责；四是强化对志愿者人身安全的制度保障。

（二）在社会保障体系中纳入志愿服务

社会保障体系的重要职能之一是实现社会稳定，其功能在于为公众生活提供基本保障，维护社会秩序，促进资源公平配置，推动精神文化进步。社会保障注重对处于社会边缘的困难群体的保护，有效减少社会冲突，促进社会公平与稳定。志愿服务以帮助弱势群体为核心目标，与社会保障体系在服务对象和价值取向上高度契合。因此，在减轻政府压力、优化社会保障体系的大背景下，应推动志愿服务有效融入社会保障体系。在构建社会安全网过程中，许多西方发达国家已将志愿性社会保障纳入制度体系，为我国推进志愿性社会保障立法提供了可借鉴的国际经验。

（三）确定志愿者与被服务者之间的权益及责任关系

当前，志愿者与服务对象之间的权利义务关系不够明晰，已成为志愿服务实践中的突出难题，尤其在环境保护与公共秩序等公益领域表现尤为明显。由于志愿服务形式多样、内容复杂，国家在推进志愿服务过程中往往难以明晰界定志愿者与服务对象的权利与义务，即便通过法律手段，也难以准确划定服务对象的范围。因此，在志愿服务实践中，可通过签订协议等方式借助法律约束力，明确志愿者与服务对象之间的权利义务关系，从而为志愿者高效提供服务创造良好制度环境。

（四）为志愿者提供保险

当志愿者参与高风险活动时，不应由其个人独自承担全部风险，国家与社会应共同为其提供必要的风险保障。因此，亟须需提升社区志愿组织负责人的风险防控意识，切实加强在志愿服务活动中对潜在风险的识别与管理，确保为志愿者提供充分的意外伤害保险①。

① 潘修华、梅洁：《社会组织兼职员工人力资源管理的逻辑、难题及其破解》，《党政研究》2021年第4期，第112–121页。

三、推进社会组织志愿者管理创新

随着网络社会与数字治理的快速发展，社会组织面临前所未有的知识能力与专业技能挑战。建立以目标导向、绩效创新与任务驱动为核心的新型组织思维模式，已成为提升社会组织竞争力的关键路径。特别是在社区营造实践中，社会组织应高度重视组织学习机制建设，努力转型为持续学习型组织，并不断推进管理创新。有效的学习机制对推动组织创新具有重要作用，不仅能显著提升创新思维的生成频率，也有助于减少组织成员（包括管理层与志愿者）重复犯错的风险。在此基础上，社会组织应将志愿者管理与知识管理、组织学习深度融合，持续探索实践层面的管理创新路径。

（一）营造组织的创新氛围

组织应在内部激发学习机遇，鼓励志愿者积极参与教育培训活动，并推动其基于学习目标开展互动交流，而非将组织学习固化为自上而下的正式流程。

（二）致力于增强团队成员的创新能力和综合素养

志愿者应持续学习，保持积极主动的学习态度。组织应为其营造有利于持续学习的环境与条件。持续学习不仅关系到志愿者个人成长，也对社区组织的发展壮大具有重要意义。社区组织可通过多种方式为志愿者提供学习新知识和新技能的机会，例如，聘请专业讲师、安排其赴专业机构培训或提供在线学习资源。通过促进组织内部及其与外部环境之间的知识流通，有助于志愿者构建完整的自主知识体系、发展创新理念，并激发创新实践。

（三）实施管理创新策略

在各类组织架构中，传统的层级结构在知识的采纳、应用和积累方面具有一定优势，但自组织型的项目任务模式更能激发新知识的产生与共享。因此，致力于知识创新的组织应在保留层级结构优势的基础上，提升灵活项目任务模式的运行效率。社会组织应优化管理机制，在扁平化组织结构的基础上推进管理创新，确保知识被有效应用于推动组织发展。

制定标准化管理制度是实现科学管理的基础，其理论根基源于泰勒的科学管理学说，强调以规范化方法取代经验式管理。目前多数社区组织已对紧密型人力资源制定相关管理规定，但对松散型人力资源尚缺乏明确制度。社会组织代表和志愿者可以讨论制定松散型人力资源管理条例，双方可以自由表达自己的要求，充分讨论，使自己的权利和责任得到公平的规范[①]。

尽管各组织在管理创新中的目标与方法各有差异，但是仍可遵循若干通用原则。首先，管理团队应做好应对潜在问题的准备，并不断提升对组织及志愿者的管理能力。其次，组织架构调整应突破部门壁垒，鼓励志愿者之间的经验分享与交流。最后，创新管理方案的实施应稳妥推进，既不可急于求成，也不应因短期成败而妄下结论，应以组织的战略目标作为核心评估标准。

（四）提升组织成员的专业素质

组织的发展不仅有赖于制度与机制的创新，也有赖于成员素质的持续提升。建立一支具备专业能力与服务精神的志愿者团队，是推动社区组织高质量发展的关键。一方面，可通过职务分析与评估，明确各岗位所需的知识、技能、经验与个性特征，并据此对团队成员开展有针对性的培训。另一方面，为吸引具备志愿者管理能力的人才，组织可通过外部招聘方式引进合适人选，如发布招聘广告或借助猎头服务等。对于规模不断扩大的志愿服务组织来说，专业化管理对于保持组织的稳定运行至关重要。同时，随着经济快速发展与科技持续进步，知识更新日益加快，组织及其成员必须持续学习新知、保持创新能力，从而增强面对挑战的竞争力与适应力。

四、加大政府对志愿者的资源支持力度

在社区营造过程中，社区志愿服务的发展有赖于社区资产的持续积累与不断丰富。志愿组织的构建并不能一步到位，而是需要不断激活、整合、扩大和发掘社区资产，以提升志愿组织及其志愿服务的能力。尽管资产导向的社区营造模式强调社区内部的驱动力，但并不反对外部力量的参与。因此，在挖掘和发挥内部能力的同时，社区志愿组织还应积极吸纳外部资源，推动构建社区内外联动的网状资源结构，形成现代社会资源网络，协同推进社区营造与发展。

在所有支持主体中，政府对志愿者的扶持具有尤为突出的重要性。这可从四个层面来分析：首先，政府应当将重点放在加大对志愿者支持的“力度”上。

① 潘修华、梅洁：《社会组织兼职员工人力资源管理的逻辑、难题及其破解》，《党政研究》2021年第4期，第112-121页。

政府应站在推进社会治理体系和治理能力现代化的前沿，加大对志愿服务领域的资源投入，发挥其作为公共利益主要倡导者的重要作用。但仅靠政府投入难以满足志愿者队伍快速发展的需求，因此，应鼓励企业和个人等各类行动者在“宽度”上加大支持。再次，当前亟须全面拓展志愿服务资源的获取渠道。政府应积极出台创新性政策，有效激励个人、企业等多元主体广泛参与志愿服务，拓展社会资源动员的途径。最后，政府还应强化对志愿服务资源使用的深度监管与制度化约束。由于志愿者群体具有多样性，其行为在特定情境下亦可能存在偏差或不当行为。关键在于构建由政府、企业、公众与社会组织共同参与的复合型监管体系，实现外部监管与组织内部治理的有机融合。

五、借助互联网推动志愿服务可持续化发展

随着互联网和各类在线技术工具的广泛应用，互联网与大数据已成为推动各领域创新与发展的重要平台。大数据是指通过对海量数据的系统分析，生成具有价值的产品、服务和洞察成果。借助大数据技术，可以更为精准地提供志愿服务。在志愿服务过程中，通过精准预测、判断和识别服务的供需状况，建设大数据分析系统与数据共享平台，可有效突破数据碎片化的障碍，实现志愿服务的高效响应与供需匹配，进而确保服务供需信息的实时匹配与有效对接，实现志愿服务信息与数据资源的互联互通与共享。

（一）合理配置志愿服务资源

借助大数据技术，可以实现对志愿服务资源的精细化调度和智能化分配。通过采集志愿者的服务记录、空闲时段、服务类型偏好等数据，结合各社区在不同时间段的服务需求动态，建立资源调配算法模型，可实现资源在空间和时间维度的最优分布。同时，利用地理信息系统（GIS）技术与志愿服务平台的数据整合功能，能够动态生成“服务需求热力图”，直观呈现各地区服务供需差异，辅助管理者科学决策。此外，平台可设定预警机制，自动识别资源过度集中或严重短缺区域，及时调整人力资源，确保“人岗匹配”与“服务精准”。在应急事件或临时大型活动中，大数据还可辅助快速组建应急志愿服务队伍，提升志愿组织的响应速度与统筹能力。

（二）在志愿服务中实现便民利民

移动互联网技术的普及为志愿服务活动的便捷化、个性化参与提供了技术基础。通过开发面向志愿者和服务对象的移动端应用或小程序，实现信息发布、报名参与、服务记录等功能的一站式处理，极大降低了参与门槛。例如，志愿者可通过手机端接收就近服务任务推荐，系统依据其定位、空闲时间和技能自动匹配合适任务，提升服务参与的灵活性和主动性。同时，社区居民作为潜在服务对象，也可通过平台即时发布自身需求，由系统根据需求紧急程度与服务类型自动匹配相应志愿者，从而缩短服务响应时间。平台还可整合信用评价体系，对志愿者的服务表现进行及时反馈与公示，促进服务质量提升。借助社交媒体和社区网络，志愿服务活动的宣传与招募也更为广泛有效，形成全社会共同参与的良好氛围。

（三）志愿服务采用智能化管理

应构建志愿服务信息管理平台，利用信息化手段对志愿者的基本信息、服务记录与成效等进行系统管理；通过构建云端服务系统，实现志愿者线上线下联动，有效提升志愿者及服务机构的服务效率与管理水平，开展多元化的培训、教育、评估及全过程管理；借助物联网的广泛应用与智能设备的普及，显著提升志愿服务管理的科学化水平，提供实时数据支持与决策依据，助力组织科学决策①。

---

① 党秀云：《论志愿服务可持续发展的价值与基础》，《中国行政管理》2019年第11期，第118-123页。

第八章　社区营造中社会组织形象传播

作为社会矛盾的“稳压器”和“调节器”，社会组织形象的良好传播，无疑是推进社区营造和帮助社会组织发展的软实力。社会组织在我国的历史已有数十载，但长期以来，社会组织并不为人们所熟知，往往只局限在接受社会组织服务的社区居民范围内。社会组织要在社区营造中实现自身的良性发展，就需要借力传播自身的良好形象，以此来提高组织自身的知名度和影响力，激发、推动社区居民的支持及参与。为此，社会组织在改善自身的形象的同时，也需要积极传播组织自身的形象。那么，什么是社会组织形象传播？它应该如何进行呢？其传播现状及潜在的困境又是什么？对应的解决路径又包括哪些？在社区营造中，要让社区变得更加美好，多元主体参与必不可少。而社会组织作为多元主体中的一个重要组成部分，要想更加有效地参与和推进社区营造，就需要让社区居民对各类社会组织的形象有一个基本的了解。

第一节　社会组织形象传播的概念及原因

一、形象与社会组织形象

广义的形象主要有三种含义：其一是客观事物的具体特征，由此能在个体心中形成具体印象；其二是文学艺术作品中对人物的描绘；其三是在动作层面展现出的生动与活泼。狭义上的形象主要指上述第一种含义，即客观事物的具体特征，本书所用的形象概念亦为此狭义定义。

社会组织形象，则是指社会组织在日常工作中所呈现出来的行为特征和精神面貌，即组织的行事风格、工作效率、组织文化、组织精神等呈现在社会大众面前的内外特征。参照企业形象设计（Corporate Identity System，CIS）理论，可以将社会组织形象分为理念形象、行为形象和视觉形象三个方面[①]。理念形象，主要是指社会组织的目标、方向、宗旨等精神要素。它是社会组织的灵魂和动力之源，直接决定了社会组织存在的意义和努力方向。行为形象，主要是指社会组织外在行动、行为制度、行为准则等直观要素。行为形象直接反映了社会组织的理念形象，具体表现为组织内部领导和普通工作人员的行动与组织目标、宗旨的符合程度，由此影响外界对组织的评价和印象。视觉形象，主要指组织标识、徽标、广告等感官要素。它将社会组织的理念与文化特质等抽象内容细化为具体视觉符号，是外界了解社会组织形象的重要途径。

二、社会组织形象传播

社会组织形象传播主要是指社会组织利用各种媒介或手段，向公众或特定群体传达组织自身的理念形象、行为形象和视觉形象，并希望以此影响公众评价、改善组织印象的活动。传播学理论认为，传播活动包括传播者、受传者、传播内容、传播媒介、传播效果和传播反馈六大要素。

具体到社区营造中社会组织的形象传播行动，这六大要素的含义分别为：

传播者：即在社区营造中开展活动和业务的各类社会组织，是形象传播的发起者。

受传者：主要是指在社区营造中的社区居民，是形象传播的接收者。在特定语境下，受传者也可以包括其他社会组织和社会成员。

传播内容：即社会组织在社区营造中希望传达给社区居民的组织理念、行为及视觉形象内容。

传播媒介：即在社区营造中，社会组织进行形象传播时所借助的各类手段，包括但不限于线下摊位活动、横幅宣传、宣传册，以及线上的广告和视频投放等。

① 周鸣阳：《社会组织形象力的提升路径研究》，《商业时代》2013年第32期，第81-82页。

传播效果：即在社区营造中，社会组织向社区居民传播自身的组织形象后所产生的影响及其程度。形象传播在多大程度上改变了社区居民对该社会组织的认识和印象，是否能够促使更多的人参与到与该社会组织有关的社区营造中去。

传播反馈：即在社区营造中，社区居民在接收社会组织的形象传播讯息后，再通过传播媒介将反馈传回给社会组织，使社会组织了解他们的形象传播内容是否被理解了、评价如何，以便于社会组织做出相应调整。

三、社区营造中社会组织形象传播的原因

社会组织建立的目的是解决个人与社会所关切的各种问题，其开展的社区营造活动旨在协助行政部门更有效地处理社区问题，促进和完善社会治理。虽然社会组织并非以营利为目的，但其正常运转需要资源支持。因此，社会组织通过社区营造活动改善自身形象，以获取更多社会资金支持，保障组织正常运转、保持社区营造活动的资金平衡。社会组织如何确立目标、开展活动、塑造形象，并获得政府与市场认可，不仅关系到组织的生存与发展，也影响其社区营造活动的顺利推进。

社会组织通过参与社区营造，积极开展形象传播工作，不仅有助于改善自身形象，也能够有效推动社区营造活动的顺利进行，具体表现为以下几个方面：

（一）塑造组织形象，提升公众印象

在社区营造中，社会组织开展的活动并非自娱自乐，而是通过实施具有特色的行动，与社区居民和其他组织形成良性互动，推动社区营造顺利进行，改善社区环境。为实现这一目标，社会组织需通过有效的形象传播，在社区居民心中树立良好形象，提升公众印象。

（二）传达组织诉求，推动居民参与

在社区营造中，社会组织进行形象传播不仅仅是为了塑造良好的形象，更重要的是在此过程中向社区居民传达组织的目标诉求、理念宗旨和价值观，吸引更多居民了解、认同组织的行动，从而积极参与社区营造。

（三）依据反馈修改，改进组织自身

效果良好的形象传播是多向互动的过程。社会组织借助传播媒介，将自身

形象传达给社区居民，社区居民也通过传播媒介反馈自身意见。任何社会组织都存在不完善之处，在日常运作和社区营造中难免会出现问题，而组织本身并非总能及时发现这些问题。缺乏外部正规渠道的提醒，问题可能持续存在并产生不良影响，进而影响社会组织的可持续发展和社区营造工作的顺利开展。传播反馈机制能够有效缓解此类问题，居民接收到组织形象传播的信息后，根据实际情况形成意见，通过传播渠道及时反馈给社会组织。社会组织则依据反馈进行反思和整改，不仅提升自身能力，也促进社区营造活动更加有效地开展。

第二节　社区营造中社会组织形象传播的现状

良好的社会组织形象不仅有助于赢得社区居民的信赖，也有利于推动社区营造工作的顺利开展。在公共关系学与组织传播理论中，组织形象被视为组织与外部环境互动的核心纽带，是公众认知、信任与合作意愿的基础。良好的组织形象不仅影响公众对组织的基本评价，也决定了组织在社会治理体系中的话语地位和资源获取能力。社会组织作为连接政府与社区居民之间的“中介性主体”，其在社区营造中的形象传播策略，越来越受到传播学、社会学与政策研究等多个学科的关注。

本节将通过一个典型的社会组织开展形象传播的案例[①]，探讨当前社会组织在社区营造中形象传播的现状。社会组织“诸暨爱心蚂蚁”成立于2006年，围绕助医、助学、助困、助老、助残五个领域，在绍兴地区开展了上百次社区公益活动。该组织积极利用互联网在帮助困难群体方面的优势，建立了名为“诸暨爱心蚂蚁”的联系群。以下将从该组织的传播方式、传播效果及传播内容三个维度，梳理其形象传播的实践路径与面临问题。

一、传播方式的创新与整合

“诸暨爱心蚂蚁”的QQ群实际上是一个虚拟社区，团队成员借助微信、微

① 吴颖：《新媒体环境下民间公益组织的传播策略——以“诸暨爱心蚂蚁”为例》，《青年记者》2019年第5期，第22-23页。

博、抖音等平台持续传播社会组织的服务内容，从而不断发展壮大，吸纳更多成员参与并整合更多资源。该社会组织还通过虚拟社区及时发布困难群体需要协助的相关信息，使团队成员能全面及时地掌握服务需求，最大限度地整合人力、物力、财力等资源，以便更好地策划与落实公益服务行动。这种“聚沙成塔式”的慈善信息汇聚方式能够有效地整合多方资源。借助互联网平台和虚拟社区，社会组织可以更加高效便捷地完成信息的核实、汇总与策划工作，这也成为当今社会慈善组织的显著特征之一。

值得注意的是，这种虚拟社区所形成的不仅是一种信息流通平台，更是一种新型社会资本的聚合机制。正如罗伯特·D.帕特南（Robert D. Putnam）指出，社会资本的本质在于信任、网络与规范的互动关系，而“诸暨爱心蚂蚁”通过QQ群、微信群所建立的成员关系网，正是一种弱关系的强化与动员路径。这种“轻量化但高响应”的组织形态，体现了社会组织在数字媒介环境中对传统人际动员模式的重构。

在新闻传播领域，“诸暨爱心蚂蚁”也展现出多渠道协同传播的努力。该组织采用线上线下结合的传播方式，积极开展现场宣讲和发放宣传手册，还通过虚拟社区和各类自媒体渠道进行形象宣传，号召更多志愿者参与社区公益活动。在“诸暨爱心蚂蚁”开展社区营造服务期间，组织成员多达618名，人员分布于绍兴多个社区。因此，每次开展服务前，骨干成员都需发起招募，组织20至30名成员协助服务的实施。

在服务启动前，通过微信、微博等自媒体平台迅速传播活动信息，扩大服务影响力，提升公众关注度。这类依托自媒体平台的信息扩散模式，可归类为“参与式传播”（Participatory Communication）的一种形式，即组织成员不仅是信息的接收者，也是内容的生成者与再传播者。这种去中心化的传播结构，使得组织形象不再依赖单一话语控制，而是在多元协作中获得建构和认同，有效提升了传播的触达率与情感黏性。

在服务进行过程中，组织成员会及时发布活动现场照片，与未参与活动的志愿者进行互动交流，及时分享相关动态信息。服务结束后，该社会组织负责人及时总结活动成果，并将相关推文发布至官方微博、微信群和公众号，以活动成效持续扩大组织的社会影响力。同时，成员们可继续转发推文，吸引更多公众关注组织的社区营造与社会服务活动，不断提升公众对组织的信任度，为下一次社会动员奠定基础。

二、传播成效有限与现实困境

尽管社会组织已经积极应用新传播手段，但从“诸暨爱心蚂蚁”的实践来看，目前的传播效果仍不够理想，传播渠道依旧受到较大限制。从传播学角度看，这种效果不佳往往与“议程设置权”（Agenda-Setting Power）的缺失有关。多数社会组织缺乏足够的专业传播团队与传播预算，难以占据公众舆论场的关注焦点，致使其传播活动被边缘化。此外，传播内容缺乏与公众日常经验的深度关联，导致“认知共鸣”的形成受阻，使公众即便知晓组织存在，也难以建立积极联结。

例如，官方微博的互动和回复数量较少，每次爱心活动响应的志愿者人数也相对不足。造成这种现象的主要原因在于，组织未提前制定阶段性的传播规划，也未能根据项目实际情况有序推进年度和季度传播计划，导致所发起的活动及相关信息的传播缺乏灵活性和主动性。此外，传播手段的单一性也是导致效果不理想的重要原因，如缺乏专业的形象传播人员，以及网络传播策略的局限性，多数仅以简单的图文、视频形式展开。

从该组织的实际情况中可以看出，目前社区营造中多数社会组织均存在形象传播效果不够理想的问题，传播实践的积极性并未完全转化为理想的传播成效。

三、传播内容结构的局限性

除了手段和效果的问题，传播内容本身也存在显著的结构性不足。传播内容相对贫乏也是当前社区营造中社会组织形象传播面临的主要问题之一。许多社会组织更倾向于强调具体活动的内容，而忽视了活动背后的理念内涵，即过于关注行动形象而忽视了理念形象，导致公众“知其表而不识其里”，难以真正引发兴趣。这反映出许多基层社会组织在战略传播中的“工具理性倾向”，即过度强调可见成果（如服务场景、帮扶对象数量），而忽视理念传播、价值倡导等抽象维度的构建。这种传播策略虽然在短期内有助于获取绩效指标支持，但长期难以形成组织文化认同与持续关注度。

以“诸暨爱心蚂蚁”为例，该组织在发展过程中缺乏完善的社会政策支持和传播服务体系，随着志愿者规模的扩大，它并未及时开展相应的服务培训，导致传播效果容易陷入停滞，缺乏活力与创新，进而影响了组织运作的效率和社区营造活动的效果。此外，该社会组织传播的内容也相对有限，主要围绕助残、助老、助孤、助医等展开，不仅活动的时间安排与服务领域局限，而且展示形式也相对单调，主要是通过微信、微博平台、公众号和官方网站等媒介展示其活动开展的现场照片和文字，容易引起公众的倦怠感。因此，社会组织在开展社区营造时，应重视并解决传播内容单一的问题，积极丰富传播形式与内容，以更有效地推进形象传播工作。

四、案例小结与典型意义

“诸暨爱心蚂蚁”的传播实践在一定程度上代表了当前基层社会组织的典型特征：媒介手段多元但专业化不足，传播范围广泛但理念表达相对薄弱，传播内容积极但结构层次单一。这些问题并非个例，而是在中国本土社会组织发展中普遍存在的共性难题。因此，该案例虽具有地方性特征，但其所揭示的经验与困境，具有一定的普遍代表性和借鉴价值。

从“诸暨爱心蚂蚁”及其社区营造活动的实践来看，移动互联网技术的快速发展和更加便捷的沟通渠道，为社会组织有效开展形象传播提供了更多便利条件。然而，如果社会组织未能有效利用这一优势提升自身形象传播的质量，也将反过来限制组织的成长壮大，并对社区营造活动的进一步推进产生不利影响。

五、对策建议与未来方向

社会组织在形象传播工作中可从以下几个方面着手改进：一是增强理念传播意识，将组织价值、使命与文化纳入传播内容体系；二是强化传播规划机制，制定系统的阶段性传播策略并设立传播评估指标；三是推动跨界合作，借助高校、媒体、企业等资源形成传播协同网络；四是培养专业传播人才，引入更多具备媒介素养的志愿者与员工，提升组织整体传播能力。唯有如此，社会组织才能在社区治理结构中扮演更加积极与可持续的角色。

第三节　社区营造中社会组织形象传播的困境及原因

在我国社区营造实践中，社会组织普遍面临形象传播方面的困境，主要表现为：信息价值和资金投入不足、缺乏形象传播意识、传播内容缺乏个性、传播手段较为单一等。进一步分析发现，其主要原因包括：过度依赖传统媒体、新媒体环境带来的挑战，以及传播内容的“自说自话”等问题。

一、社区营造中社会组织形象传播的困境

自20世纪90年代，我国社会发生了一个显著变化，即大量社会组织的兴起与快速发展。当前，这些覆盖社会生活各领域的社会组织在我国经济社会发展中发挥着重要作用。然而，不容忽视的是，受我国长期“强政府—弱社会”体制结构的影响，社会组织整体实力较为薄弱。与崇尚“弱政府—强社会”的英美海洋国家体系，或政权分散、治理相对分权的法德大陆国家相比，我国社会组织在资源、规模、专业水平及运作能力等方面普遍存在不足。在长期发展过程中，其公益性和公信力在公众中的展示效果也相对有限。

改善社会组织在社区居民心中的形象，不仅需依靠组织内部的改革与创新，以提升其服务能力，还需在社区营造过程中有意识地开展形象传播，通过塑造良好的组织形象，增强社区居民对社会组织的认知与认可。尽管部分社会组织已意识到形象传播在社区营造中的重要作用，但在传播工具的选择、传播主体与受众的匹配等方面，仍面临诸多现实问题。

总体来看，在社区营造中开展形象传播，社会组织需充分借助媒体的传播力量，而媒体也依赖社会组织提供具有新闻价值的资讯内容。事实上，社会组织与传统大众传媒（如报纸、电视台等）之间的合作仍存在诸多障碍。目前，我国社会组织在形象传播方面主要面临以下几方面的问题：

第一，形象传播意识薄弱。在社区营造实践中，我国社会组织在形象传播方面较多依赖政府主导，政府往往作为中介推动社会组织与社会资源之间的对

接，因此，社会资源配置更倾向于依据政府的认可。长此以往，社会组织对形象传播的重要性认识不足，忽视了传播的社会功能，降低了自身主动传播的积极性。同时，部分社会组织对形象传播存在误解，认为非营利组织开展传播活动会带有浓重的商业营销色彩，可能引发公众对其公益属性的质疑，从而削弱组织的公信力。由此可见，形象传播意识的薄弱，是造成当前传播困境的重要原因之一。

第二，形象传播缺乏个性。社会组织通过开展形象传播，有助于争取更多社会资源，充实自身活动经费，也为政府整合资源、推动政社协同创造有利条件。在参与社区营造过程中，社会组织的传播内容不仅应服务于社会资源获取和政府支持，更应面向社区居民，提升居民对组织的认知与理解，激发其参与社区事务的积极性，从而促进服务效能提升。然而，当前一些社会组织在形象传播过程中未能厘清传播目标，缺乏清晰的定位与策略，致使传播活动容易流于表面，甚至被公众误解为营利性市场营销，进而削弱其公益属性，丧失传播的独特性和辨识度。

第三，形象传播手段单一。当前社会组织在社区营造中的形象传播多依赖传统媒介与自媒体平台，传播手段较为局限。在传播过程中，普遍存在策划形式单调、传播专业人才匮乏、缺乏对社区居民传播心理的研究等问题，影响了传播效果的达成。部分社会组织将形象传播简单等同于活动宣传或商业推广，忽视了公益性组织应有的价值导向，致使传播内容缺乏深度与感染力，难以发挥其独特的社会引导功能。因此，社会组织在形象传播中必须强化公益价值导向。

二、社区营造中社会组织形象传播遇困的原因

社会组织与商业机构一样，形象传播同样至关重要。在社区营造过程中，社会组织进行形象传播的目的并非追求利益最大化或筹资捐款的最大化，而是通过内部与外部形象的有效衔接，更清晰地界定组织定位，吸引更多且更契合的合作伙伴，从而实现联合影响力的增强和社区营造效果的优化。尽管多数社会组织普遍认识到形象传播对组织发展的重要性，但在实际操作中却缺乏必要的投入与系统部署。很多组织倾注大量精力于活动本身，却忽略了对活动宣传

推广的重视与规划。

具体而言，当前社区营造中社会组织在形象传播方面面临的主要困境，主要体现在以下几个方面：

（一）新媒介社会的挑战

随着以互联网为代表的现代信息技术、数字技术和人工智能的兴起，大众传媒日益被视为传递信息的主要工具。传统大众传媒逐渐转型为具备自主运作能力的全媒体，传统意义上的单向线性传播机制已难以将社会组织的形象信息直接传达给社区居民①。如今，无论是微信、QQ等熟人社交应用，还是像微博、抖音、小红书、知乎、豆瓣等陌生社区社交应用，社区居民都已从传统媒体里的单纯信息接收者变成了新媒介社会里集信息消费、传播和生产于一体的“自由媒体人”。信息的传递方式与传播理念均发生了显著变革。然而，多数社会组织尚未做好应对新媒介社会挑战的准备，缺乏系统性的形象传播部署。例如，不少社区社会组织将密集式广告投放作为形象传播的主要手段，这不仅难以产生良好的传播效果，反而容易引发受众的反感，降低其对社会组织的好感度；社会组织也未能更好地整合各种媒介平台，精准地传递社会组织的理念和价值观；各类传播内容多停留于活动报道与公关宣传，缺乏品牌意识的系统融入。

社会组织在运用传统传播渠道的基础上，还应积极探索新兴传播路径，如门户网站、智能新闻客户端、微信、微博漫画等，以更有效促进其形象传播的开展。此外，传播的内容应该更重视向社会公众传递社会组织所要表达的理念和价值观，这有利于提高社会公众对社会组织的认知度和认同度。因此，在社区营造中，社会组织的传播手段与内容亟须不断更新，以适应新媒体技术的发展，从而更有效地提升形象传播的实际成效。

（二）信息价值及资金投入不足

在社区营造过程中，部分社会组织在形象传播中常陷入“自说自话”的误区，即传播内容忽视受众接受能力与理解习惯，导致传播者与受众之间的信息割裂，传播效果不佳，反馈机制薄弱。在现代传播体系中，唯有受众选择并认

① 王洪：《城市社会组织的形象与传播》，《现代传播》2012年第12期，第51–53页。

可的信息才能形成有效传播[①]。

随着社会发展与居民媒介素养的提升，单靠宣传稿件难以有效塑造组织形象。缺乏价值的信息难以激发媒体与公众的兴趣，尤其是在当前大众传媒仍是重要公共传播平台的背景下，社会组织若要引发广泛关注，仍需借助主流媒体的新闻曝光和情感共鸣。通过大众传媒传播社会议题可形成较强的社会影响力，但我国媒体资源配置存在偏向，倾向报道具有高关注度的事件，较少涉猎社会组织关注的弱势群体或社区议题。

从传媒角度看，除非事件具有显著的新闻价值，否则社会组织常规性的社区活动难以获得媒体报道。部分经验丰富的社会组织尝试通过举办论坛等方式吸引媒体注意，但此类活动需持续投入大量资源，对大多数财力有限的组织而言压力颇大。此外，借助大众传媒进行广告宣传成本高昂，亦与社会组织非营利、公益属性存在冲突。一方面，高额广告费用超出大多数组织的承受能力；另一方面，虽然广告宣传可以扩大影响力，但公众对公益组织高投入广告宣传常持质疑态度，反而可能削弱组织公信力与社会认可度。

第四节　社区营造中社会组织形象传播的改进措施

在社区营造实践中，如何有效提升社会组织的传播效果，是当前亟须解决的重要课题。为此，社会组织在形象传播的理念、方式和方法上亟待进行系统性的改进和创新。

一、线下行动

（一）借助企业资源，推广社会组织

多数社会组织在日常运营中普遍面临资源匮乏的问题，而社区营造活动通常对资源的需求较高，二者之间不可避免地存在矛盾与张力。因此，许多社会组织在社区营造过程中难以赢得社区居民的广泛认可与持续支持。鉴于上述现

① 李文红：《新媒体舆情环境下组织形象传播的误区》，《出版广角》2017第19期，第78-80页。

实困境，社会组织可通过与企业开展合作的方式，获取必要的资源支持。

在现实情境中，部分企业出于履行社会责任或开展公益营销的考虑，倾向于与契合其发展需求的社会组织建立合作关系。从企业角度来看，许多企业拥有社会组织所不具备的丰富物质资源，如资金、人才等，同时在社区居民中也具有较为良好的公众形象。因此，企业可向合作的社会组织提供一定的支持，如资金援助、服务资源或其他形式的协助。同时，双方还可共同构建宣传平台，以展示企业与社会组织合作成果与社会价值。毋庸置疑，这些举措为社会组织提供了有力的外部支持。从社会组织的角度看，若能引导企业在追求经济效益的同时，积极践行社会责任，深度参与社区营造，并与社会组织及其他相关主体共同建设和谐社区生活，则可视为合作的成功典范。

社会组织与企业的合作形式（如公益营销）同样有助于企业在社区营造中树立良好的公众形象。在社区营造过程中，社会组织与企业呈现出相互依存、互利共赢的关系，合理合作有助于实现多方共赢的目标。然而，需明确认识到，社会组织与企业的合作关键在于提升双方的社会价值，谋求可持续发展，而非仅关注短期利益。

首先，社会组织与企业应开展前期协调与互相了解，在社区营造领域寻求符合双方核心利益的共同价值目标。其次，应共同确定契合双方需求的传播推广形式。在合作实践中，企业可从公益营销的视角开展品牌宣传与项目合作，社会组织则通过积极推广，提升社区居民对其参与社区营造工作的认知度与关注度。若此类线下合作模式能够通过线上渠道进一步传播，无疑将有效提升社会组织在网络空间的可见度与影响力。

（二）紧抓热点话题，获得大众传媒的关注

传统大众传媒仍是社会组织提升知名度、扩大影响力、吸引外部资源的重要渠道。通过建立良性互动的合作关系，资源有限的社会组织可在社区营造中以较低成本实现更大的传播效益。弱势群体每一次的媒体曝光，都是其争取社会关注与资源支持、促进未来发展的重要契机。社会组织可以透过媒体树立形象、传递信息、获得社会地位。因此，大众传媒可算是符合成本效益的资源①。

① 黄玫菁：《整合营销传播在社会组织之应用——以社会福利慈善基金会为例》，硕士论文，台湾中山大学公共事务管理研究所，2001，第20–50页。

大众传媒掌握着远超多数社会组织的社会资源，并具备更强的传播能力与舆论影响力。借助大众传媒这一“放大镜”，原本看似微不足道的事件也可能引发公众的广泛关注与热议。绝大多数社会组织都会主动与大众传媒建立联系，在接受采访报道的同时，提供相关信息，以提升社区居民对社区营造议题的认知，争取公众理解与支持，并传达组织的宗旨与使命。因此，为吸引大众传媒的关注，社会组织应主动了解其报道偏好与传播需求。

大众传媒亦应加强与社会组织之间的良性互动与合作。首先，大众传媒应坚持客观中立的报道原则，其传播策略应充分体现社区居民的利益诉求。社会组织所代表的声音往往也反映了社区居民的意愿，两者的共同立场为媒体与社会组织的合作奠定了良好基础。其次，社会组织可主动向大众传媒提供与社区营造相关的资讯与信息来源，助力其开展深度报道。通过与社会组织的有效合作，大众传媒能够获取有关社区营造的专业知识与第一手资料，从而增强报道的专业性与权威性。从社会组织的角度看，为争取大众传媒的关注，应在策划社区营造项目议程时，提前做好筹划准备，明确项目亮点，突出其新闻价值。

二、新媒体传播

随着数字技术与网络技术的不断发展与成熟，数字媒体日益繁荣。媒介技术的持续演进改变了媒体的发展模式，“媒介融合”已成为传媒产业的重要发展趋势。这一现象被称为“融合”：新旧技术的融合与媒介壁垒的打破同步发生，“数字多媒体”应运而生；传统媒体不断跨界发展，社交媒体广泛兴起，共同推动了一个万物皆媒的全媒体与融媒体时代的形成。当前，跨媒体新闻素材的采集与制作、跨平台媒体内容的流通已成为常态，其处理方式与发布渠道日益多样，媒体产品的生产正在逐步走向跨平台团队协作模式。全媒体时代催生了一种新的传播体系：传统的高度集中、一对多的大众传播方式逐渐式微，取而代之的是去中心化、强调互动的新型传播模式。这种媒介环境变化也催生了“全方位营销传播”（或称“整体营销传播”），即“以客户为中心，从组织的长远角度出发，有机整合的营销活动和方法”[①]。

① 斯图尔特·皮尔森、爱德华·马特豪斯、王天夫：《第五代整合营销传播：拓展领域至利润、人类和地球》，《北大新闻与传播评论》2024年，第3-19页。

“媒介融合”的概念最早是由麻省理工学院的尼古拉斯·尼葛洛庞帝（Nicholas Negroponte）教授提出的[①]。该概念最初提出时，指的是各类媒体具备多功能融合的特征：传统媒体呈现出信息单向输出、传播周期长的特点，同时具备受众面广、社会影响力强等优势；相比之下，新兴网络媒体虽然传播速度快、互动便捷，但其在真实性、权威性与可信度方面仍存在明显不足，这是不可忽视的问题。因此，应将两者有机结合、互为补充，以充分发挥各自的优势。例如，社会组织在推广活动时，既可通过自媒体、社交平台或网络论坛发布信息，也可同步邀请传统媒体参与报道。纸媒与网媒联合传播，既提升了信息的可信度，也扩大了受众覆盖范围。新媒体作为近年来兴起的媒体形态，传统社会组织尚未建立起与其相适应的传播机制与运作体系。因此，亟须构建适应新媒体环境的内部运行体系，包括组织架构、基础设施、人员培训机制与数据库系统，并做好战略调整、营销策划、传播渠道整合与效果分析等各项准备。

（一）重构新媒体传播组织架构

针对当前社会组织形象传播动力不足的问题，可对原有传播架构进行整合优化，或重组传统传播部门，或设立新媒体传播部门，并实现传统传播与新媒体传播的融合发展。经组织架构优化后，将更有利于明确部门职责、统筹资源，全面提升社会组织的形象传播能力。

（二）加强新媒体传播人才培养

随着媒体融合的深入推进，新的媒介生态格局逐步确立。这不仅要求传播从业者摒弃守旧观念、突破传统思维框架，也对社会组织形象传播人才的培养提出了更高要求与全新挑战。新媒体传播人才的培养对社会组织而言至关重要。从事新媒体传播的人员必须具备适应网络时代发展的能力。首先，应具有较强的年龄结构优势。其次，作为伴随信息技术进步而兴起的传播形态，新媒体对传播人才的综合素质提出了更高要求，主要包括：开阔的传播视野、丰富的媒体经验、较强的互联网应用能力、逻辑思维与写作表达能力、敏锐的信息判断力与审美能力等，同时具备一门外语能力亦属优势条件。在经费有限、人力资源相对不足的情况下，社会组织可整合外部资源（如广告策划机构、新媒体公

---

① 陈秀丽、谢茵：《媒介融合背景下“跨媒体项目”课程教学改革探析》，《西部素质教育》2023年第4期，第29-32页。

司、兼职传播人才等），借助专业力量提供高效、精准的传播支持。此外，社会组织还可通过招募高效的社区志愿者，缓解人力资源紧张的问题。

（三）拓展新媒体传播渠道

1.优化官方网站建设

官方网站是社会组织开展新媒体传播的低成本、便捷渠道之一。目前，不少运作良好的社会组织已率先建立官方网站，用于展示机构形象、提供咨询与社会服务。社会组织的官方网站具有一定的公信力，有助于增强公众信任感。其所提供的建议和信息更易于被公众接受，因此，官方网站在社会组织形象传播中发挥着重要作用。同时，官方网站的建设质量在一定程度上直接影响社会组织的视觉形象与专业感知。官方网站可融入更多互联网技术元素，如AI虚拟交互体验、全景3D视觉效果等，重点提升网站的视觉呈现与用户交互体验。通过视觉手段呈现的组织标识、鲜明的色彩风格与精心设计的广告，不仅是图形与色彩的组合，更是将社会组织的核心理念、价值观、精神追求、文化特质及服务规范等抽象内容，转化为具体可感的视觉符号。这一过程不仅有助于社会组织形象的立体化与鲜明化，也能有效提升其在公众心中的认知度与影响力，从而推动其可持续发展。

2.提升社交媒体传播影响力

（1）微博传播

微博已成为社会组织传递理念、提升知名度与扩大社会影响力的重要渠道。微博具有操作简便、成本较低、传播精准、互动性强等特点，能够迅速与受众建立联系。用户可自由发表观点、实时评论与转发，并获得及时反馈。相较于传统单向传播方式，微博传播更具亲和力、趣味性与互动性，传播效果也更加显著。社会组织可运用微博的互动传播机制，设立官方账号，并邀请行业专家、网络红人、学者或意见领袖关注并转发内容，协助组织形象的推广与扩散。社会组织在运用微博传播形象时，应形成自身特色，注重服务意识，及时回应社区居民的意见与建议，构建良好的双向互动机制。同时，应与公众、政府、志愿者、赞助方和服务对象等建立更深层次的联系。

（2）微信传播

作为一种点对点网络通信工具，微信为社会组织提供了建立公众号、推送信息、实现线上服务与传播的重要平台。这已成为当前主流的线上线下融合传播方式之一。微信传播具有成本低、无广告费用、资源消耗少等优势，日益受到社会组织的青睐。在微通信时代，公众越来越倾向于利用碎片化时间接收碎片化信息。微信公众平台通过“一对一”的关注机制与信息推送，实现了精准的营销定位。这一平台为社会组织提供了重要的形象传播机遇。社会组织可推送与当前热点议题、大众关注点高度相关的信息，以提升公众关注度并激发其自发分享意愿。同时，微信公众号可通过轻松幽默的语言、丰富的表情符号和精美的图文内容，提升阅读愉悦感和视觉吸引力。

（3）开发智能移动应用（App）

随着智能手机、平板电脑等移动终端的广泛普及，公众逐渐养成通过智能设备获取信息的习惯。智能应用传播是指通过发布移动应用程序，吸引社区居民下载使用，以开展相关的信息传播活动。相比传统纸媒和电视广告的高昂投放成本，智能应用营销仅需开发一款具有趣味性的软件，即可实现用户长期使用，并一体化完成产品咨询、购买与服务等功能。由此可见，智能应用传播与微博、微信等平台传播方式类似，均具备低成本、高效能的特点。

（4）善用微信小程序平台

微信小程序不同于微信公众号，是一种无须下载安装即可使用的轻量级应用程序。用户可通过扫码或搜索方式，在微信界面中使用小程序的全部功能。小程序的全面开放，极大拓展了其注册与应用范围。企业、政府、媒体及其他各类组织或个人开发者均可便捷申请注册小程序，社会组织也因此具备了开发或采购专属服务型小程序的条件。借助小程序平台，社会组织可更精准地回应社区居民需求，促进紧密和谐的社区关系建设。

（5）推动资源整合与协同利用

社会组织所需资源主要包括社会、政治、智力、人力、财政与技术资源等多个维度。资源整合是指社会组织对内部与外部资源的系统协调与有效整合。内部资源整合指社会组织内部各部门、员工与会员之间的协作机制，涵盖信息沟通、计划协同、预判管理与联合推进等内容。外部资源整合则包括社会组织与政府部门、志愿者群体、服务对象及相关企业之间的合作与资源共享。

社会组织可借助媒体传播平台开展资源整合，尤其在用户进入其微平台后，即可实现组织形象的有效展示与信息传播。首先，社会组织应全面、迅速地收集用户信息、背景数据与平台流量指标，以深入了解受众关注点与兴趣偏好，从而优化内容策划与点击转化率。其次，应重点关注关键微营销平台，主动拓展与潜在用户及关键意见领袖（KOL）的合作关系，激发其成为内容传播的核心推动者与二次传播主体。此外，在进行内容推送时，社会组织应聚焦公众普遍关注的热点议题，适时转发相关讨论，分享真实用户反馈，并发布具有引导性与激励性的资讯，这样不仅能提升传播吸引力，还能通过精心策划的热点内容推送，实现资源整合与传播效能的双重提升。

（四）强化线上传播窗口的建设与管理

1.及时高效响应用户反馈

社区居民在线提出的问题若能被及时回应，他们将感受到被重视与关心，这有助于提升社会组织的公众形象。但是，从现实情况来看，对于社区居民的评论，社会组织既没有必要，也没有足够的精力来完成对所有评论的回复。因此，社会组织应优先选择具有代表性的问题或评论进行回应，以提高反馈效率与公众满意度。尤其应关注评论中的负面意见，妥善处理以避免形象受损。在开放的网络环境中，即便是关注度不高的社会组织，也难以避免面对多样化的负面评论。因此，如何有效应对公众负面评论，是社会组织在开展网络形象传播过程中必须面对的课题。与其回避或辩解，不如以真诚态度回应质疑，秉持公开透明的原则，与公众积极沟通，争取达成理解与共识。社会组织应重视公众意见，坚定信心：负面评价是可化解的，只要积极回应问题、切实改进，就能赢得公众理解。

2.设计线上互动活动，促进公众参与

线上活动可设计为简便的小游戏或轻量级互动形式，便于公众在短时间内参与完成。如前所述，公众普遍对网络活动具有较高参与意愿，也更加重视活动的便捷性与可达性。尤其当活动过于复杂或反馈成效不明显时，社区居民的参与积极性往往会逐渐降低。因此，设计轻松有趣的互动内容，有助于提升社区居民的参与度与体验满意度。更为关键的是，居民在参与线上活动的同时，往往也愿意主动分享相关内容。一方面，亮眼的活动成果能够激发社区居民的展示欲望；另一方面，社会组织亦可借助用户分享，扩大自身形象传播范围，实现二次传播效果；再一方面，社会组织亦可借此传播自身的组织形象，使其被社区居民的更多朋友看到，从而达到再传播的目的。

3.科学设置线上传播窗口

部分主流在线媒体（如新浪微博）已为社会组织提供定制化页面，支持其自主设置信息模块。科学配置线上窗口，有助于突出核心组织信息，提升公众交互体验与获取效率。例如，中国扶贫基金会在新浪微博平台上采用了公益专属模板进行展示。通过页面链接，公众可直接进入其微博内设的在线捐赠通道。此外，该基金会主页还可显示捐赠者身份信息，既体现出公开透明的管理机制，也回应了捐赠者对成就感与社会认同的心理期待。因此，无论捐赠金额多少，捐赠者在行为完成后已与组织建立起某种情感联结。同时，一些捐赠者还会主动分享捐赠行为，实现组织信息的二次传播。

4.加强互动内容监管，防范不良与有害信息

公众在网络平台上的互动交流与意见竞争，在客观上促进了多元观点的呈现与交锋。同时，网络媒体传播中信息发布主体的多样性和内容的广泛性决定了信息的复杂性。基于互联网平台上的互动内容常表现出信息混杂、行为复杂等特征，互动监管应聚焦网络平台上的内容发布与用户行为，确保社会组织形象传播的信息真实可靠。

三、构建整体传播体系

随着互联网、大数据与人工智能技术的发展，当前网络经济已步入“注意力经济”与“数字经济”阶段。随着用户生成内容（UGC）的兴起，公众不仅是信息的接收者，也成为内容的生产者与传播者。在信息过载的背景下，吸引受众注意力变得日益困难。社会组织应思考如何有效提升服务产品的可见度，同时增强组织的公信力与影响力。这要求整合多种媒体资源与传播渠道，依托专业化运营实现系统传播效果。

在全媒体传播体系中，社会组织不仅要拓展新兴传播平台，还应聚焦传播重点，确保信息主题一致，凸显社区营造的核心价值。目前，微博与微信是我国发展最快、传播效果最显著的新媒体平台，是社会组织投入新媒体传播的关键渠道。社会组织应在内容策划、界面设计、用户推广、服务响应、品牌信誉

管理及用户体验等方面与平台协同，实现传播的精细化与精准化。

渠道整合是指同一传播活动通过多家新媒体平台与传统媒体同步推进，形成多平台联动效应，提升传播覆盖与影响力。唯有实现各平台传播内容的协同一致，整合新媒体与传统媒体资源，才能统一品牌形象，传播语言与核心信息，最大化营销传播效果。同时，社会组织在进行新媒体传播时，应着重适配手机、平板等移动终端的阅读习惯，通过智能应用与小程序协同，提升传播内容与受众需求的契合度。

社会组织应主动走出“信息茧房”“信息孤岛”困境，积极设置传播议题，强化组织在社区营造中的参与感与主体性。推动社会组织集体反思，突破过往传播的简单化与封闭性限制，促使组织形象传播由小众化走向大众化。因此，社会组织在全媒体环境下应积极转型传播方式，借助数字技术与平台融合，实现品牌传播的战略升级。

第九章　社会组织参与社区文化营造

社区文化营造是指社区居民通过多种方式挖掘并激活本地的历史与文化记忆，增强对民族文化与在地文化的认同，进而共同营造和谐美好的社区环境。社区文化营造有助于增强居民的归属感、认同感和自豪感，对于提升居民的幸福感和促进社会稳定具有重要意义，是社区营造不可或缺的组成部分。因此，社会组织积极参与社区文化营造活动，丰富居民的精神文化生活，营造和谐宜居的社区环境，有助于实现社区营造的目标。

第一节　社区文化营造与社会组织之间的关系

随着市场经济与城市化的不断推进，居民对文化的需求不断提升，呈现出多元化与多层次的特征。在政府与市场作用有限的背景下，如何满足居民日益增长的文化需求、营造良好社区文化氛围、创新社区文化治理机制，已成为当前社区营造亟须破解的现实问题。《培育发展社区社会组织专项行动方案（2021—2023年）》明确提出，应以社区社会组织为基础，深入推进社区文明建设。该方案旨在依托社区社会组织这一有效平台，促进社区内部的团结和谐，同时在更大范围内传播社会主义核心价值观。为实现上述目标，应积极引导社区社会组织广泛开展各类群众性文化教育活动。相关活动涵盖歌咏、阅读、书法、朗诵、科普等多个方面，旨在满足不同年龄群体及多样兴趣偏好的文化需求。通过上述活动，引导居民在参与中感受文化魅力、提升文化素养，并在潜移默化中传播社会主义核心价值观。社区社会组织的积极参与、持续推动，将不断丰富社区文化营造的实践成果，为建设文明、和谐、美好的社区环境提供坚实支撑。

一、社区文化营造的含义及意义

（一）社区文化营造的含义

根据学界通行观点，社区营造的内容通常划分为“人、文、地、景、产”五个方面。社区文化营造作为社区营造中“文”类要素的重要组成，主要聚焦于文化内涵的挖掘与传承。在以往实践中，社区文化建设主要由政府主导并提供经费，以自上而下的方式组织多种文化活动，旨在丰富居民的精神生活，体现了政府对社区公共文化服务的直接供给角色。社区文化营造不仅包括政府主导的文化建设，也涵盖以社区居民、社会组织为代表的多元主体参与的文化自治实践，即政府不再是社区文化营造的唯一主体。社区文化营造首先强调依托社区自身资源，深入挖掘文化内涵，打造具有本地特色的社区文化，进而推动社区共同体建设；其次强调满足居民的文化需求，倡导居民通过多种形式积极参与文化营造，提升精神生活质量，实现对美好生活的共同追求。

综上所述，社区文化营造是一个以居民文化需求为导向、由政府、居民与社会组织等多元主体协同参与，依托本地资源提供公共文化产品与服务，推动社区共同体建设的系统性过程。

（二）社区文化营造的意义

在中国特色社会主义进入新时代、全面推进文化强国战略的背景下，加强精神文明建设、满足人民日益增长的精神需求，使社区文化营造具备更加重要的现实意义。从顶层设计层面来看，党的十九届五中全会明确了“十四五”时期经济社会发展的主要目标，其中在社会文化领域取得了阶段性的重要进展。具体而言，社会文明程度持续提升，社会风尚日益向好，人与人之间的相互尊重与和谐共处逐渐成为常态。同时，社会主义核心价值观不断深入人心，已成为引领社会风尚、推动社会积极发展的价值指引。公共文化服务设施不断完善，文化活动形式多样，较好地满足了人民群众日益增长的精神文化需求。与此同时，文化产业呈现出蓬勃发展态势，文化产品供给日益多元，产业市场竞争力持续增强。

当前，我国社会文化建设取得了长足进展。社会文明程度提升，社会主义核心价值观深入人心，人民思想道德素质、科学文化素质及身心健康素质不断增强，公共文化服务体系与文化产业体系日趋完善，构成了丰富多样、积极健康的精神文化生活图景。

“十四五”规划纲要明确强调，坚持马克思主义在意识形态领域的指导地位，是确保国家文化发展方向正确的重要原则。这一坚持既是党在长期革命、建设与改革实践中积累的宝贵经验，也是保障国家文化发展方向正确、社会思想舆论稳定的根本所在。坚定文化自信，其根基来源于中华五千年文明史、党领导人民进行革命与发展的伟大实践，以及中国特色社会主义制度所展现的独特优势与蓬勃生命力。通过持续开展形式多样的文化活动，提升公共文化服务水平，使人民群众在共享文化成果的过程中不断提升文化素养与审美能力。同时，还需加强对外文化交流与合作，推动中华文化走向世界，提升国家文化软实力，展示良好的国家形象。由此可见，我国高度重视文化建设，加强社区文化营造不仅是响应文化强国战略的具体实践，更是实现社会主义文化强国目标的应有之义。从社会治理层面看，社区文化营造是推动基层治理创新和深化社区营造实践的重要落脚点。

社区治理的现代化是国家治理体系与治理能力现代化的重要基础与关键支撑。在建设系统完备、高效有序、科学规范的国家治理体系过程中，社区治理的现代化发挥着基础性和引领性作用。具体而言，社区治理现代化要求在社区层面同步推进治理理念、治理机制和治理方式的现代转型。这包括加强社区民主建设，激发居民自治活力，充分发挥基层自治组织的作用；同时，还需不断提升社区治理主体的专业能力与协同能力。这要求社区治理者树立现代治理理念，掌握系统的治理工具与方法，具备应对复杂多元社区问题的综合能力。通过持续提升社区治理者的综合素质和专业能力，能够有效促进社区治理体系的优化升级与治理效能的稳步提升。

社区文化营造的过程本质上是党委引领、多元协同参与、协商民主推进的过程，是共建共治共享理念的具体实践路径，也是推动基层治理范式转型的重要方式。从居民视角出发，社区文化不仅反映居民的日常生活状态，也是其精神风貌、价值观念与生活方式的集中体现，更构成中国特色社会主义文化体系的重要基层单元。然而，随着信息化和城市化进程加快，传统的熟人社会正逐步被陌生人社会取代，居民之间的日常交往减少，对社区事务的关注度和参与意愿明显下降。因此，加强社区文化建设、满足居民多样化的精神文化需求，既是增强邻里联系的重要手段，也是提升居民社区归属感和认同感的关键环节。

二、社会组织参与社区文化营造的职能与优势

（一）社会组织在社区文化营造中的角色定位

社区文化营造是一个多元主体协同参与、互动共建的过程。社会组织作为社区文化营造中的多元主体之一，通常在实践中承担资源链接者、多元参与推动者、居民参与引导者和社会风险承担者等多重角色。其所具备的专业性、针对性与公益性优势，能够有效弥补政府、家庭、邻里和企业在社区文化营造过程中的功能短板，成为推动社区“善治”的重要力量，并切实提升社区文化营造的整体水平。

1.资源链接者

社区文化营造并非一项短期工程，其推进过程不仅依赖各方力量的积极参与，也亟须大量资源的持续投入。社会组织依托其独特的功能与优势，在社区文化营造中承担资源链接的职责，有效保障营造工作的可持续推进。例如，社区基金会可通过公开透明的募款机制与公益项目支持，广泛动员社会各界捐赠善款、整合资源，并将其有效投入到社区文化营造活动中。尤其是在善款的筹集与使用方面，社区基金会一方面能够为社区文化营造提供坚实的资金支持，缓解社区在文化活动开展过程中面临的资金匮乏与渠道缺失等问题，减轻社区营造的资源压力，提升整体治理效能；另一方面，也在一定程度上分担了政府在公共文化建设中的财政负担。

2.多元参与推动者

社区文化营造的顺利推进离不开多元主体的共同参与。社区社会组织通常深度扎根于本地社区，组织规模较为灵活，并与社区居民及其他社会组织保持密切联系。在社区文化营造过程中，社区社会组织作为社区利益的代表者和关系网络的枢纽，其行动应建立在充分了解社区所面临问题与需求的基础之上。基于对社区问题和居民需求的深入了解，社区社会组织一方面需主动加强与社

区居民的沟通交流，深入了解并收集社区的实际需求信息；另一方面，还应积极链接外部资源，主要通过与其他社会组织协作、联合倡议等方式，推动更多外部主体参与社区文化营造。通过搭建多元主体合作平台，保障各方信息的多向流通，构建起多层次的资源关系网络，将政府、企业、社区居民等主体有效连接起来，提升其在互动、交流与协同治理中的能力水平，从而有力推动社区文化营造，切实实现社区公共利益的共享。

3.居民参与引导者

党的十九届四中全会明确提出，要建设“人人有责、人人尽责、人人共享”的社会治理共同体。这一理念的提出，体现了党对社会治理的高度重视与系统谋划，旨在激发各类社会主体的积极性，推动其主动、自觉地参与到社会治理实践中。构建新型社区生活共同体，离不开社区居民自治这一核心机制的有效运转。当前在多数社区中普遍存在的一种现象是：当居民遇到社区事务或具体问题时，往往缺乏积极主动参与解决的意识和动力，大多只是通过向居委会、业委会或物业公司进行简单反馈来表达诉求。这类反馈大多仅停留在问题表层的描述上，居民更关心的是问题能否被妥善解决，而非自身能否参与到解决过程中。无论是社区文化营造，还是具体问题的解决，都离不开社区内部主体的积极参与。在社区文化营造的全过程中，居民的公共精神与社区意识的培育始终是不可或缺的重要环节。社区社会组织不仅具备为居民提供服务的能力，也肩负着引导居民参与社区事务的重要职责。社区社会组织通过搭建居民议事平台，引导居民积极参与社区公共事务的议题讨论与决策过程，鼓励居民主动提出问题、共同研讨方案并付诸实践。

通过搭建居民议事平台，社会组织能够更便捷地组织各类社区活动，为居民提供共同参与的机会，从而增进邻里之间的联系与互动。此类活动不仅丰富了居民的精神文化生活，也为社区问题的有效解决提供了载体，有助于培育居民的社区责任意识，增强其对社区的认同感与归属感。通过积极参与社区事务，居民能够更加深入地了解社区运作机制，逐步提升参与各项社区事务的主动性，从而增强主人翁意识，进一步自觉维护社区的和谐与稳定。

建立更加开放、透明的沟通渠道，有助于居民更便捷地表达自身的意见与建议。这一机制不仅有助于居民及时发现和解决社区问题，也能增强其表达的价值感，使其感受到自身意见受到重视。当社区问题得以有效解决，居民便能切实感受到社区环境的改善与发展，从而进一步增强对社区的认同感。居民将更加珍惜这一共同生活的社区空间，愿意积极投身社区建设，为社区的持续发展贡献力量。

4.社会风险承担者

在推动社区文化营造的过程中，必须充分考虑其可能面临的失败风险。首先，我国正处于社会转型期，复杂多变的社会因素增加了社会治理与社区营造的风险，这些风险往往具有隐蔽性、高风险性、不可预测性，以及相互交织的特点。其次，在社区营造实践中，各参与主体往往存在知识、技能与经验方面的不足，这些能力短板直接影响到营造活动的实际成效。面对上述复杂挑战，推动多元主体广泛参与，并努力克服各参与方的“有限理性”，成为提升社区营造质量的关键环节。然而，更为关键的是，要推动社会治理与社区营造过程中各类主体共同分担失败的风险，单靠政府作为唯一风险承担者是远远不够的。政府在社区文化营造中存在自身难以覆盖或难以高效完成的事务，这也对其他参与主体的风险预防与应对能力提出了更高要求。作为社区营造的重要参与方，社区社会组织也应当积极承担相应责任，从而在一定程度上分担政府与社区居民的治理压力。

（二）社会组织参与社区文化营造的优势发挥

1.专业性

社会组织在参与社区文化营造过程中，具有显著的专业性优势，主要体现在以下两个方面：

第一，服务领域广泛，形式多样。我国的社会组织作为社会发展不可或缺的重要力量，种类多样、功能多元，主要包括以下三种基本类型：一是社会团体。它由拥有共同目标、兴趣或价值取向的个体或单位自愿组成，属于非营利性组织。其主要职责在于维护成员权益、推动社会公益、促进社区和谐，常通过组织交流、培训、活动等方式提升成员凝聚力与社会参与度。二是社会服务机构。它以提供各类社会服务为核心，如教育、医疗、养老、环保、扶贫等。这类组织服务对象广泛，内容贴近民生，能在社区层面有效满足居民多样化的实际需求。三是基金会。它是一类专注于筹集资金、推动公益项目的非营利性法人组织。它们通常通过捐赠机制支持各类社区发展和文化项目，是资源链接与支持的重要平台。这三类社会组织通过覆盖不同服务领域的服务方式，为社区文化营造提供了坚实的资源支持和制度基础。此外，不同类型的社会组织在具体专业方向上各具优势。例如，文化类社会组织擅长开展历史文化普及，组织文艺活动，能有效提升社区的文化氛围；而学术性、专业性团体则能够为社区提供政策咨询与知识支持，充当智力保障。

第二，人员素质较高，能力专业。社会组织的另一个专业性体现在其工作人员普遍具备较强的专业背景与实际能力。一方面，许多社会组织成员拥有本领域专业教育背景，熟悉社会服务的理念与方法，能够高效参与社区文化项目的策划与实施。例如，社会工作机构在“助人自助”理念指导下，形成了较为成熟的服务模式，配备了经过系统培训的专业社工人员。另一方面，随着国家对社会组织发展支持政策的逐步落实，越来越多具有高等教育背景、专业能力突出的青年人才加入社会组织中，为组织注入新的活力。这不仅提升了社会组织的服务能力，也拓宽了其参与社区营造的视野和方法。此外，部分社会组织还积极建立起人才培养与培训机制，通过外部讲座、项目实践、组织学习等多种形式，不断增强自身队伍的专业能力与服务水平。

2.针对性

在社区文化营造中，社会组织的针对性优势有助于提升服务效率、降低资源浪费。传统社区管理体制下，政府或居委会往往采取“一刀切”的方式提供公共文化服务，忽视了居民在精神文化层面的多元化需求，进而在一定程度上造成资源配置失衡和治理效能下降。社区社会组织能够精准识别社区居民的多元化与差异化需求，围绕居民实际利益设计服务项目，并在充分沟通的基础上，制定有针对性的服务方案，提供富有社区特色的文化服务，从而更有效地满足居民的精神文化诉求，推动社区文化营造落到实处。

进一步来看，社会组织通常在进入社区之前，会通过实地走访、问卷调研、访谈座谈等形式，广泛收集居民意见，识别社区在文化需求方面的具体问题和潜在资源。这种基于“社区需求导向”的服务理念，促使社会组织能够设计出更加契合社区结构与居民特性的文化项目。例如，在年轻人聚集的社区，社会组织可以引入青年文化元素，举办动漫沙龙、社区摄影展、城市定向越野等项目；而在中老年人占比较高的社区，则可组织“非遗进社区”“太极养生活动”“红色文化读书会”等，更贴近实际生活需求，体现文化服务的差异性与适配性。

此外，社会组织还会与社区骨干、自治小组等建立协同机制，实现文化项目“共创共管”，进一步增强项目针对性与可持续性。这种基于需求调研、分类设计和共建实施的项目路径，有效解决了过去文化服务供需错位的问题，使社区文化营造更具精准性和现实意义。

3. 公益性

公益性是社会组织参与社区文化营造过程中最突出的优势之一。社会组织最根本的属性是非营利性，即其宗旨并非追求经济利益，而是致力于开展具有公益性质的各类社会服务活动。社会组织秉持利他主义理念和“为居民服务”的宗旨，在参与社区文化营造的过程中，能够将其公益价值观传递给社区居民，发挥文化引导和价值培育的作用。通过提供多样化的文化活动，不仅丰富了居民的精神生活，也有助于促进邻里间的互动与信任，增强社区凝聚力，营造温馨、和谐的社区氛围。以社区基金会为例，其在慈善资源的筹集与运用过程中，能够更加系统地传达公益理念和社会责任意识。社区基金会在践行公益宗旨的过程中，通过对社区文化营造项目的资金支持与服务协作，依托其服务目标的明确性和操作流程的规范性，推动项目有序推进，起到良好的引导与示范作用。这一过程有助于激发居民的参与热情，促进社区共建共治共享氛围的形成。

社会组织的公益性还体现在文化活动设计中的“公平可及性”原则上。在组织文化项目时，社会组织通常会优先考虑经济条件困难群体、空巢老人、残障人士等文化弱势群体，提供免费参与通道、交通补贴或辅助器材支持，保障其基本文化权益。

公益性还促进了社区志愿精神的传播。许多社会组织会设置志愿服务岗位，鼓励居民参与到项目组织与执行中，不仅增强了居民的主人翁意识，也激活了社区的内生动力。比如，在社区文化节、邻里节等活动中，志愿者往往承担引导、讲解、后勤、摄影等关键工作，其服务行为本身也构成了社区文化的重要组成部分。通过这些方式，社会组织不仅传播了公益理念，更在实质上推动了“文化共享”的实现，促进了社区居民之间的情感联系和价值共识，有效培育了积极向上、可持续发展的社区文化生态。

第二节　社会组织参与社区文化营造的方法和实践

一、社会组织参与社区文化营造的方式方法

社区文化营造不仅是对社区居住环境的物理改善，更是对居民精神文化生活的深度培育与滋养。社区文化营造注重提升整体文化氛围，通过多样化的文化活动与内容，回应居民对美好生活的多元追求与精神需求。在社区文化营造的全过程中，社区社会组织扮演着举足轻重的推动与引导角色。社区社会组织通过发起与倡导各类文化项目，积极整合与协调多方资源，推动社区的文化繁荣与和谐发展。

社区文化营造是一个持续推进的动态过程，既需要社区社会组织的长期耕耘，也依赖居民的广泛参与与主动投入。社区社会组织常通过设立文化小组、兴趣社团，组织开展文艺演出、专题讲座、文化展览等活动，丰富居民的文化生活选择。同时，社区社会组织还注重文化类公共服务体系的建设，通过提供图书馆、文化活动中心等便民设施，为居民接触和利用各类文化资源提供便利与支持。通过文化资源的整合与服务体系的完善，不仅有助于增强社区的凝聚力和归属感，也进一步促进居民间的交流互动，激发社区的活力与创造力。

社区文化营造是一项富有深远意义的基础性工作，不仅有助于优化居民的居住环境、提升生活品质，还能有力推动社区的和谐发展，为居民营造一个温馨、互助、充满人文关怀的生活共同体。因此，社会组织应结合实际情况，运用系统化、多样化的方式方法，持续推动社区文化营造工作的深入开展。

（一）搭建社区文化交流平台

当前，许多社区普遍存在一个问题：居民有表达文化需求的意愿，但缺乏有效的渠道和明确的平台来进行表达与反馈。建设社区文化交流平台，旨在为居民提供一个表达自身文化需求、参与公共事务讨论、与各类社区营造主体互动协商的开放性载体。社会组织作为连接社区居民与政府、企业及其他社会力

量的重要纽带，自然成为搭建社区文化交流平台的主要推动力量与协调者。社会组织通过联动社区党委、居委会、物业管理方，以及居民等多元主体，引导各方参与协商与共建，推动社区文化交流平台的系统性构建。此类平台通常采用线上与线下相结合的方式，扩大覆盖面并提升互动效率。在线下层面，社会组织可充分利用社区内的公共空间，将文化交流平台具体化、实体化，为各类参与主体提供面对面沟通与协商的场所。面对面的互动不仅增强人际情感联结，也有助于提升居民对社区事务的参与感与归属感。此外，线下实体平台还可作为社区文化活动的重要承载场地，用于展示社区的特色文化成果，供居民在日常休闲时参观与体验，从而进一步增强对社区文化的感知与认同。通过线上线下融合式建设，社区文化交流平台有效打通了多元主体之间的信息通道，为社区内部合作机制的建立与协同治理的实现奠定了坚实基础。

（二）激活社区文化资源

所谓社区文化资源，是指在社区文化建设与发展过程中所涉及、应用、投入并可被动员的一类资源总和。这些资源既包括物质层面的有形资源，如人力、经费、场地等；也涵盖精神层面的无形资源，如文化传统、价值观念、政策导向与社区认同等。从资源的形态与表现方式来看，社区文化资源大致可分为两类：有形文化资源与无形文化资源。有形文化资源是指那些可直接观察、触摸与量化的要素，例如，文化活动场所、图书阅览空间、专项经费、文化志愿者队伍等。无形文化资源则主要体现于精神文化层面，如社区的历史记忆、风俗习惯、文化认同、治理理念与政策氛围等。尽管这些资源难以量化，却在社区文化的建构与发展中发挥着基础性与引导性的关键作用。

社区文化资源是社区的文化根基与精神内核，是开展文化活动的重要基础，也是实现社区文化营造的核心保障。因此，社会组织亟须对这些资源进行系统性的激活与再利用。首先，社会组织应通过与社区干部深入交流、实地走访居民、查阅地方志与档案资料等方式，全面梳理社区中现有及潜在的文化资源基础。其次，结合居民的文化兴趣与生活需求，对社区文化资源进行类型化分类与功能梳理，如制度文化资源、精神文化资源与空间文化资源等，进而寻找资源与居民需求之间的契合点与互动可能。最后，社会组织需对文化资源进行系统链接与整合，并将其有机嵌入到具体的社区营造项目中，通过文化活动的呈现形式展现社区文化内涵，从而有效激发居民的参与意愿与文化认同。

综上所述，通过挖掘、梳理、链接与整合多维度社区文化资源，实现资源的有效激活，是社会组织推动社区文化营造不可或缺的重要路径与实践方法。

（三）挖掘和培育社区骨干

社区营造离不开广大社区成员的积极参与，其中骨干成员的示范带动作用尤为关键，能够有效激发其他居民参与社区事务的积极性，形成良好的互动氛围。因此，在推进社区文化营造过程中，必须高度重视骨干成员的核心作用，系统性地开展骨干的发掘与培育工作。

第一步是社区骨干的发掘。社会组织可依托前期深入调研所获取的数据资料，初步掌握社区居民的年龄结构、职业类型、兴趣偏好等基本信息。在此基础上，社会组织可以识别出具备潜力的社区文化营造参与者，并通过开展面对面访谈、组织志愿活动等形式，进一步了解其能力与意愿，从中发现适合承担骨干职责的居民。当然，社区骨干不仅要具备服务社区的热情，更应具备一定的综合能力，如自我学习能力、组织协调能力、宣传推广能力、群众动员能力，以及社会资源链接能力等。因此，社区骨干的识别应依据一套明确的遴选标准，该标准由社会组织结合社区的具体实际与项目需要加以制定，以确保骨干选拔的科学性与适配性。

第二步是对骨干成员的系统培育。主要包括两个维度：其一是“归位”——即帮助其明确自身在社区中的主体身份，强化主人翁意识，主动承担社区事务中的责任与角色。其二是“增能”——即在已有能力基础上进一步提升其实际操作与协调能力。社会组织应为骨干成员提供参与实践的平台，让其在真实场景中锻炼、成长。应鼓励骨干成员全流程参与社区文化活动的调研、决策、策划与执行，在实践中深化对社区事务的理解，实现能力与任务的双向适配，最终实现增能与赋能的目标。同时，随着社会组织不断地发掘与培育，部分潜在参与者逐步成长为社区骨干，他们具备良好的协作能力与一定的组织领导能力，能够在实践中发挥带动效应，吸引更多居民及多元主体积极参与到社区文化营造之中。

（四）培育社区文化自组织

社区文化自组织是指由社区居民自发组成，旨在满足居民多样化文化兴趣与需求的非营利性文化类团体或组织。此类自组织具有显著的基层性与在地性特征，与居民日常生活紧密相关，是推动居民广泛参与社区文化活动的重要承载平台。推动社区文化自组织建设的首要动因，是回应居民的文化生活需求，并尝试通过组织化方式解决社区中存在的具体文化问题或公共事务需求。因此，推动社区文化自组织的培育，已成为社会组织深化社区文化营造实践、激发居民内生参与动力的关键抓手。

在自组织的培育过程中，社会组织应扮演“引导者”而非“主导者”的角色，始终坚持将组织建立的主导权和决策权交还给居民本身，尊重其自主性和主体性。随着经济发展带来人口流动性增强，社区居民构成日益多元，来自不同地区、文化背景的居民在文化需求与兴趣方面差异显著，这也为社会组织在培育文化自组织过程中带来了实际挑战。

针对上述差异，社会组织在培育前期应通过实地走访、问卷调查、座谈会等多种形式，系统梳理和归类居民的文化兴趣与需求，并据此将居民初步划分为若干兴趣小组或文化主题群体。随后，社会组织可依据一定标准从小组成员中遴选出若干核心人员，包括小组负责人、活动策划者、宣传协调人、文案撰写者等，协助其共同制定组织章程、运行规则，并正式组建文化自组织。文化自组织组建完成后，社会组织应协助其结合社区的文化资源与发展重点，明确自身定位，寻找切入点，设计并启动首场具有代表性和凝聚力的文化活动。

当然，在活动策划与组织实施过程中，社会组织应运用自身在项目设计、资源整合与活动执行方面的专业经验，为自组织提供必要的支持与辅导。借助文化自组织所举办的各类活动，既可增强居民对该组织的认知度和信任度，也有助于吸引更多居民自发加入，提升组织的群众基础。在自组织的发展进入中期阶段，随着成员数量的增长与活动内容的拓展，组织治理能力的提升显得尤为迫切。

鉴于社会组织通常具备更强的专业性与组织能力，因此，在中期阶段可协助文化自组织优化治理结构，明确职能分工，完善业务流程，并对原有制度规范进行丰富与调整，引导其逐步实现制度化、规范化与自治能力的全面提升。同时，社会组织还可继续在活动策划、预算控制、风险评估等方面提供专业指导，助力自组织不断提升自主运作能力与项目执行水平。

总体来看，社区文化自组织的培育不仅有助于居民根据自身兴趣自主选择与参与文化内容，还能增强其对社区的归属感与文化认同，为构建具有内生动力的社区文化生态奠定基础。

二、社会组织参与社区文化营造的实践探索

随着社区营造理念的不断发展，国内外社会组织积极开展社区文化营造的实践探索，逐步积累了较为丰富的本土化经验与多元化模式。本节将分别介绍我国社会组织在社区公共空间文化、精神文化与制度文化等方面的典型项目实践，并以英国和日本为例，分析其社会组织参与社区文化营造的代表性经验，以供借鉴。

（一）国内社会组织参与社区文化营造的实践探索

1.社区公共空间文化营造——深圳市南山区蛇口社区“共建花园”项目

社区公共空间是居民进行日常社交、休闲与公共活动的重要场域。社区公共空间不仅指物理层面的场所和基础设施，更具有重要的社会功能。它承载着社区居民之间的社会关系网络，对于促进邻里互动、增强社区凝聚力、培育共同身份认同具有重要意义。深圳市南山区蛇口社区的“共建花园”项目，是社区公共空间文化营造的典型实践案例之一。

该项目由蛇口社区基金会主导实施，采用“共商、共建、共治”的社区营造理念，将原本疏于管理的公共绿地交由居民共同治理与维护，推动居民从“使用者”转变为“公建花园”的共建责任人。蛇口社区基金会始终坚持以社区居民需求为导向，在营造过程中积极挖掘与整合社区内部资源。项目初期，基金会通过实地走访、问卷调查等多种方式广泛收集居民意见；随后，搭建居民与政府、企业、社会组织之间的沟通平台，引导多元主体参与协商，鼓励居民表达诉求，共同探讨项目设计方案；在项目实施阶段，则根据前期调研成果开展具体建设，确保回应居民实际需要。

该项目取得了显著的社区营造成效：第一，成功打造出以花园为载体的特色宜居文化空间，不仅满足了居民对公共文化环境的期望，也强化了社区的文化氛围与居民的身份认同，增强了归属感。第二，在实施过程中，蛇口社区基金会有效整合了政府、居民、企业等多方资源，推动构建起协作共治的多元参

与平台，提升了社区治理的协同性。第三，项目过程中还催生并培育了多个由居民主导的文化自组织，激活了社区的内生活力，促进了居民的自我管理意识与社区自治水平的提升。

2. 社区精神文化营造——深圳“纸马舞托起文化核心，社区营造创造新高度”项目

优秀的传统文化根植于中华民族的历史记忆和日常生活之中，是中华民族不可分割的精神内核，也是维系群体认同与文化归属的重要纽带。加强社区精神文化建设，有助于提升居民对社区的情感认同与公共事务的参与意愿。

社区精神文化是社区文化营造的灵魂和核心，集中反映了一个社区的历史传承和精神面貌，注重传统文化所蕴含的深层文化内涵和价值元素，通过与现代的公众价值理念相融合，即社区文化的传承发扬和公众意识的崛起发展相互融合，以相同的文化精神力量重塑“熟人社会”，在传承和复兴优秀传统文化中唤起人们的共同文化记忆，形成强大的文化精神合力，增进社区居民参与感[①]。

我国传统文化资源底蕴深厚，社区文化营造既需从中继承智慧与精神价值，又必须通过现代化转译和场景化呈现，使其更贴近社区居民的日常生活，激发集体情感，增强文化认同。深圳市“纸马舞托起文化核心，社区营造创造新高度”项目，是精神文化营造的典型案例，展现了传统民俗艺术在激发社区文化活力中的独特价值。

该项目由深圳市东西方社工服务社实施，以“纸马舞”这一具有浓郁地域特色的客家传统民俗艺术为文化媒介，开展系列社区文化营造工作。项目实施过程中，社工团队首先通过走访调研，深入挖掘社区文化资源，发现了具有“非遗”价值的纸马舞艺术；随后，发挥引导作用，鼓励居民积极参与，共同组建纸马舞队伍，激发居民主体意识与文化自信；在此基础上，整合社区内部与外部资源，成功推动“非遗进社区——纸马舞专场展演”等文化活动，为传统文化创造可持续的展示与传播平台。此外，项目还注重将社会工作方法的专业体系与本地文化资源进行有效融合，通过项目化运作机制，持续推动社区文化项目的深化发展，助力实现社区营造的可持续性与“永续社区”的目标。

---

① 戴国强、耿香玲、刘克、季琼：《文化结构视角下的城市社区文化营造探讨——以江苏常熟部分城市社区为例》，《改革与开放》2018年第15期，第81-84页。

总体来看，该项目有效实现了社会工作专业方法与社区文化资源的深度融合，不仅推动了优秀传统文化的当代表达与传播，也满足了居民日益增长的精神文化需求。项目也促使居民更加认同社区特色文化的独特价值，重新理解传统文化所承载的智慧与精神力量，进一步增强了社区归属感与文化自信。

3.社区制度文化营造——锦绣苑小区的传统邻里文化营造

居民公约、楼道守则等社区治理制度，是制度文化在社区文化营造中的重要体现形式。社区制度不仅承载着社区内部的文化规范与价值导向，也是基层民主实践的重要载体，体现了社会主义核心价值观，是推进精神文明建设的重要制度抓手。通过制度对居民行为的规范与邻里关系的调节，不仅有助于保障居民的民主权利，也有助于营造有序、公正、协同的社区公共生活，进一步增强社区的凝聚力与文化认同。

社区制度文化营造的核心在于引导居民广泛参与社区公共事务的协商与决策过程，通过制度建设促进其权责意识、参与意识和集体归属感的提升，从而增强居民整体素质，培育法治观念和规则意识，夯实社区治理的基层基础。江苏常熟的锦绣苑小区，其传统邻里文化营造实践，是社区制度文化建设的典型案例，具有较强的代表性与可复制价值。

该小区在制度文化建设方面展现出鲜明特色，探索出多种契合本地实际的制度创新路径。锦绣苑小区隶属于常熟市锦荷社区，是一处典型的老旧住宅区，共有居民住宅24幢，共计467户。近年来，小区通过一系列制度创新举措，激发了居民参与热情，推动老旧社区焕发出新的活力与文化生机。第一，小区积极推行“百姓楼长”志愿服务机制，面向热心居民公开招募志愿楼长，协助调解邻里纠纷、处理公共事务，在社区与居民之间建立起稳定有效的沟通桥梁。第二，小区通过特色创建推动“微自治”建设，打造一批富有文化特色的“幸福楼组”。例如，17幢1单元打造“书画楼道”，以书法为交流媒介，征集住户书画作品和家风家训，在楼道空间中构建文化对话平台，增进邻里之间的认同与交流。第三，小区采用项目化运作方式推进传统文化传承，通过“传统文化唤新风”公益项目平台，深入挖掘日常生活中的中华优秀传统文化元素，并加以系统梳理与在地化表达，提升传统文化的现代传播力与社区适应性。通过“百姓楼长”“幸福楼组”“传统文化唤新风”等制度化治理实践，锦绣苑小区有效激活了邻里交往机制，推动了以信任为纽带的“熟人社区”重建，重构了居民间的社会关系网络，营造出互助、温暖、充满文化温度的社区氛围。

（二）国外社会组织参与社区文化营造的经验

1.英国社会组织参与社区文化营造的经验

作为现代工业文明的发源地，英国在较长时间内不断推进基层治理的现代化建设，通过制度改革和政社协同实践，逐步形成了多元主体共同参与的社区文化治理格局。在社区文化营造方面，英国社会组织的参与经验主要体现在两个层面：政府支持机制与社会组织自身运作机制，具有较强的借鉴价值。这些机制不仅丰富了社区文化服务的供给体系，也为我国探索多元协同治理、激发社会活力提供了可资参考的路径。

第一，在政府层面，英国政府通过政策先行，制度性保障社会组织在社区文化营造中的自主性与合法性。随着全球化与信息化的发展，传统的自上而下管理方式已难以满足英国居民多元化、个性化的文化需求。为应对治理挑战，英国政府率先承认公共管理能力的局限性，主张权力下沉，推动社会组织成为基层文化服务的重要提供者，从而有效回应居民日益多样的文化需求。为此，英国政府与社会组织建立稳定的合作伙伴关系，并通过立法手段赋予其公共文化服务提供主体的合法地位，营造宽松的制度环境和持续的参与空间，显著提升社会组织的自主性与能动性，激励其积极参与社区文化营造。这一以“权力下沉+制度保障”为核心的政策设计，强调在推动社区文化发展时，应注重构建制度化合作平台，保障社会组织的合法性与主动性。

第二，在社会组织层面，英国的社会组织在志愿者管理方面形成了较为成熟的机制，普遍采取项目化运作方式，围绕计划、招募、培训、使用、激励与退出等环节开展系统管理。根据项目需求，社会组织通过报纸、网络平台等多种渠道发布志愿者招募信息，并积极联络本地高校、志愿服务组织，开展多方协作，逐步形成完善的人力资源管理网络，有效缓解文化营造实践中人力资源短缺的问题。在资金来源方面，英国社会组织除获得少量政府资助外，更依赖社会募捐、慈善基金会支持及项目竞争性融资等方式，增强其财务独立性和自主运行能力。这一资金结构有效降低了对政府的依赖程度，使社会组织在社区文化营造中保持独立性，能够根据自身优势提供更具特色与针对性的文化服务项目。这一运行机制强调社会组织的自我造血能力，避免其陷入对政府单一资源的依赖，有助于其在社区文化营造中保持持续性和多元创新能力。

英国社会组织在制度支持与自主运营的双重保障下，形成了较为成熟、规范的社区文化参与机制，值得我国借鉴。其经验表明，推动社区文化营造的关键在于构建多方协同的制度基础、提升社会组织的内生发展能力，并通过政策引导营造宽松的发展空间。这对于我国在推进城乡社区治理体系和治理能力现代化中，如何更好发挥社会组织的积极作用，具有重要启示意义。

2.日本社会组织参与社区文化营造的经验

日本社区居民普遍具有较强的社区认同感和参与热情，这一现象背后，是其长期建立并不断完善的社区治理制度和多层次组织架构体系，形成了制度保障、文化培育与组织动员三位一体的社区文化参与基础。

第一，在政府层面，日本构建了“强政府、强社会”的治理格局，在此体系下，社会组织与政府保持相对独立而又协作均衡的关系，共同参与社区文化营造事务。为减少行政干预，政府通过引入市场机制，推动公共文化服务供给的多元化与市场化，使社会组织具备更大空间参与社区文化事务。同时，政府也提供财政扶持、公共平台和政策指导等多种支持方式，推动社会组织在公平竞争中实现专业化成长。同时，为保障社会组织提供的文化服务质量，政府通过设立标准、实施不定期监督评估等方式，确保服务内容符合公共利益导向和质量要求。

第二，在社会组织层面，日本注重以官办社会组织为引导，推动民间社会组织协同发展，并构建协作性教育平台。其中，“町内会”作为居民自我治理的重要载体，广泛承担社区事务管理与文化活动组织职责，兼具自治性与公共性，是日本社会自治传统与现代社区治理机制的结合体，是最具代表性的基层社会组织形式，在社区文化构建、公共空间营造，以及居民社会教育等方面发挥了不可替代的作用。“町内会”还通过与政府及其他社会组织开展合作，为民间组织提供技术指导、人员培训与经费支持，助力其成长与专业化发展。此外，“町内会”也常作为政策咨询平台，为政府完善相关政策与法规提供基层反馈与智力支持。

除政府、“町内会”及民间社会组织外，日本的中小学及高等院校也积极参与社区文化建设，成为促进官民协同、教育嵌入社区的重要力量。这一多方协作机制有效构建起政府、社会组织与教育机构的合作平台，推动社区文化的多元参与与和谐发展。学校还通过开展社区文化课程、学生服务学习等形式，实现文化的代际传承与社区知识的本土培育。

总体而言，英国与日本在社会组织参与社区文化营造方面形成了较为成熟的模式，分别体现出政府引导与民间协同的多元治理特征，值得我国在制度建设与实践路径上深入借鉴。尤其在建立政府—社会组织—教育机构的协同治理平台、完善社会组织自主运行机制、推动居民文化自主参与等方面，具有重要的启示价值。

第三节　社会组织参与社区文化营造的困境

我国社会组织的发展仍处于逐步推进的阶段，在参与社区文化营造过程中面临诸多现实困境，包括经费来源方式单一、组织自身能力不足、居民参与意愿不强，以及社区本土特色文化氛围欠缺等。这些困境在不同程度上制约了社会组织参与社区文化营造的实际效能与可持续性。

一、经费来源方式单一

社会组织的资金来源主要包括政府购买服务、社会捐赠、服务性收入和投资收益等，其中政府财政支持在各类资金来源中占据最主要的比重。政府通常通过公开招标等方式向社会组织购买服务，借此为其提供经费支持，而社会组织则在承接政府购买项目的过程中发挥自身职能，可见其对政府资源的依赖程度较高。经费来源结构的单一性不仅影响了社会组织的独立性，也引发了一系列实际问题。

社会组织的经费来源较为单一，这一现象引发了诸多现实问题：第一，我国社会组织的经费主要依赖于政府购买服务所提供的资金，这使得其对政府部门形成较强的依赖性，从而在一定程度上削弱了其作为独立法人的自主性，甚至呈现出一定的“行政化”倾向。第二，尽管近年来政府购买服务的资金投入有所增加，但从实际需求出发，这些投入依然难以满足社会组织在服务过程中所面临的多元文化需求，进而影响其服务覆盖面和内容质量。这也导致部分社区的文化需求长期得不到回应，影响社区文化营造的整体均衡性。第三，政府购买服务的资金存在一定的不确定性，社会组织在项目实施期间常处于经费紧张和焦虑状态，担忧机构长期运营的可持续性，从而在发展路径和项目规划方面形成掣肘，影响其整体稳定性和服务延续性。第四，经费来源过于单一还可能诱发“投机行为”的出现，即社会组织为了争取更多政府项目经费，在实际项目运营中可能采取应付式执行，降低了项目实施质量，削弱了工作的实际成效。长期如此，将削弱社会组织自身的专业发展能力，也损害其在社区中的公信力。此外，基金会及社会捐赠本应在支持社会组织发展中发挥积极作用，但从现实情况来看，社会组织从这一渠道获得的经费份额极为有限，难以对其可持续发展及参与社区文化营造产生实质性支撑。

二、社会组织自身能力不足

社会组织能力不足，是当前其在参与社区文化营造过程中面临的突出困境之一。能力欠缺直接导致服务效果难以达到预期，与居民的多元文化需求和参与期望之间存在一定落差。具体而言，社会组织能力不足主要表现在内部治理结构不健全、专业人才匮乏，以及资源调动能力薄弱等方面。

一是社会组织内部治理能力较弱。当前，我国大多数社会组织成立时间较短，规模普遍偏小，人员编制有限，发展尚处于初期阶段。这类组织往往缺乏规范的组织架构，内部管理较为松散，决策、执行与监督机制尚未健全，难以形成科学高效的运作流程，直接影响组织的日常运行效率和服务质量。

二是社会组织人才匮乏。社会组织工作人员既是活动的策划者，又是服务的执行者，其综合素质直接关系到社区文化服务的专业化程度。面对社区居民日益多元的文化需求，社会组织人才队伍面临较大挑战。一方面，社会对社会组织的认知度和认可度仍较低，从业意愿不足，导致专业人才流入困难；另一方面，社会组织普遍面临薪酬水平偏低、职业发展空间有限等现实问题，难以吸引高素质人才长期稳定地参与社区服务，也限制了队伍的专业化建设。

三是社会组织资源调动能力较弱。目前，具备广泛影响力和品牌效应的社会组织数量有限，公众对社会组织的认知存在偏差，部分政府和社会公众对其仍持观望甚至警惕的态度。社会组织与政府、企业和其他社会力量之间的合作联系不够紧密，在资源统筹、项目链接和外部合作方面存在较多制约，难以有效整合外部支持资源，影响项目的顺利实施。

值得注意的是，许多社会组织在能力成长路径上缺乏系统性的内部机制支持。例如，缺乏规范化的培训体系、职业晋升路径及绩效激励机制，导致员工发展空间有限，影响其职业稳定性与服务热情。组织整体也因缺乏长效的能力提升机制，难以实现组织发展的专业化和可持续性目标。在实际操作过程中，社会组织常因缺乏与基层治理结构（如街道办、社区居委会、物业单位）的稳定合作渠道，影响项目推进效率。以社区文化活动的开展为例，社会组织在申请场地、协调志愿者或获取资金配套支持时，时常面临流程不清、响应滞后的问题，导致活动筹备周期拉长，居民参与积极性受到影响，进一步削弱其公共服务供给的效率与信任基础。作为促进社会公平的重要机制，以慈善为核心的第三次分配在当前仍未充分发挥作用。我国社会尚未形成广泛参与的慈善文化，公益理念传播和制度建设仍有待加强，导致大量潜在资源难以有效汇聚至社会组织，进一步加剧了其资金与资源困境，限制了其向社区居民持续提供文化服务的能力。

综上所述，社会组织存在治理结构不完善、人才队伍薄弱、资源整合能力有限等方面的能力短板，已在不同程度上影响其服务效率与质量，削弱其在社区文化营造中的专业形象与公众信任，亟须通过系统建设与外部政策支持实现全面能力提升。

三、居民参与意愿不足

推进居民参与既是社区营造的内在要求，也是实现社会治理现代化的重要路径。社区文化营造项目的开展离不开社区居民的广泛参与。居民既是社区的主人，也是社区营造多元主体中的关键一员，在文化营造过程中既是积极的参与者，又是成果的直接受益者。目前来看，社会组织组织的一些社区文化营造活动在一定程度上能够吸引居民参与，在居民和社会组织的共同推动下，社区文化营造工作也取得了一定的积极成效。

从实践来看，每次参与社区活动的居民往往相对固定，多数居民对参与社区文化活动持较为被动和消极的态度，鲜少有新的居民主动加入活动之中。在现有参与者中，妇女和儿童是社区文化营造中的主要力量，但相较于整个社区人口而言，他们所占比例仍然较小，由此也反映了居民整体参与意愿不足的现实困境。一些被称为“社区骨干”的居民对社区文化营造活动的积极性不高，缺乏实质性的参与投入，未能有效发挥带动其他居民参与的示范作用。居民参与意愿的不足，直接影响了社会组织介入社区文化营造的实际效能，使得“自下而上”的参与机制难以真正落地。提升社区居民的参与意愿，仍然是一项长期而艰巨的系统性任务，既需要持续的动员引导，也有赖于制度机制的逐步完善。推动形成多元共治、广泛参与的社区文化生态，仍需将居民的主体性激发作为核心任务之一。

四、社区本土特色文化氛围薄弱

当前，社区对居民日常生活中所蕴含的本土特色文化挖掘仍不够深入，导致社区文化营造呈现出形式化、同质化等现象，文化活动往往流于表面，未能真正与居民的生活经验与文化认同建立有机联系。一是当前部分社区文化活动仍以意识形态宣传为主，缺乏与本地文化资源和居民生活实际的有机结合。二是有关社区本土特色文化培育的政策支持仍显不足，相关政策数量有限，内容也不够明确，缺乏清晰导向。这使得社会组织在推进社区文化营造过程中，难以把握合理方向和行动路径。在这样的文化基础薄弱与政策引导不足的背景下，社会组织在挖掘、转化和传播本土文化资源方面往往缺乏有效抓手，难以形成持续性的文化营造机制。社区本土特色文化不仅与公共空间、治理制度和精神内核密切相关，也深深嵌入于居民的日常生活方式与文化记忆之中。深入挖掘和培育具有地域特色的社区文化，不仅有助于激发居民参与的积极性，也能够有效提升居民对社区的认同感与归属感。

第四节　社会组织参与社区文化营造的发展方向

社区文化营造是一个持续且漫长的过程，在这一过程中，社会组织需不断总结实践经验，并根据实际情况灵活调整其介入策略。在学习借鉴国内外相关实践经验并深刻认识现实困境的基础上，社会组织应进一步明确社区文化营造的目标，有效整合人力、物力等多元资源，持续创新参与方式与方法，积极探索未来的发展路径。

一、调动社区居民参与积极性

正如前文所述，社区文化营造迫切需要社区内生力量的积极参与，而社区居民的广泛参与不仅是其中不可或缺的重要组成部分，也是实现多元协同治理的核心环节。同时，随着信息化社会的迅猛发展，社会结构已逐渐脱离20世纪的熟人社会形态，转而演变为以“陌生人社会”为特征的新型结构。这一转变在一定程度上削弱了社区居民之间的交流与互动，阻碍了其对社区事务的协商与表达，进而导致部分居民对社区公共事务漠不关心。因此，增强居民之间的情感联结，激发社区居民的主体意识和参与热情，提高其对社区的归属感与认同感，成为推动社区文化营造的重要基础。

“搭便车”现象在集体行动中难以完全避免，因此，需通过有效机制提升居民的参与积极性与公共责任意识，从源头上抑制其发生。一是由社区居委会牵头，定期组织并带动居民参与社区事务，增强其参与感与归属感，营造和睦共处的社区氛围，推动共商共建的和谐社区建设；二是通过在社区设立“表彰墙”等公共展示载体，对积极参与社区事务的居民给予公开表彰与精神鼓励，营造良好的正向激励氛围；三是立足于居民的现实需求，精心设计与其切身利益密切相关的活动，确保活动具有实效性和吸引力，从而促使居民持续、稳定地参与社区事务。

二、整合居民需求与社区资源

居民需求可划分为对社区内环境质量的需求、对社区基础设施的需求、对社区服务设施的需求，以及对社区服务项目的需求。因此，为了达到更好的社区文化营造效果，也就需要社会组织充分调研了解社区居民多样化的需求，以此来保证这些需求在不损害社区集体利益的同时又能得到尽可能的满足。

（一）社区环境质量的需求

良好的社区环境质量能够显著提升社区的宜居性与生活品质，改善社区整体形象，增进邻里之间的和睦关系。由此，不仅能增强居民对社区的归属感，也能激发其内在的情感认同，进而提升其参与社区文化营造活动的主动性与积极性。

（二）社区基础设施的需求

居民对社区基础设施的需求主要包括教育、医疗、商业等基本配套设施，还涵盖金融、房产、服装、美容美发、家居装修、餐饮、零售等多种生活服务功能。此外，对于“一站式”综合服务大厅的建设，应确保其功能设置全面、运作机制高效，真正实现便民服务的整合与提升。具体而言，服务大厅内可设置信访维稳、民政救助、残疾人服务、劳动保障、安全生产监管、卫生监督、社区文化服务等多个功能窗口，使居民能够在单一空间内高效办理多项事务，从而有效减少奔波成本，提高公共服务效率。此外，为进一步提升服务效率，还可引入智能化服务手段，如建设线上服务平台或配置自助终端设备，便于居民处理常见事务，实现服务获取的便捷化、数字化。

（三）社区服务设施的需求

社区服务设施是提升居民生活质量的重要保障，涵盖不同人群的基本生活与精神文化需求，常见设施包括健身房、青少年活动室、文体娱乐室、社区图书馆、亲子活动中心及老年人日间照料中心等。在这些设施中，健身房主要为居民提供基础运动器材与场地，是满足居民日常健身需求的重要场所。青少年活动室则应以“服务青少年健康成长与全面发展”为核心理念，成为青少年课外学习与社交互动的主要平台。文体娱乐室、亲子活动中心及老年照料室等，则是联络邻里情感、组织日常活动、促进代际交流与保障居民生活质量的重要空间载体。

此外，在当前精神文化需求日益增长的背景下，社区通过建设青少年活动中心、老年照护设施等服务场所，不仅体现了对弱势群体的关照与社会问题的积极回应，也回应了居民多样化、分层化的服务诉求。

（四）社区服务项目的需求

在各类社区服务项目中，老年人服务项目是不可或缺的重要内容。社区可考虑开展多种面向老年群体的服务项目，如居家养老、医疗救助、健康保障、社区互助支持，以及文体娱乐活动等。调研表明，受年龄和身体条件等因素影响，社区内老年人在文体娱乐方面普遍偏好棋牌、书画、健康养生，以及各类手工课程。因此，为切实满足老年群体的上述需求，社区应着力解决专业师资匮乏与活动场地不足等问题，从而更好地保障老年人的生活质量。

在青少年服务项目方面，开展兴趣班、素质拓展训练、心理成长辅导及安全知识教育等多元化服务具有重要意义。从社区整体发展的角度来看，青少年的兴趣培养、综合素质提升与心理健康问题普遍受到高度关注。同时，为青少年提供答疑解惑、心理疏导、法律援助及安全教育等服务，也是保障其健康成长不可或缺的重要环节。针对青少年群体普遍参与积极性不高、对社区事务关注度不足等问题，社区可从其兴趣爱好入手，设计富有吸引力的内容，从而推动更多寓教于乐、喜闻乐见的社区活动。此外，社区还应根据实际情况，逐步拓展针对妇女、儿童、残障人士和新市民等其他群体的专项服务项目，实现社区服务的广覆盖与精准化。

除了具体的服务项目设置外，社区服务体系的持续发展还依赖于对多元资源的统筹整合与长效利用。社区资源包括一切能够支持居民日常生活的自然要素与社会要素，是社区可持续发展的基础支撑。资源的有效整合不仅包括人力、物资与经济资本的协调配置，还需综合考虑知识体系、文化遗产、生活方式、发展潜力、地理环境，以及社区文化背景等多重维度。上述资源一旦被系统识别并加以合理利用，将对社区整体功能的完善与品质的提升产生积极而深远的影响。因此，深入发掘、有效激活并科学整合这些多元资源，是推动社区持续进步与文化繁荣的关键路径。

三、多渠道营造社区文化

在社区文化营造过程中，尤为重要的一点是通过多渠道、多层面、多角度推动社区文化的建设与发展。例如，在文体娱乐活动方面，社会组织可以牵头组建舞蹈队、秧歌队、太极拳队等文娱团队，并积极鼓励具备特长与专业能力的热心居民在社区中发挥带动作用。通过大家共同参与组织爱心捐赠、邻里互助、法律援助、医疗救护、义务劳动、知识宣讲等各类公益性文化活动，一方面可有效吸引更多居民积极参与社区营造，另一方面也有助于不断积累社区文化活动经验，提升活动的组织质量与文化内涵。

多渠道营造社区文化，不仅有助于丰富社区生活内容，更是激活社区内生动力、推动治理多元化的重要手段。为实现社区文化营造的目标，社区还应积极探索打造具有本地特色的文化活动品牌，进一步提升文化活动的影响力与凝聚力。应力求实现“月月有活动、季度有主题、全年不断线”的常态化运行机制，同时最大限度贴近社区实际、贴近居民日常生活。例如，社区可将年度文化活动按照季节划分为夏季与冬季主题：夏季以户外活动为主，如社区趣味运动会、灯谜晚会、厨艺比拼等；冬季则以室内活动为主，如书法比赛、绘画展览等。通过丰富多样、贴近生活的形式，全年持续调动居民参与社区文化活动的积极性。

四、多元主体共同参与社区文化营造

推进社区文化营造的一个重要环节是倡导多元主体的广泛参与，实现共建共享。不同于以往由政府单方面主导的社区文化建设，当前的社区文化营造更加强调在政府引导下，社区组织、居民、社会组织等多元主体的协同参与与合作实践。

在推动社区文化活动的过程中，社会组织不仅应以开放的姿态吸纳外部力量，还应在整体活动策划中发挥引领作用，独立制定计划，从而增强团队的凝聚力与协作能力。这种“自下而上、由内而外”的治理方式，有助于形成可持续发展的社区治理模式，使社区成员能够广泛而真实地参与到社区事务的协商与决策之中。社区文化营造不仅要注重活动本身的质量与成效，更要确保其具备持续性与制度化发展能力。因此，社区在开展文化营造过程中，应持续吸引并激发更多社区成员的主动参与，进而不断扩大其影响力和公众认可度。同时，还可依托数字技术，建设线上参与平台，拓宽居民表达与参与的渠道，提升参与的覆盖面与便利性。

鉴于不同社区在参与程度和发展阶段上存在差异，文化营造的目标与着力点应因地制宜、因情施策。应充分挖掘各社区的地域特色，对收集到的社区数据进行分类和综合评估，明确社区所属类型，并据此在后续文化营造中明确功能分区、活动规划及运营维护等关键内容。通过上述机制，有助于构建由街道、专业团队、社会组织与居民共同参与的社区建设体系，进一步推动多方协作、共建共治共享的治理格局。社区文化营造的可持续发展不仅依赖于居委会、业委会、物业等传统治理主体，也离不开社区规划师、社会组织、社区基金会及志愿者等新兴力量的积极参与与支持。社区文化的繁荣发展，离不开多方力量的协同与合作。社区工作者、自治团体、普通居民，以及外部慈善机构等主体的积极参与，共同绘就了一幅生动的社区文化建设图景。这种多元协作模式不仅促进了文化活动的持续创新，也推动了社区内部互助共融、共同成长的良性生态的形成。

第十章　社会组织在社区营造中的创新与品牌建设

当前，社区营造正处于深刻变革之中，其内涵已从单一的物质空间改造逐步拓展至社区文化的全面激活与居民的深度参与，反映出对居民多样化需求的积极回应，以及对美好生活理想的不断追求。在这一过程中，社会组织扮演着不可或缺的重要角色。它们引入生态文明理念，倡导多元共治的合作模式，积极推动社区营造理念、机制及方式方法的不断创新，强化社区精神文明建设，促进社区内部的和谐互动，提升居民的幸福感与获得感。同时，社会组织还推动社区资源的高效配置与协同利用，助力新型社区生活共同体的构建和社区治理的现代化转型。品牌建设作为社会组织参与社区营造中的关键环节，不仅体现了其专业化水准与公信力水平，更有助于增强组织的服务能力与社会影响力。通过品牌效应，社会组织能够吸引更多外部资源与居民积极参与，凝练实践经验，指导社区营造的创新探索与持续实践，为建设和谐、宜居的社区环境提供有力支撑。

第一节　社区营造与社会组织的创新发展

一、社区营造的创新发展

社区营造作为系统性的乡村和城市社区建设模式，其创新发展体现在理念更新、方法创新和机制完善等多个层面[①]，以适应社会变迁和居民需求的多元化趋势。作为一种综合性与系统性并重的社区建设路径，社区营造不仅关注物质环境的改善，更强调社区文化建设、社会组织培育与居民参与等多方面的协调推进。这种持续推进的创新发展理念，使社区营造在应对快速社会变迁及居民需求多样化的过程中展现出良好的适应能力和内在韧性。

在理念更新方面，社区营造日益强调“以居民为中心”的价值取向，注重激发居民的参与热情、主体能动性与创造活力。这一转变意味着社区营造已不再是政府主导的单向施策过程，而是政府、居民、社会组织等多方主体协同参与、共同推进的互动过程。理念的更新不仅使社区营造更加契合现代社会的治理趋势，也更有效地回应了居民在生活品质、参与权利等方面的实际诉求。在方法创新层面，社区营造不断拓展和整合多元手段，例如，空间规划设计、文化资源挖掘、社会组织抚育，以及志愿服务体系建设等，以系统性手段推动社区整体发展。这些方法上的创新不仅有效提升了社区营造的效率与成效，也增强了社区发展的全面性与可持续性。在机制建设方面，社区营造注重构建长效化的治理与参与体系，具体包括完善社区治理架构、搭建居民参与平台、强化社区组织能力建设等关键内容。随着机制的不断健全，社区营造得以持续性、深层次地推动社区治理优化与发展进程。

（一）理念更新

社区营造的创新发展首先体现在理念层面的变革。传统社区营造多聚焦于物理空间的改善与基础设施的建设，而这一理念在当前已发生深刻转变。现代社区营造逐渐转向对社区文化内涵的传承与创新，这是对传统观念的一种突破[②]。在这一过程中，文化基因被视为社区营造的重要历史遗存。它不仅赋予了社区独特的个性，更在社区营造中起到了连接过去与未来、凝聚人心的关键作用[③]。为了提升社区认同感和归属感，首先，现代社区营造积极尊重并激活社区

① 江盈盈：《AGIL模型视阈下乡村旅游社区营造路径研究——基于杭州余杭区青山村的案例探析》，《甘肃农业》2024年第3期，第106-113页。

② 姜涵、何宜潮、鲁高杰：《“从摇篮到摇篮”的理念发展及其在生态社区营造中的应用实践》，《园林》2023年第11期，第31-37页。

③ 龚丹韵、杨娅萌：《社区营造：当居民的想象更新落地》，《解放日报》2023年8月14日第9版。

文化记忆，将历史文化遗产与现代生活需求有机融合[①]。其次，社区营造越来越重视社区关系的和谐与互动。以“从摇篮到摇篮”（Cradle to Cradle，C2C）理念为例，这一理念倡导在生态社区规划中遵循低碳与循环发展的原则，通过整合社区内的物质流与能量流，实现社区资源的高效利用与废弃物的最小化[②]。这些有助于增进社区成员间共享资源、共同维护环境的共识与行动，推动社区向着更加可持续的方向发展[③]。再次，现代社区营造还注重激发居民对公共事务的参与热情。通过开展社区体育、文艺、节庆等活动载体，增进邻里互动与互助，进一步强化社区共同体意识。这种以居民为主体的参与式社区营造模式，有助于提升居民的幸福感与归属感，为社区的和谐、稳定发展注入持续动力。

随着社会的快速演进与生活品质的整体提升，社区营造的重心逐步从单纯的物质空间建设转向对社区内在文化、精神生活和人际关系的深度挖掘与持续培育。这一理念转变既回应了治理现代化对社区营造的新要求，也契合了人民对美好生活向往的普遍期待。理念的更新不仅改变了社区营造的目标取向，也引导实践重心从空间改善拓展至人本关怀。

（二）从物质到精神：社区营造理念的升华

社区营造是一个涵盖多维度的综合性过程，旨在构建一个富有活力、具有凝聚力与归属感的理想社区。这一过程不仅包括物理层面的基础设施改善，还涉及文化氛围、社会关系等“软件”环境的持续优化。

在社区营造的初期阶段，主要聚焦于道路修建、房屋改造等物质空间的改善，着重提升社区的基础功能和环境质量。这些基础设施构成了社区日常运行的物质依托，对于改善居民生活条件、提升便利性具有基础性作用。例如，完善的道路系统不仅提升了居民的出行安全性与交通效率，也促进了社区与外部世界的联通；优质的住房条件则直接关系到居住舒适度与居民的整体幸福感。

随着时代发展和居民需求的日益多元，人们逐渐意识到，一个真正宜居、

---

① 朱光喜、王一如、朱燕：《社会组织如何推动政社合作型政策创新扩散？——基于“议程触发-实施参与”框架的案例分析》，《公共管理学报》2023年第4期，第26-37页。

② 姜涵、何宜潮、鲁高杰：《“从摇篮到摇篮”的理念发展及其在生态社区营造中的应用实践》，《园林》2023年第11期，第31-37页。

③ 王磊：《场景营造：社区营造与社会治理创新的空间实践转向》，《山东大学学报》（哲学社会科学版）2023年第6期，第82-92页。

宜业的社区，不仅依赖完善的物质条件，更需要承载丰富的文化内涵与和谐融洽的人际关系网络。这种理念的转变，根源于居民对社区整体品质与生活质量提出的更高期望与追求。其中，社区文化建设涵盖对社区历史脉络、传统风貌与地方特色的弘扬，组织各类文化活动，以及推进居民整体文化素养的提升。同时，应探索文化建设的制度保障路径，例如，设立社区文化发展专项资金、建立社区文化活动档案制度等，以提升其持续性与规范化水平。这类文化建设不仅有助于丰富居民的精神文化生活，也能有效增强社区的凝聚力与成员的归属感；社区的精神风貌则体现在居民的日常行为、道德水准及整体社区氛围的积极营造之中。一种积极向上、团结互助的社区氛围，能够营造出温暖、安全、宜人的居住体验，使居民产生情感依附与心理认同。伴随物质生活水平的稳步提升，居民对精神文化生活的关注和需求也日益增强。社区营造在回应居民精神文化诉求方面应更加主动，社会组织在其中发挥着关键作用。它们通过引入心理健康服务、组织文化疗愈活动、策划康养项目等，成为推动精神关怀落地的中坚力量。

从重物质建设到强调精神文化培育的转向，标志着社区营造理念日益深化，并持续朝着更加系统化、人本化的方向演进。这种转变不仅显著提升了社区整体的品质和内涵，也使其更契合居民在生活、情感与发展的多维需求。理想的宜居、宜业社区应综合满足居民在空间、文化与发展层面的多重需求，助力其实现全面而有尊严的生活目标。

随着现代社区营造理念逐步深入人心，社区发展将更加重视人文关怀的实践与精神文化层面的持续跃升。政府、社会组织与居民三方应共同协作，努力建设一个硬件设施完善、文化内涵丰富、人际关系和谐的现代化美丽社区。这一发展方向不仅有助于提升居民的整体生活质量与幸福感，也将为社会的和谐共生与持续进步奠定坚实基础。

二、文化基因的传承与创新

每个社区都蕴含着其独特的文化基因，这些文化元素凝聚了社区的历史积淀、传统习俗和地域特色，构成社区精神面貌的重要基础。在现代社区营造实践中，文化基因的挖掘、传承与创新发挥着至关重要的作用。它们不仅是社区的文化资产，更是联系历史记忆与未来发展的纽带，有助于增强居民对社区的归属感与认同感。因此，在社区文化建设中，应从以下几个方面着力推动文化基因的传承与创新：

第一，深入挖掘和系统整理社区的历史文化资源。可以通过口述访谈、文献收集、地方志梳理等方式，重构社区的发展脉络、关键事件和风俗传统，唤醒社区共同的历史记忆。这一过程不仅有助于保存社区的文化根脉，也为文化创意转化与社区文化再生提供了坚实的素材基础。

第二，推动社区文化的现代转化与活化。在继承传统文化基因的同时，应注重与当代元素融合，通过创造性转化和创新性表达，使传统文化焕发新的生命力。例如，可以通过文化节庆、社区展演、讲座沙龙等多样化形式，将传统文化与现代艺术、数字媒介、科技互动等结合，增强居民特别是年轻群体的参与感与文化认同。此外，还应积极借助数字传播手段，特别是社交媒体、社区公众号、短视频平台等载体，打造线上传播矩阵，提升社区文化的可见度与公众参与度，扩大其外部影响力。

第三，借助文化基因的传承增强社区的凝聚力与向心力。社区文化不仅是精神象征，更是整合居民情感、构建共同体意识的重要纽带。社会组织可主动策划与推动各类文化活动，如传统节庆庆典、手工技艺工坊、民间艺术展演等，借助文化共创过程加深居民的情感连接与社会认同，提升社区归属感。同时，这类文化活动也构建了居民互动的平台，推动邻里之间的交流与合作，增进相互理解与信任，形成积极向上的社区氛围。

第四，文化的传承与创新为社区注入持续发展的内在活力。传统文化与现代元素的有机结合，不仅激发了居民的文化自信与归属感，也推动社区形成独特的发展优势与文化品牌。例如，通过文化旅游项目、社区文创产品开发、特色节庆品牌打造等方式，将文化资源转化为可持续的经济价值，形成“文化驱动型”社区发展路径。与此同时，文化创新与传播的有效结合，也有助于吸引外部资本、政府项目和社会资源的进入，为社区发展拓展更广阔的空间。

第五，推动社区文化传承机制的制度化、规范化。为确保文化工作的持续性与系统性，必须建立完善的长效机制。可设立社区文化保护组织、文化工作委员会等专门机构，统筹社区文化资源的整理、保存与传播，提升专业化运作水平。同时，应建立文化活动的成效评估与居民反馈机制，确保文化资源配置与服务内容持续优化。此外，还应加强与学校、社区学院、研究机构的合作，联合开展社区文化教育、体验课程与青少年传承项目，增强年轻一代对本土文化的认同感与传承意愿。面向未来，社会组织应进一步拓展文化工作的社会动员力、政策连接力与公共影响力，持续推动社区文化生态的繁荣与可持续发展。

三、社区关系的和谐与互动

一个和谐、有序的社区是居民安居乐业的基础，而这样的社区氛围离不开居民之间的良性互动与互助协作。在现代社区营造过程中，推动和谐社区关系的构建已成为不可或缺的重要内容。通过积极促进居民之间的交流与沟通，不仅可以增强社区的凝聚力与向心力，还能营造一个更加安全、舒适、宜居的生活环境。同时，社会组织可作为活动策划与资源协调的中介主体，提升活动的组织化与持续性。

第一，组织各类社区活动，促进居民之间的互动与联系。为增进居民之间的联系与情感交流，社区可定期举办形式多样的公共活动，如文艺演出、社区运动会、亲子互动等。这些活动不仅为居民提供展示自我与休闲娱乐的机会，也使他们在参与中增进彼此了解，建立信任关系，增强社区归属感。此外，居民在共同参与活动的过程中，还能增强团队合作意识与集体荣誉感，进一步巩固社区的团结与和谐基础。此外，社会组织还可运用其信息技术资源与传播优势，协助搭建社区数字化交流平台，提升居民沟通效率。

第二，建立居民交流平台，拓展多元沟通渠道。除定期组织活动外，搭建有效的居民交流平台亦是推动社区关系和谐发展的关键路径。社区可设立实体公告栏、电子信息屏，也可建设社区网站、微信群组、社交平台等，为居民提供发布信息、交流想法、分享经验的互动空间。借助这些线上线下平台，居民能够及时掌握社区动态，参与公共事务的讨论与协商，从而进一步增强社区认同与归属感。同时，这些交流平台也为居民间的互帮互助提供便利，使居民在遇到生活困难时能获得及时的关心与支持，体现社区的温度与韧性。

第三，挖掘和培养社区领袖，发挥其在社区关系建设中的引领作用。在推动社区关系和谐发展过程中，社区领袖扮演着至关重要的桥梁与纽带角色。这类人物通常为社区中的积极分子，具备较强的组织协调能力和居民影响力。通过有意识地挖掘、培养与赋权社区领袖，可促使其在政府与居民之间发挥桥梁作用，提升社区自我组织与服务能力。他们不仅能够组织居民参与各类公共事务和社区活动，还能在居民之间调解矛盾、化解冲突，为社区和谐稳定提供支持。社会组织可协同志愿团队和社区基金，共同构建弱势群体关怀机制，提升社区的包容性与韧性。

第四，关注社区弱势群体，传递社区关怀与温情。在社区生活中，一些特殊群体如孤寡老人、残疾人、困难家庭等往往更需要得到额外的关注与帮助。为促进社区的公平正义与和谐稳定，应为这些群体提供更多关怀与支持。社区可组织志愿者定期走访孤寡老人、残疾居民等群体，提供必要的生活协助与心理慰藉，营造友善关爱的氛围。此外，还可设立爱心基金、邻里互助账户等公益项目，为困难居民提供经济支持与应急救助。通过这些具体举措，既彰显了社区的温暖与人文关怀，也有效提升了社区的凝聚力与整体和谐程度。

社区营造是一项系统工程，需要政府、社会组织、企业与居民等多元主体共同参与、协同合作。各方应充分发挥各自资源禀赋与功能特长，在职责分工与协作配合中共同推动社区建设的高质量发展。面向未来，社区营造应持续秉持创新发展理念，积极探索更加多元与高效的关系构建路径。同时，应不断激发和培育居民的参与意识、主动性与创造力，使其真正成为社区营造的核心力量，共建宜居、宜业、宜游的高质量社区环境。通过持续的实践探索与机制创新，未来的社区将更加美好、和谐、充满活力，成为人人共建共享的理想生活空间。

现代社区营造的创新发展体现在理念革新、文化基因传承、社区关系重构等多个层面，展现出系统性与协同性的综合特征。通过文化的传承与创新、居民互动机制的优化与制度化建设，可以逐步营造出更加和谐、可持续且富有活力的社区氛围。这一过程，亦是我国在推进新型城镇化和城市社区建设过程中，回应人民对美好生活向往的重要实践路径。在未来的社区营造实践中，应持续探索社区文化资源的深度挖掘与活态传承路径，充分发挥其在提升社区认同、凝聚人心方面的独特价值。同时，还应进一步加强社区成员之间的协作互动，拓展公共事务的居民参与渠道与深度，共同建设共治共享的美好家园。在这一过程中，政府、企业与社会组织应形成合力，提供政策引导、资金投入与技术支持等多方面保障，共同推动我国社区营造事业的创新发展与持续进步，使居民真正成为社区建设的主人翁与核心力量。

四、社会组织的创新发展

社会组织作为社区营造的重要参与者，其创新发展主要表现在组织形式、活动内容和治理方式三个方面①。

（一）组织形式

随着社会组织数量的增长与类型的多样化，其组织形式不断创新。社会组织开始注重内部治理的规范化和专业化，建立健全规章制度，提升组织的透明度和公信力，同时通过培训、引进专业人才等方式提升组织的执行力和服务质量。社会组织呈现出网络化、联盟化的发展趋势，通过与其他社会组织、企事业单位等建立合作关系，形成资源共享、优势互补的联合体，增强组织的竞争力和影响力。

一方面，社会组织日益重视内部治理的规范化和专业化。为了实现这一目标，它们致力于建立健全的规章制度，确保组织的运作有章可循，从而提升工作效率和服务质量。同时，通过提升组织的透明度和公信力，社会组织能够赢得更多公众的信任和支持。此外，社会组织还通过培训、引进专业人才等方式，不断提升组织的执行力和服务水平。这些努力使得社会组织在提供专业服务、解决社会问题等方面表现出更高的专业素养和综合能力。

另一方面，社会组织在发展过程中逐渐呈现出网络化、联盟化的趋势。为了应对日益复杂多变的社会环境，社会组织开始寻求与其他社会组织、企事业单位等建立广泛的合作关系。通过这种合作，它们能够形成资源共享、优势互补的联合体，从而在面对各种挑战时展现出更强的竞争力和影响力。这种网络化、联盟化的发展模式不仅有助于社会组织更好地整合资源、提升服务效能，还能够促进它们之间的交流与互动，共同推动社会的发展与进步。

---

① 朱光喜、王一如、朱燕：《社会组织如何推动政社合作型政策创新扩散？——基于“议程触发-实施参与”框架的案例分析》，《公共管理学报》2023年第4期，第26-37页。

（二）活动内容

社会组织的活动内容也在不断拓展与深化。除了传统的慈善救助、公益服务等，社会组织开始涉足政策倡导、社区治理等更为广阔的社会领域，成为推动社会创新、促进公共政策改进的重要力量。例如，社会组织通过开展政策研究、公众教育、社会调查等活动，为政府决策提供科学依据与民意反馈。同时，它们还通过参与社区规划、环保行动、社区矫正等工作，直接介入社区治理实践，推动社区问题的有效解决。

在政策倡导方面，社会组织通过开展深入的政策研究，为政府决策提供了有力的科学依据。同时，它们还通过公众教育和社会调查等活动，积极收集和反映民意，为政府决策提供了宝贵的反馈。这不仅增强了政府决策的透明度和科学性，也有助于提升公众对政府政策的认同感和支持度。在社区治理方面，社会组织的参与更是不可或缺。它们通过积极参与社区规划，为社区的科学布局与可持续发展提供方案与建议；通过组织环保行动，引导居民树立环保理念，共同维护良好社区生态；通过参与社区矫正等社会工作，协助有需要的群体顺利融入社区生活，从而减少社会矛盾与冲突。这些活动都直接推动了社区问题的有效解决，提升了社区的整体福祉。总的来说，社会组织在活动内容上的拓展与深化，体现了它们在社会营造中的全方位参与和积极作用。这也进一步证明了社会组织是推动社区营造、社会进步、促进公共政策改进的重要力量。可以预见，未来社会组织将在更多领域展现其独特优势和积极作用，为推动社会和谐与可持续发展贡献更大力量。

（三）治理方式

在治理方式上，社会组织更加注重与政府、企业等其他主体的合作与互动，形成多元共治的社会治理格局。通过积极参与政府购买服务、公益创投等项目，社会组织与政府之间建立起紧密的合作关系，共同承担社区服务供给和社会问题解决等职责。同时，社会组织还与企业积极开展跨界合作，通过参与企业社会责任项目、联合推进公益营销等方式，实现社会价值与商业价值的协同提升。

社会组织通过积极参与政府购买服务、公益创投等机制，与政府之间构建起了更加制度化的协作纽带。这一合作模式不仅深化了社会组织在社区服务供给和社会问题治理中的参与程度，也为政府注入了丰富的资源和专业力量。这一协作机制促使社会组织与政府共同承担社区服务与社会问题治理任务，更加精准、高效地回应居民多样化的服务需求和公共期待。社会组织也在积极探索与企业的跨界融合，这不仅体现于企业社会责任项目的协同推进，还延伸至公益营销、社区共建等多元化实践领域。通过上述合作形式，社会组织能够有效借助企业的资源优势与市场影响力，推动社会价值与经济价值的协同实现。这种跨界协作不仅有助于提升社会组织的公众认知度和影响力，还能为企业提供更为丰富的社会责任实践途径和品牌形象塑造的机会。社会组织在治理策略方面的持续创新，不仅显著提升了其组织治理能力与公共影响力，也为构建更加高效、协同的社会治理体系提供了有力支撑。这种多元共治的社会治理新模式，有助于构建一个更加和谐、包容、可持续发展的社会生态，为社会的繁荣稳定奠定坚实基础。

综上所述，社区营造与社会组织的创新发展，既展现出对传统社区建设路径与社会组织运行机制的深度反思与主动超越，也体现出对当代社会发展需求与演进趋势的敏锐回应。面向未来，持续推动社区营造理念、方法与机制的系统创新，将有助于构建更加包容、有活力且可持续的社区环境，切实提升居民的生活质量与幸福指数，进一步推动社区治理效能的稳步跃升。

第二节　社会组织参与社区营造创新发展的实践

一、以居民需求为导向的社区营造项目设计

社会组织参与社区营造创新发展的首要步骤是深入理解并准确把握社区居民的真实需求。社区营造项目能否有效落地、获得居民认可，很大程度上取决于其是否能够精准回应居民的实际需要。因此，社会组织首先应通过访谈、问卷调查、实地走访、焦点小组讨论和公众参与工作坊等多种调研方法，深入了解社区居民在环境改善、公共服务设施建设、文化活动开展、社区治理优化等方面的具体诉求，广泛征求和听取社区居民的意见建议，形成翔实的社区需求评估报告。

在社区调研过程中，社会组织尤其应关注社区内老年人、儿童、残疾人、经济困难家庭等弱势群体的特殊需求，确保项目设计能够体现社会公平和包容原则，避免边缘群体的需求被忽视，切实体现社会组织的人文关怀与公益使命。

在明确掌握社区居民需求的基础上，社会组织应精心设计社区营造项目，并将所收集的数据与居民期待转化为具体可行的实施方案。在项目设计环节，社会组织应明确社区营造的目标与优先级，平衡考虑物质环境的改善与社区精神文化建设两个层面的需求，形成整体性、系统性且具有社区特色的营造方案。具体而言，一方面，可通过改造公共空间、完善基础设施、增加便民服务设施等措施，显著改善社区物质环境，提升居民的居住舒适度和满意度；另一方面，可通过开展社区文化节庆、公益课堂、志愿服务、互助帮扶等精神文明建设活动，提升社区精神面貌，增强居民归属感和凝聚力。

此外，社会组织还应在项目设计阶段预留充分的居民参与空间，确保社区居民在项目推进过程中具有充分的参与感和主动性，真正实现社区营造项目由居民需求驱动、居民参与共治、居民共享成果的可持续发展模式。

二、资源整合与共享机制的构建与优化

通过搭建信息交流与资源共享平台，社会组织能够有效地推动社区营造的创新发展，提升居民的生活质量，并促进社区的和谐、发展与进步。

一是建立多方互动合作关系，实现资源的共享。社会组织参与社区营造创新发展的关键策略是有效整合并合理利用各类资源[①]。社会组织积极与政府部门、企事业单位、社区自治组织、居民个人等多方主体建立合作关系，通过签订合作协议、举办联席会议、设立专项基金等方式，实现资源的汇集和共享。通过汇聚多方资源，社会组织可推动形成社区营造的多元投入和协同治理格局。这种格局的形成，不仅能够提升社区营造项目的实施效果，还能够增强社区的凝聚力和归属感，推动社区的可持续发展。与政府部门的合作，可为社区营造项目争取到政策支持和资金补贴，为项目的顺利实施提供有力保障；与企事业单位的合作，可以引入市场资源和专业技术，提升社区营造项目的专业性和实

① 刘志军、朱妍：《社工机构介入儿童友好型社区营造的行动逻辑与可持续发展策略——以安徽省×项目为例》，《社会建设》2024年第1期，第89-116页。

施效果；与社区居民合作，通过开展志愿服务和社区自组织活动，激发居民的参与热情，形成社区营造共建共治共享的良好氛围，以及多元投入和协同治理格局[①]。

二是搭建共享平台，提升资源匹配度。社会组织应积极搭建信息交流与资源共享平台，如社区服务平台、线上社区App等。通过这些平台活动，如社区集市、技能交换、闲置物品互换等，鼓励居民以物易物、以技能换服务，实现社区内资源的循环利用与价值最大化。这不仅促进了信息的及时发布、需求的快速响应，还实现了资源的高效匹配，提高社区营造工作的公开透明度和参与便捷性[②]。更具体地说，这些平台为社区居民提供了一个集中获取和分享信息的空间。居民可以通过这些平台了解到社区的最新动态、活动信息，以及各种服务资源。同时，他们也可以在平台上发布自己的需求或提供帮助的信息，从而实现社区内的互助与共享，增强社区的凝聚力和归属感。

三、专业力量引入与技术支持体系建设

社会组织在社区营造中还需充分利用专业力量和技术手段，以提升社区营造的专业化和智能化水平[③]。具体而言，社会组织可邀请城市规划师、建筑师、景观设计师等专业人士参与社区规划与设计，确保营造项目的专业水准和审美品位；同时，引入社区营造师、社区营造人员等专业人员，为社区提供专业的策划指导和技术支持，以确保营造项目的科学性和可行性。为提升社区营造的专业化与智能化水平，应从人才、沟通机制和技术应用等方面系统推进。

一是专业人才的引进与培养。社区营造项目的成功离不开专业人才的支撑。应积极引入城市规划师、建筑师、景观设计师等具备专业知识与实践经验的专业人士，为社区规划与设计提供权威指导，确保项目达到专业水准并兼顾审美品质。同时，社区营造师、社区营造人员等专业人员的加入，将为项目提供全面的策划指导和技术支持，确保项目的科学性和可行性。为了培养更多专业人

① 刘飞：《乡愁理论对社区营造的启示》，《国际公关》2024年第1期，第29–31页。

② 郭雅宁：《应急治理中政府与社会组织协作的路径创新》，《国际公关》2024年第1期，第50–52页。

③ 王才章、刘鲜：《乡村振兴背景下社会组织参与小城镇社区治理创新——基于赣中X县的个案研究》，《老区建设》2023年第12期，第27–35页。

才，可以与高校和研究机构建立合作关系，共同开展社区营造领域人才的培训和教育工作。通过设立奖学金、提供实习机会等方式，鼓励更多的年轻人投身社区营造事业，为项目的持续发展注入新鲜血液。

二是建立有效的沟通机制和合作模式。社区营造涉及多方主体，包括政府、社会组织、企业、居民等。为推动项目顺利进行，应构建协调有序的沟通机制，使各方力量充分参与、共商决策，推动资源高效共享与优化配置。具体而言，可采取以下措施：邀请各方代表参加定期召开的项目协调会议，商讨项目进展，分析存在的问题；建立信息共享平台，实现项目信息的实时更新和共享，确保各方能够及时了解项目进展和成果；加强与政府部门的沟通协调，争取政策支持和资金扶持，为项目的顺利实施提供有力保障。

三是利用先进的技术手段提升项目水平。随着科技的不断发展，现代技术手段在社区营造中发挥着越来越重要的作用。利用大数据（Big Data）、云计算（Cloud Computing）、人工智能（Artificial Intelligence，AI）等技术进行数据分析、模拟和预测，可为社区规划提供更加科学的依据。同时，智能化技术如物联网、智能家居等也可应用到社区营造中，提升社区居民的生活品质和幸福感。具体而言，可采取以下措施：利用地理信息系统（Geographic Information System，GIS）技术绘制社区资源地图，直观展示社区设施分布、绿地覆盖、交通状况等信息，为社区规划提供重要参考；通过物联网（Internet of Things，IoT）设备监测社区环境质量、设施使用情况等，为设施维护与环境整治提供依据，这些设备不仅能够提升公共设施的使用效率，还能在紧急情况下及时发出警报，提高社区的安全性；运用大数据（Big Data）收集和分析居民的各种数据，如消费习惯、出行模式、健康状况等，可更准确地把握居民的行为模式、需求和偏好等，精准定制项目设计和更加个性化的服务计划。

四是积极应用现代科技手段推动社区营造。现代科技手段在社区营造中具有广阔的应用前景。为了充分发挥这些技术的优势，需要积极拥抱这些技术，将其运用到实际工作中。具体而言，可采取以下措施：加强与科技企业的合作，引进先进的科技产品和解决方案，为社区营造提供有力支持；鼓励居民参与科技应用，提高居民的科技素养和参与度，通过举办科技讲座、科技展览等活动，向居民普及科技知识，增强居民的科技应用意识和能力；建立科技应用示范点，展示科技在社区营造中的实际应用成果，通过示范点的建设，向其他社区传递成功的经验和做法，推动社区营造事业的发展。

第三节　社会组织社区营造品牌建设

一、品牌的含义

“品牌”这一概念起源于追求经济效益的商业组织，其核心应用主要聚焦于庞大的消费品市场。著名市场营销专家菲利普·科特勒（Philip Kotler）曾对此进行了详尽阐述，认为品牌不仅仅是一个名称、术语、标志、符号或独特设计，而是这些要素的有机整合与综合应用。品牌的根本目的在于协助消费者辨识特定销售者或其销售群体所提供的产品和服务，进而在激烈的市场竞争中与对手形成鲜明的区分。在塑造企业形象、传播企业文化和推广产品（服务）理念等方面，品牌扮演着不可或缺的重要角色，它拥有强大的辨识功能，能够深刻影响目标消费者的购买决策，增强他们对品牌的忠诚度。通过这一系列积极作用，品牌最终提升了企业的盈利能力，并使其在市场竞争中占据了更加有利的地位。

弗斯顿·伯格（Forston Borg）认为：“现代非营利机构必须是一个混合体：就其宗旨而言，它是一个传统的公益机构；而在开拓财源方面，它是一个成功的商业组织。当这两种价值观在非营利组织内相互依存时，该组织才会充满活力。”①在非营利组织中，尽管对品牌管理概念的研究仍处于起步阶段，但品牌的定义与营利组织并无本质区别，行业的异质性也决定了非营利组织的品牌有其自身的内涵。

社会组织近年来虽然发展势头良好，但也面临诸多挑战，其中最突出的问题是资金来源单一，缺乏稳定持续的财政支持。究其原因，主要在于社会组织虽然具有非营利性、公共性、公益性和民间性等特点，知名度也高于一般企业，但在现实中，其生存与发展仍需像营利性企业一样竞争有限的公共资金。为了

① 褚松燕：《中外非政府组织管理体制比较》，国家行政学院出版社，2008，第106-118页。

减轻生存压力，获得竞争优势，吸引更多资金，社会组织亟须品牌建设。

二、社会组织社区营造品牌建设的必要性

（一）参与社区营造的社会组织属性决定品牌建设

首先，参与社区营造的社会组织的品牌建设主要是由其性质决定的。非营利性是参与社区营造的社会组织的一个重要特征，即社会组织在提供社会服务时不以营利为目的，而是以满足社区的某种需求为目的。在某一地区，可能有很多参与社区营造的社会组织，乃至其他主体，提供某一方面的服务，如居家养老、托幼等。对于社区服务的提供者，需求方会根据其业绩和口碑进行选择，品牌响亮的社区社会组织容易受到青睐。因此，参与社区营造的社区社会组织需要树立品牌意识，以获得更多公众的认可。

其次，社区营造中社会组织的品牌意识建设与其资金来源密切相关。例如，近年来广州市政府通过购买社会服务推进“家庭综合服务中心”建设的做法引发质疑，原因在于尽管投入了大量资金，但实际成效有限，许多社区居民难以实际受益，甚至对如何使用该服务缺乏了解。有人认为，这主要是由于社会工作本身宣传力度不够，但深入分析可以发现，问题的根源在于社会组织如何有效进行自我营销、树立品牌意识，以争取社会信任。因此，社会组织需要增强自身的品牌意识，塑造良好的社会形象，以获得较高的社会认可度。

（二）品牌建设是参与社区营造的社会组织能力建设的要求

在我国，许多参与社区营造的社会组织尚未建立起明确的品牌意识。这种缺失导致其在对外宣传时难以保持信息的一致性和连贯性，进而影响了社会组织的社会公信度和公众形象。因此，对于参与社区营造的社会组织而言，树立品牌意识不仅是其能力建设的重要组成部分，更是其形象塑造的基石。通过强化品牌意识，这些组织可以更有效地传递其价值观和服务理念，进而在公众中建立起更加稳固和可信赖的形象。

首先，必须树立服务质量的品牌观念。社会组织从事社区营造，应树立“服务质量至上”的品牌观念，这是其品牌建设的基础。社区营造工作的基本特征是助人，其功能是促进个人、家庭、群体需求与社区支持资源的和谐，既有直接服务，也有宏观的专业功能（社区、组织和政治、经济、文化干预）。社区

营造的直接服务重点在于提升个体应对环境压力的能力，满足其发展需求；而在间接服务方面，则侧重于为长期受到环境因素排斥的弱势群体（如低收入者、被忽视的儿童、留守儿童、身心障碍者等）提供支持。社区营造工作在社区、社会组织和政策层面都具有专业功能，包括动员社会资源改善弱势群体的社会处境和生活质量，影响相关部门为服务对象制定政策和提供服务，以及通过制定政策和修改法律改善服务对象的生活条件。参与社区营造的社会组织的服务质量直接影响到组织的社会形象，应将其作为品牌建设的基础。

其次，要树立品牌意识，帮助实现组织的专业使命。每一个参与社区营造的社会组织都有自己独特的专业使命，要实现这一使命，就必须明确自己的活动范围。必须严格按照登记的活动范围提供社会服务，根据相关法律规定，不能随意改变活动的方向和范围。参与社区营造的社会组织应树立品牌意识，以更好地履行其专业使命，并确保活动范围的规范执行。

最后，需要通过品牌建设来证明其服务对社会是有效的。社会组织开展社区品牌建设的一个重要目标就是向公众展示其社会服务的有效性，这也是实现组织宗旨的必然前提。向公众展示社会服务成效是一个专业问题，属于社会组织公关的范畴。社区营造工作往往对多个群体产生显性或隐性的影响，展示这些影响也是品牌认知构建的重要环节。

三、社会组织社区营造品牌建设策略

在社区营造中，社会组织需要增强品牌意识，推广其服务品牌。服务品牌是一个由品牌名称、品牌内涵、品牌理念、品牌标识、品牌支撑和子品牌组成的系统。品牌名称应能体现服务特色和时代精神，易懂、易记、易识别，透过名称便能了解和明白个性化服务的内容和目标；品牌内涵必须清晰、明确，体现服务宗旨，能够适应社会不断发展的要求，体现社会服务需求的新动向；品牌理念应体现服务标准，即品牌服务不仅应能实现一般服务难以达成的目标，还应在常规服务基础上追求更高品质，逐步建立起系统化的服务目标体系；品牌标识应具有独特而富有个性的特征，有一定的社会影响；品牌支撑就是有完善的保障机制，有为外部提供优质服务所需的、科学规范的内部管理制度和监督机制。

（一）树立品牌意识，科学发展品牌定位

品牌定位必须遵循战略、资源导向、客户导向和差异化原则。意识是行为的先导，没有意识就不可能有有效的行为和明确的目标。在参与社区营造的过程中，社会组织在树立品牌意识时，必须牢固地基于两个核心定位进行考量。首要且至关重要的定位是明确组织的使命和业务范围。这一定位不仅界定了组织的核心价值和目标，还明确了其在社区营造中所扮演的角色和承担的责任。而另一个定位则聚焦于如何有效地向社会公众展示其社会服务的成效，这关乎组织能否获得公众的认可和支持，进而实现其品牌的传播和推广。这两个定位相互依存，共同构成了社会组织在参与社区营造中树立品牌意识的基础框架。

1.明确自身专业使命，精确界定业务范围

有效的社区营造工作需要大量的学习和研究，在社区营造的早期阶段是不可能取得成果的。由于活动范围非常广泛，参与社区营造的社会组织需要准确界定自己的工作领域及范围，不能过于宽泛。如果服务范围设定过于宽泛，容易导致公众对其专业性和服务能力产生怀疑。即使重点较窄，社区工作者的专业知识也需要很长时间的培养。对于社会组织来说，只有明确界定活动范围，突出重点，才能有助于在社区营造中建立品牌知名度。在品牌服务产品的定位上，参与社区营造的社会组织应综合考虑自身的服务领域、服务项目、服务专业和服务专长，充分挖掘自身优势，着力打造最具竞争力的项目。通过做大做强做优服务项目，做精做实做专社区服务，推动社区营造与服务实现规模化、专业化与精细化，从而提供优质、实用、专业的服务。

2.注重实务经验积累，助力服务质量提升

目前，缺乏实践和社会经验的社区工作者难以胜任社区营造工作，这一任务需要由经验丰富的社区工作者来承担。这就需要换一种思路：社区工作者凭什么具有丰富的经验？一个组织工作领域的集中性和同一性是社区工作者获得丰富经验的前提。推而广之，参与社区营造的社会组织的知名度也应建立在其工作领域的集中性和同质性的基础上。这种集中与同质化不应局限于单一工作领域，而应体现在相近或相邻的服务领域之间，如医务社会工作与精神康复工作、学校社会工作与青少年社会工作等。例如，著名品牌“青年地带”专注于青少年服务，社会组织“绿色农耕”则专注于农村社会工作。

3.增强品牌意识，注重专业性宣传

有人试图将品牌推广与社会组织推广等同起来。事实上，这是一种误解。推广社会组织只是实现品牌知名度的一种手段。基于品牌战略的社会组织宣传应突出社会组织参与社区营造的作用和特点，体现其社会服务的专业性，详细介绍成功案例。树立品牌意识，参与社区营造的社会组织还必须具备明确、清晰的品牌目标、要求和诉求。组织应能正确认识并准确把握社区发展趋势，因地制宜、着眼长远，根据社区实际情况制定具有前瞻性和可行性的品牌发展战略规划，从而更好地回应社区与公众的多元需求。

4.精准品牌文化定位，彰显品牌价值观

在品牌定位过程中，应充分发挥文化因素的作用，突出品牌形象与价值观，从而促使目标群体产生共鸣，认同并接受其所倡导的价值观、信念、行为准则，以及与服务相关的精神信仰。品牌文化是塑造鲜明品牌形象、建立独特品牌个性的基础。参与社区营造的社会组织应在细分目标群体的基础上，结合其心理特征与实际诉求，有针对性地打造区别于其他同类组织的个性化文化形象。

（二）打造品牌形象，整合品牌传播途径

社会公众对品牌的初步评价来自其感官印象，即第一印象。一个优秀的品牌设计形象可以触动受众者的内心世界。可以说，形象识别符号是将品牌形象传递给服务对象最直接、最便捷的方式。参与社区营造的社会组织应从品牌理念识别、品牌行为识别、品牌视觉识别、品牌听觉识别、品牌网络识别等方面打造以核心价值为中心的品牌形象识别系统。

在品牌传播活动中，应以树立的品牌形象为核心，整合适合社会组织参与社区营造的品牌传播策略与途径，同时基于该品牌形象建设具有认同感的社区文化。在这一过程中，应充分利用报纸、杂志、电视、广播、路牌、广告牌、海报、车体等传统的大众传播媒介，以及网站、微信、微博等互联网络、新媒体。从品牌感知层面看，应着力传达品牌的核心价值；而在品牌体验层面，应充分利用与目标受众沟通的每一个机会，使其在每一次接触社会组织品牌时都能感受到品牌所传递的核心信息。通过品牌体验与品牌形象的一致性，逐步形成良好口碑，赢得更多公众对社会组织及其品牌的认同与支持。

（三）优化组织结构，促进服务品牌内化

参与社区营造的社会组织实施品牌战略，从本质上来说是一个资源重新配置的过程。在组织内部，组织结构的特征和执行力对品牌战略的实施效果具有极大的影响。社会组织应根据自身的实际情况，确定品牌管理组织的建立方式，如内部优化、外部专业机构介入、内外结合等。此外，服务是社会组织品牌体验的主要载体，也是一种组织承诺，而这种承诺主要通过员工在与服务对象接触时的态度与行为体现出来。因此，社会组织要重视服务品牌内化。一方面，社会组织应招募认同其品牌价值观的员工。只有当员工真正理解品牌理念，并认识到品牌承诺的重要性，才能将品牌价值有效传递给服务对象。另一方面，通过对员工开展品牌培训、品牌沟通、品牌贡献激励，让员工理解品牌理念、明确品牌承诺、参与品牌培育和建设，最终形成一致的员工行为和组织行为。

（四）重视品牌维护，保持品牌生命活力

品牌维护是品牌管理中的一项重要职责。参与社区营造的社会组织应积极应对市场环境和公众需求的变化，及时维护品牌形象、地位、价值与资产，确保在数量快速增长的同类社会组织中保持竞争优势。第一，必须清晰了解品牌在社会中的整体表现。可通过分析目标受众的品牌选择行为、竞争性品牌的动态、市场占有率、品牌健康度等指标，来调整和完善品牌识别体系，从而使品牌个性更加鲜明。第二，社会组织在品牌维护过程中，应高度重视品牌的商标保护，包括商标标识的独特性、专用权的合法性、专有权的维护及商标的时效性。同时，服务质量、服务创新、服务承诺与服务档案的管理也是品牌维护的重要组成部分。第三，参与社区营造的社会组织应建立完善的品牌危机管理系统，包括危机的检测、跟踪、预警与处置机制。一方面，要树立正确的危机应对态度，强化全员危机意识，严控服务质量，组建危机管理小组，建立信息监测系统并制定应急预案。另一方面，应重视危机的善后处理，做到快速响应、查明根源、勇于负责，并积极修复公众信任，推动社会组织品牌的持续健康发展。

后 记

《社会组织驱动社区营造：策略与实务》系广东省教育厅特色创新项目（社科）“社会组织参与社区营造的作用机制研究”（项目编号2022WTSCX012）的研究成果，旨在深入探讨社会组织在社区建设与治理中的关键作用，通过翔实的理论分析与实践调研，全面呈现当前社会组织参与社区营造的现状、挑战与未来发展方向。

在此，谨向广东省教育厅、广东外语外贸大学，以及所有支持本书撰写与出版的专家学者和社会组织工作者致以诚挚的感谢！正是他们的关怀与指导、智慧与经验，为本书的立项与出版提供了坚实的支持、科学的依据与丰富的素材。

社会组织作为现代社会治理体系的重要组成部分，其功能不仅限于服务和帮助弱势群体，更在于通过多元化的参与和互动，提升社区营造的水平与质量。社区营造不仅是资源整合与配置的过程，更是社会资本积累和社区意识培养的过程。这种自下而上的群众力量与政府自上而下的治理模式形成良性互动，构建起多元主体共建共治共享的社区治理格局。

本书围绕“社会组织驱动社区营造”这一主题，系统探讨了社区、社会组织与社区营造的基本概念、政策法规、组织培育与发展、筹资方式、项目管理、绩效评估、志愿者培育与管理、形象传播、社区文化营造，以及品牌建设等多个方面。通过深入剖析社会组织在社区营造中的角色与功能，旨在为推动社区治理创新、促进社会和谐发展提供理论与实践指导。

本书力求内容全面、结构清晰，注重理论与实践相结合，既梳理了现有研究成果，又提出了针对性的对策建议。尽管如此，鉴于社区营造与社会组织发展的复杂性和多样性，本书难免存在不足之处。我们期待读者结合实际工作和生活经验，提出宝贵意见，共同推动这一领域的研究与实践向更深层次发展。

随着社会的不断进步和社区治理模式的不断创新，社会组织与社区营造将面临更多机遇与挑战。我们期待本书能为社会组织与社区营造领域的理论研究与实践创新提供有益启示，成为研究者、实践者及关心社区发展的各界人士的重要读物，为构建更加和谐、宜居的社区环境贡献力量。